Das große Hausbuch der Volkslieder

Über 400 Lieder aus Deutschland,
Österreich und der Schweiz
und Illustrationen von Ludwig Richter

Herausgegeben von Walter Hansen
unter beratender Mitarbeit von
Georg Schwenk und Dr. Wiegand Stief

Orbis Verlag

Redaktion: Wolfgang Bruns und Peter Schmoeckel

© Mosaik Verlag GmbH, München
Sonderausgabe 1991 Orbis Verlag für
Publizistik GmbH, München
Notensatz: Notengrafik LoRo Seyffert 7320 Ostfildern
Printed in Hungary · ISBN 3-572-06596-8

Inhalt

Märchen und Sagen 11
Vom Erlkönig
und vom Rübezahl,
von Hexen
und der Lorelei

Unheimliche Lieder 29
Von Höllenritt
und Teufelstanz,
von Geisterstund
und bleicher Totenhand

Moritaten und Räuberlieder 35
Von Rinaldo Rinaldini
und vom Wildschütz Jennerwein,
von Spitzbübereien
und allerlei Meuchelmorden

Lieder aus der Küche 53
Vom feschen Fähnrich
und vom stolzen Ritter,
von Minna, Linchen und
dem adlig Fräulein Kunigund

Liebeslist und Liebeslust 69
Vom verkleideten Grafen
und vom verschlossenen Garten,
von der verliebten Königstochter
und dem verführten Hirtenmädchen

Liebesfreud und Liebesleid 81
Von Herzen
und Schmerzen,
von Tränen
und Sehnen

Die Ehe 103
Vom Brautwerber
und vom Hochzeitstanz,
von den Freuden
und Leiden des Ehestands

Kinderlieder 111
Vom Männlein im Walde,
vom Fuchs und von der Gans,
von Hänschen klein
und Mariechen auf dem Stein

Abschied und Heimweh 133
Von Trennungsschmerz
und Abschiedstränen,
von der weiten Welt
und dem stillen Tal

Wanderschaft und Wiedersehen 149
Von Müllers Lust
und einem Wirte wundermild,
vom verlorenen Sohn
und von der Heimkehr des Königskindes

Soldatenlieder 161
Von Schlachten
und Soldaten,
von Kriegerbraut
und Heldentaten

Jägerlieder 183
Vom Jäger aus Kurpfalz
vom Wald und von der Heide,
vom Gamsbock
und vom armen Häselein

Matrosenlieder 197
Von Sturm und Strand
und Sklavenhändlern,
von Seeräubern
und der entführten Braut

Inhalt

Studentenlieder 207
Von Heidelberg
und alter Burschenherrlichkeit,
von der Lore am Tore
und dem Wirtshaus an der Lahn

Trinklieder 223
Von der Liebe
und vom Wein,
von Säuferlust
und des Trinkers Testament

Spiel, Scherz und Schnaderhüpferl 233
Von Zigeunerweisheit
und vom Zylinderhut
vom lieben Augustin
und von der schwäb'sche Eisebahne

Berufe und Zünfte 249
Vom Scherenschleifer
und vom Grindelfest
von Schneiders Höllenfahrt
und der Leineweber Zunft

Lieder vom Lande 261
Vom Knechte
und vom Hirtenknab,
vom Bauer
der drei Töchter hatt'

Tierlieder 269
Vom Kuckuck
und vom Käterlein,
vom armen Schimmel
und vom Specht

Blumen und Bäume 279
Vom Röslein
auf der Heide,
vom Lindenbaum
und vom grünen Wald

Jahreszeitenlieder 293
Von Maienluft
und Frühlingsnacht,
vom Schnee
und grünen Hoffnungsklee

Mond und Sterne 303
Von Dämmerung
und Abendwolken,
vom guten Mond,
der am Himmel droben wohnt

Weihnachtslieder 309
Vom Christkind
und vom Tannenbaum,
von der stillen,
heiligen Nacht

Lieder vom Tod 327
Vom Waisenkind
an Mutters Grab,
vom Schnitter Tod
und Jüngsten Tag

Lieder des Besinnens 333
Vom Wert des Glücks,
von Treu und Redlichkeit,
von Lebensfreude
und Zufriedenheit

Register 348
Alphabetisches Verzeichnis der Liedtitel
und -anfänge

Vorwort

Die meisten Volkslieder der Welt gibt es in deutscher Sprache.
Das vorliegende Buch soll einen umfassenden Überblick über dieses Liedgut vermitteln. Es enthält so gut wie alle bekannten, ins Ohr gehenden Texte und Melodien, die interessantesten „epischen Lieder" erzählenden Inhalts und die schönsten „lyrischen Lieder", außerdem die sogenannten „Kunstlieder" der Dichter, so weit sie volkstümlich geworden sind.
Informationen wurden den Liedern hinzugefügt, die historische Begebenheiten schildern und deren Entdeckung oder Entstehung bemerkenswert ist.
Die Herkunft der einzelnen Lieder konnte nicht immer einwandfrei ermittelt werden. Denn es ist charakteristisch für das Volkslied, daß es sich nur in seltenen Fällen auf eine schriftliche Quelle – auf Handschriften, Flugblätter oder klösterliche Liedersammlungen etwa – zurückführen läßt.
Dieser Mangel an Dokumenten ist indes nicht zu beklagen, sondern eher zu begrüßen. Schriftliche Überlieferung widerspricht der Natur des Volksliedes und würde seine Entwicklung nur hemmen. Typisch ist vielmehr, daß ein Volkslied-Text irgendwann und irgendwo von einem unbekannten Reimeschmied aus dem Stegreif recht holprig gedichtet, dann vom Volk aufgegriffen, abgewandelt, variiert und zu vorerst wechselnden Melodien so lange „zersungen" wird, bis schließlich die Poesie der einfachen Sprache entsteht, die unkomplizierte Erzählung, der herzerfrischende Gefühlsausbruch. Erst wenn ein Lied diesen Prozeß der Auslese, Reife und Verbesserung durchgemacht hat, erst wenn sich Vers und Weise endgültig gefunden haben, besitzt es die Kraft, sich über das gesamte deutschsprachige Gebiet zu verbreiten und über Jahrhunderte hinweg zu erhalten.
Wurde es dann von einem Sammler aufgeschnappt und niedergeschrieben, so sind Ort und Zeit der zufälligen Entdeckung belanglos. Rückschlüsse auf den Ursprung lassen sich dann nur noch ziehen, wenn bestimmte, für den Eingeweihten aufschlußreiche Besonderheiten, wiederkehrende Redensarten oder spezielle Thematik erhalten blieben.
Zum Volkslied gehört im weiteren Sinne auch das von reimkundigen

Dichtern verfaßte Kunstlied, allerdings nur dann, wenn Text und Inhalt die unbewußten Wünsche und Sehnsüchte des Volkes befriedigten. Zielte es an der für das Volkslied unerläßlichen Dramatik des einfachen menschlichen Grunderlebnisses vorbei oder drang es nicht gleich ins Ohr und ins Gemüt, dann wurde es entweder ignoriert oder vom Volksmund umgewandelt, von Kunstgriffen und falscher Rührseligkeit befreit, vom Strom menschlichen Interesses geschmirgelt und geschliffen wie ein Kiesel im Fluß.

Nur wenige Kunstlieder sind in ihrer ursprünglichen Form erhalten. Goethe, Hoffmann von Fallersleben, Uhland, Brentano, Arnim, Eichendorff oder Herder gehören zu den wenigen Dichtern, die den Ton des Volksliedes auf Anhieb getroffen haben. Nicht zufällig waren diese Dichter ausnahmslos Volksliedersammler. Indem sie suchten und sich umhorchten, schulten sie ihr Gehör, und schließlich schrieben sie selbst, was das Volk hören wollte. Sie dichteten zu bestehenden Volksweisen oder in Zusammenarbeit mit Komponisten ihrer Zeit.

Die Volksweisen lassen sich genauso wenig auf ihren Ursprung zurückverfolgen wie die Volkslieder-Texte. Meist sind die Melodien unbekannter Herkunft. Sie wurden zum erstenmal irgendwann und irgendwo von einem Musikanten gefiedelt oder gezupft, von Laiensängern mit Texten versehen und verbreitet. Einigen Komponisten nur – Friedrich Silcher etwa, Schubert, Mendelssohn oder Reichardt – war es gegeben, Melodien zu schaffen, die dem Charakter der Volksweisen nahekamen. Sie komponierten zu überlieferten Texten der Volkslied-Literatur oder zu den Reimen ihrer dichtenden Zeitgenossen.

Ohne Ansehen von Rang und Namen waren jedoch Dichter und Komponisten abhängig vom Urteil des Volkes, das allein darüber befand, ob ein Kunstlied zum Volkslied wurde oder nicht. Mitunter kam es auch vor, daß eine kunstsinnig konstruierte Kombination von Vers und Weise gesprengt wurde: Das Volk ließ dann entweder den routiniert geschmiedeten aber als reizlos empfundenen Reim fallen und versah die gewissermaßen verwitwete Weise mit vitalen Versen aus dem Volksmund, oder es verhalf einem von Dichterhand verfaßten Vers zur Popularität, indem es ihn vom Ballast der dafür komponierten aber nicht mitreißenden Melodie befreite und zu einer bewährten Volksweise sang.

Die schöpferische Respektlosigkeit und der kunstsinnige Instinkt des Volkes haben das Volkslied zur ursprünglichsten Form von Literatur und Musik gemacht. Es ist unsterblich geworden, immer lebendig, ewig jung.

Und das erklärt, warum heute noch die alten Melodien und Texte modern wirken und wieder gesungen werden. Einige sind internationale Hits unserer Zeit. Es mag kurios klingen, spricht aber für die Vitalität des Volksliedes, daß der Jazztrompeter Louis Armstrong jahrelang in deutscher Sprache, mit amerikanischem Akzent und krächzender Stimme das Lied vom „treuen Husar" sang. Zum Repertoir von Elvis Presley gehörte das deutsche Volkslied: „Muß i denn, muß i denn zum Städtle hinaus". Und Vicky Leandros trällert gegenwärtig in der ganzen Welt mit großem Erfolg: „Lang lang ists her".

Jahrhundertealte Melodien, jahrhundertealte Texte. Heute so populär wie zur Zeit ihrer Entstehung.

w. h.

Märchen und Sagen

Vom Erlkönig und vom Rübezahl, von Hexen und der Lorelei

Die Rheinbraut

Christinchen ging' in Garten,
Ein Zeichen sah
Drei Rosen zu erwarten.
sie am Himmel wohl stehn, daß sie im Rhein sollt' untergehn.

2. Sie ging zu ihrem Vater:
»Guten Tag, herzliebster Vater!
Könnte dies, könnte das wohl möglich sein,
Daß ich ein Jahr könnte bei dir sein?«

3. »Mein Kind, das kann nicht gehen,
Deine Heirat muß geschehen,
Mein Kind, das bild dir nur nicht ein,
Denn du mußt fahren über den Rhein!«

4. Sie ging zu ihrer Mutter:
»Guten Tag, herzliebste Mutter!
Könnte dies, könnte das nicht möglich sein,
Daß ich ein Jahr könnte bei dir sein?«

5. »Mein Kind, das kann nicht gehen,
Deine Heirat muß geschehen,
Mein Kind, das bild dir nur nicht ein,
Denn du mußt fahren über den Rhein!«

6. Sie ging in ihre Kammer,
Beweinte ihren Jammer.
Beweint aus ihres Herzens Grund,
Daß sie mit dem König wohl fahren mußt.

7. Der König kam gefahren
Mit vierundvierzig Wagen.
Der eine war mit Gold beschla'n,
Darin da sollt Christinchen fahrn.

8. Christinchen stieg in die Kutsche,
Ihre Kleider, die waren verrutschet,
Ihre Augen, die waren wie Blut so rot:
»Ach Gott, ach Gott, jetzt kommt der Tod!«

9. Sie fuhren wohl über die Brücke,
Drei Bretter schoben zurücke;
Und als sie waren in der Mitte vom Rhein,
Die rutsch, die ratsch, fiel Christinchen 'rein.

10. Der König zog aus der Taschen
Ein Tuch schneeweiß gewaschen,
Ein Messer das war wie Blut so rot,
Damit stach sich der König wohl tot.

*Volkslied aus dem Rheinland, vermutlich Anfang
des 19. Jahrhunderts. Erzählt eine alte Sage.
Mehrere Texte ähnlicher Art zum selben Thema
in ganz Deutschland, besonders in Gegenden
großer Ströme, verbreitet.*

Der Ritter auf dem Schwan

„O sagt mir an, Frau Mutter lieb, wo treff ich denn den Vater mein? „Laß ab, mein Sohn, du schaffst mir Leid, weiß nicht, wo ist der Vater dein."

2. »Wo ist denn wohl sein Heimatland?
Sagt an, daß ich ihn suchen kann!«
»Sein Heimat ist mir unbekannt,
Weiß nicht, wohin er sich gewandt.«

3. »Wie kam er dann hier in das Land?
Frau Mutter lieb, macht mir bekannt,
Damit ich kenn den Vater mein,
Damit ich sein mag kundig sein.«

4. »Ich stand am Fenster im Gemach
Und weinte meinem Vater nach,
Da schwamm ein Schifflein auf dem Rhein,
Ein stolzer Ritter stand darein.

5. Der lenkte an der Hand den Schwan,
Ein gülden Kettlein glänzte dran,
Der Schwan, der schwamm dem Ufer zu;
Der Ritter grüßt die Fenster herauf!

6. Der Ritter trug ein gülden Schwert,
Das war die halbe Grafschaft wert,
Ein Hörnlein von rotem Gold,
Das hing von seinem Nacken ab.

7. Am Finger glänzte ihm ein Ring,
Der über alle Kleinod ging.
Der Ritter führt ein blanken Schild,
Sechs Königsstäbe drauf gebild't.«

8. »O Mutter, das ist seltne Mär,
Kannst du mir sagen gar nichts mehr?«
»Ich kann dir sagen nur noch eins,
Das macht, daß ich jetzt immer wein:

9. Dem Vater ich geloben sollt,
Daß ich ihn nicht erfragen wollt,
Von wo er zu mir kommen ist,
Doch frug ich ihn zu jener Frist.

10. Die Frag hat ihn getrieben fort,
Doch dachte er der Kinder noch;
Er ließ dir Schild, er ließ dir Schwert,
Sein ganzes Erb ist dir beschert.

11. Dem Bruder, dem gab er das Horn:
Der Gau zu Cleve ist ihm erkorn
Dem jüngsten Bruder ward der Ring,
Das Land von Hessen er empfing.

12. Mir aber ließ der Ehgemahl
Nichts sonst zurück als Leid und Qual;
Wer einmal ihn geliebt so sehr,
Der kann ihn nie vergessen mehr.«

Volkslied aus dem Rheinland. Ursprung: die Lohengrin-Sage.

Die Lorelei

1. Ich weiß nicht, was soll es be-deu-ten, daß ich so trau-rig bin; kommt mir nicht aus dem Sinn.
2. Die Luft ist kühl und es dun-kelt, und ru-hig fließt der Rhein; der Gip-fel des Ber-ges fun-kelt im A-bend-son-nen-schein.

ein Mär-chen aus al-ten Zei-ten, das

3. Die schönste Jungfrau sitzet
Dort oben wunderbar,
Ihr goldenes Geschmeide blitzet,
Sie kämmt ihr goldenes Haar.

4. Sie kämmt es mit goldenem Kamme,
Und singt ein Lied dabei;
Das hat eine wundersame,
Gewaltige Melodei.

5. Den Schiffer im kleinen Schiffe
Ergreift es mit wildem Weh;
Er schaut nicht die Felsenriffe,
Er schaut nur hinauf in die Höh.

6. Ich glaube, die Wellen verschlingen
Am Ende Schiffer und Kahn;
Und das hat mit ihrem Singen
Die Lorelei getan.

Von Heinrich Heine (1797–1856). Melodie: Friedrich Silcher (1789–1860). In dem Lied wird eine sagenhafte Zauberin besungen, die auf dem Lorelay-Felsen am Rhein bei Oberwesel ihr blondes Haar kämmend den Geliebten erwartet. Diese Sage regte Clemens von Brentano (1778–1842) zu folgendem Text an, der zu einer alten Volksweise gesungen wird:

Lore Lay, die Zauberin

Zu Ba-cha-rach am Rheine, wohnt ei-ne Zauberin, die war so schön und feine, und riß viel Her-zen hin.

2. Und machte viel zu Schanden
Der Männer rings umher,
Aus ihren Liebesbanden
War keine Rettung mehr.

3. Der Bischof ließ sie laden
Vor geistliche Gewalt,
Und mußte sie begnaden,
So schön war ihr Gestalt!

4. Er sprach zu ihr gerühret:
»Du arme Lore Lay,
Wer hat dich denn verführet
Zu böser Zauberei?«

5. »Herr Bischof, laßt mich sterben,
Ich bin des Lebens müd,
Weil jeder muß verderben,
Der mir ins Auge sieht.

6. Mein' Augen sind zwei Flammen,
Mein Arm ein Zauberstab –
O legt mich in die Flammen.
O brechet mir den Stab!

7. Ich darf nicht länger leben,
Ich liebe keinen mehr,
Den Tod sollt ihr mir geben,
Drum kam ich zu euch her.

8. Mein Schatz hat mich betrogen.
Hat sich von mir gewandt,
Ist fort von hier gezogen,
dort in ein fremdes Land.

9. Die Augen sanft und milde,
Die Wangen rot und weiß,
Die Worte still und milde,
Das ist mein Zauberkreis.

10. Ich selbst muß drin verderben,
Das Herz tut mir so weh.
Vor Schmerzen möcht ich sterben,
Wenn ich mein Bildnis seh.

11. Drum laßt mein Recht mich finden,
Mich sterben wie ein Christ,
Denn alles muß verschwinden,
weil er nicht bei mir ist.« –

12. Drei Ritter läßt er holen:
»Bringt sie ins Kloster hin!
Geh, Lore! Gott befohlen
Sei dein berückter Sinn.

13. Du sollst ein Nönnchen werden,
Ein Nönnchen schwarz und weiß,
Bereite dich auf Erden
Zu deiner Todesreis.« –

14. Zum Kloster nun sie ritten,
Die Ritter alle drei,
Und traurig in der Mitten
Die schöne Lore Lay.

15. »O Ritter, laßt mich gehen
Auf diesen Felsen groß,
Ich will noch einmal sehen
Nach meines Liebsten Schloß.

16. Der Felsen ist so jähe,
So steil ist seine Wand,
Da klimmt sie in die Höhe,
Bis daß sie oben stand.

17. Die Jungfrau sprach: »Da gehet
Ein Schifflein auf dem Rhein,
Der in dem Schifflein stehet,
Der soll mein Liebster sein!

18. Mein Herz wird mir so munter,
Es muß mein Liebster sein!«
Da lehnt sie sich hinunter,
Und stürzet in den Rhein.

Der Fischer

2. Sie sang zu ihm, sie sprach zu ihm: »Was lockst du meine Brut
Mit Menschenwitz und Menschenlist hinauf in Todesglut?
Ach, wüßtest du, wie's Fischlein ist so wohlig auf dem Grund,
Du stiegst herunter, wie du bist und würdest erst gesund.

3. Labt sich die liebe Sonne nicht, der Mond sich nicht im Meer?
Kehrt wellenatmend ihr Gesicht nicht doppelt schöner her?
Lockt dich der tiefe Himmel nicht, das feuchtverklärte Blau?
Lockt dich dein eigen Angesicht nicht her in ew'gen Tau?«

4. Das Wasser rauscht, das Wasser schwoll, netzt ihm den nackten Fuß,
Sein Herz wuchs ihm so sehnsuchtsvoll, wie bei der Liebsten Gruß.
Sie sprach zu ihm, sie sang zu ihm; da war's um ihn geschehn:
Halb zog sie ihn, halb sank er hin, und ward nicht mehr gesehn.

Text von Johann Wolfgang von Goethe (1749–1832)

Melodie: Friedrich Reichardt (1752–1814).

Der wilde Wassermann

2. Er ließ eine Brücke von Golde baun,
Darauf sollt sie spazierengehn,
Die schöne Dorothee.

3. Darüber tat sie manchen Gang,
Bis daß sie in das Wasser sank,
Die schöne Dorothee.

4. In dem Wasser, da lebt sie sieben Jahr,
Bis daß sie sieben Söhne gebar,
Die schöne Dorothee.

5. Drei gehörten dem wilden Wassermann,
Vier gehörten dem König aus Engeland,
Von der schönen Dorothee.

6. Sie hörte die Glocken von Engeland läuten,
Dahin wollt sie zur Kirche gehn,
Die schöne Dorothee.

7. Und als sie in die Kirche kam,
Da neigt sich alles, was drinnen war,
Vor der schönen Dorothee.

8. Und als sie aus der Kirche kam,
Da stand der wilde Wassermann
Vor der schönen Dorothee.

9. »Willst du mit mir unter das Wasser gahn,
Oder willst du dein Leben auf dem Kirchhof lan
Du schöne Dorothee?«

10. »Eh ich mit dir unters Wasser geh,
Viel lieber will ich dir mein Leb'n geb'n«
Sprach die schöne Dorothee.

11. Da zog er aus sein blankes Schwert,
Und hieb ihr's Häuptlein zu der Erd,
Der schönen Dorothee.

12. Und wo ein Tröpflein Blut hinsprang,
Da standen drei Engelein mit Gesang
Vor der schönen Dorothee.

Volkslied aus dem 18. Jahrhundert. Entstehung vermutlich an der Nordsee-Küste. Ähnliche Lieder über die Wassermann-Sage sind besonders in den Küsten- und Seegebieten des deutschen Sprachraums weit verbreitet. Die folgende Variante wird zu einer Volksweise aus dem Erzgebirge gesungen:

Die schöne Lilofee

2. Sie hörte drunten die Glocken gehn
Im tiefen, tiefen See,
Wollt Vater und Mutter wiedersehn,
Die schöne, junge Lilofee.

3. Und als sie vor dem Tore stand
Auf der Burg wohl über dem See,
Da neigt sich Laub und grünes Gras
Vor der schönen, jungen Lilofee.

4. Und als sie aus der Kirche kam
Auf der Burg wohl über dem See,
Da stand der wilde Wassermann
Vor der schönen, jungen Lilofee.

5. »Sprich, willst du hinuntergehn mit mir
Von der Burg wohl über dem See,
Dein Kindlein unten weinen nach dir,
Du schöne, junge Lilofee«.

6. »Und eh ich die Kindlein weinen laß
Im tiefen, tiefen See,
Scheid ich von Laub und grünem Gras,
Ich arme, junge Lilofee«.

Die verschwundene Hannelore

Es war ein-mal ein Mäd-chen, die hüt't am Kamm die Küh, die hüt't sie wohl im Som-mer, als wie im Früh-ling früh.

2. Sie war ihr Lebtag lose (lustig)
Und gar von Herzen gut,
Und wie ein Pfingstrose
War'n ihre Wangen rot.

3. Sie hüt't an dreißig Stücke
So mutterseelenallein,
Und jedes hatt' eine Glocke
Als wie der größte Topf.

4. Hoch auf dem Riesenkamme
Da steht ein Mittagsstein
Beim großen Teich am Damme.
Da liegt viel Schnee und Eis.

5. Da kam durchs Knieholz schnelle
Ein schöner Reitersmann,
Der hielt beim Mädchen stille
Und schaut sie freundlich an:

6. »Wer bist du, liebstes Herze,
Du allerschönste Zier?
Wo wohnt dein Vater und Mutter,
Ist deine Heimat hier?«

7. »Mein Heimat ist gar weite
Dort in dem tiefen Tal,
Kein Reiter kann hinreiten,
Und wärs der – Rübezahl.«

8. »Kann auch kein Reiter hinreiten
Wohl zu der Heimat dein,
So trägt mein Roß behende
Dich über Stock und Stein.«

9. Er steckt an ihren Finger
Ein goldnes Ringelein,
Und sprach: »Du schönstes Leben,
Nun bist du ewig mein!«

10. Er schwang sie auf sein'n Schimmel,
So sehr das Mädchen schrie:
»O Mutter Gotts im Himmel,
Wo reit' er mit mir hin?«

11. »Wohin ich mit dir reite,
Das wirst du mal bald sehn:
Es geht gar in die Weite
Wohl über Stock und Stein.«

12. Gar lang vor vielen Jahren
Ist die Geschicht geschehn,
Und Felsmanns Hannelore
Hat niemand mehr gesehn.

Volkslied aus dem Riesengebirge. Schildert eine der vielen Rübezahlsagen. Die schlesische Mundart wurde von Franz Magnus Böhme (1827–1898) übertragen.

Walpurgisnacht

Es wohnet ein Fiedler zu Frankfurt am Main, der kehret von lustiger Zeche heim, und er trat auf den Markt, was schaut er dort? Was schaut er dort? Der schönen Frauen schmausten gar viel an dem Ort.

2. »Du buckliger Fiedler, nun fiedle uns auf!
Wir wollen dir zahlen des Lohnes vollauf;
Einen Tanz behende gezeiget!
Walpurgisnacht wird heute gefei'rt.«

3. Der Geiger strich einen fröhlichen Tanz,
Die Frauen tanzten den Reigenkranz
Und die Erste sprach: »Mein lieber Sohn,
Du geigst so frisch, hab nun deinen Lohn!«

4. Sie griff ihm behende unters Wammes sofort,
Und nahm ihm den Höcker von dem Rücken fort:
»So gehe nun hin, mein schlanker Gesell,
Dich nimmt nun eine jede Jungfrau zur Stell.«

5. Der Fiedler schlank in die Herberg trat,
Da wartet sein buckliger Kamerad.
Den faßte der Neid: »Der Hexen Gunst
Erwerb ich mir auch durch meine Kunst!«

6. Er trat auf den Marktplatz und es tanzte die Schar.
Im Mondenlicht immer noch wunderbar.
»Ich geige euch gern, wenn für den Dienst
Ihr zahlen wollet mit gleicher Gunst.«

7. Er geigte falsch zu der Frauen Tanz,
Verstörte den holden Reigen ganz.
Die Erste sprach: »Mein lieber Sohn,
So wie du geigtest, so wird dein Lohn.«

8. Sie nestelt ihm vorne am Wammes sofort,
Und verbarg des Gesellen Höcker dort.
Und nun gings husch, es wirbelt umher,
Der weite Marktplatz war still und leer.

9. Der neidische Fiedler tappte gar lang,
Er dachte, er käme nach Hause gar schlank.
Doch wie lachten sie, wie kam er in Zorn:
Er fand sich behöckert - so hinten als vorn.

Von Anton Wilhelm Florentin von Zuccalmaglio (1803–1869) in Anlehnung an ein inzwischen verschollenes Volkslied. Der Text bezieht sich auf das Märchen »Die zwei buckligen Musikanten von Aachen«. Johannes Brahms (1833–1897) hat nach dieser Melodie einen Chorsatz geschaffen.

Das bucklige Männlein

Will ich in mein Gärtchen gehn, will mein Zwiebeln gießen: steht ein bucklig Männlein da, fängt gleich an zu niesen.

2. Will ich in mein Küchel gehn,
Will mein Süpplein kochen:
Steht ein bucklig Männlein da,
Hat mein Töpflein brochen.

3. Will ich in mein Stüblein gehn,
Will mein Müslein essen:
Steht ein bucklig Männlein da,
Hat's schon halber 'gessen.

4. Will ich auf mein' Boden gehn,
Will mein Hölzlein holen:
Steht ein bucklig Männlein da,
Hat mir's halber gestohlen.

5. Will ich in mein Keller gehn,
Will mein Weinlein zapfen:
Steht ein bucklig Männlein da,
Tut mir'n Krug wegschnappen.

6. Setz ich mich ans Rädlein hin,
Will mein Fädlein drehen:
Steht ein bucklig Männlein da,
Läßt das Rad nicht gehn.

7. Geh ich in mein Kämmerlein,
Will mein Bettlein machen,
Steht ein bucklig Männlein da,
Fangt es an zu lachen.

8. Wenn ich an mein' Bänklein bin,
Will ein bißlein beten,
Steht ein bucklig Männlein da,
Fängt gleich an zu reden.

10. Liebes Kindlein, ach ich bitt,
Bet fürs bucklig Männlein mit!

Volkslied unbekannter Herkunft, wurde von Clemens von Brentano und Achim von Arnim (1781–1831) entdeckt.

Liebes Kindlein, ach ich bitt, bet fürs bucklig Männlein mit!

Die Kronschlange

Der Jäger längs am Weiher ging, lauf, Jäger lauf! Die Dämmerung den Wald umfing. Lauf, Jäger, lauf, Jäger, lauf, lauf, lauf! Mein lieber Jäger, guter Jäger, lauf, lauf, lauf! Mein lieber Jäger lauf, mein lieber Jäger lauf!

2. Was plätschert in dem Wasser dort?
Es kichert leis in einem fort.

3. Was schimmert dort im Grase feucht?
Wohl Gold und Edelstein mich deucht.

4. Kronschlängelein ringelt sich im Bad,
Die Kron sie abgeleget hat.

5. Jetzt gilt es wagen, oh mir graut,
Wer Glück hat führet heim die Braut.

6. »Oh Jäger, laß den goldnen Reif,
Die Diener regen schon den Schweif.

7. Oh Jäger, laß die Krone mein,
Ich geb dir Gold und Edelstein.

8. Wie du die Kron mir wiederlangst,
Geb ich dir alles, was du verlangst!«

9. Der Jäger lief, als sei er taub,
Im Schrein barg er den teuren Raub.

10. Er barg ihn in den festen Schrein:
Die schönste Maid, die Braut war sein.

Der Text aus dem Ende des 17. Jahrhunderts schildert die im Rheinland inzwischen vergessene Sage von der verwunschenen Königstochter, die, in eine gekrönte Schlange verwandelt, von einem Jäger erlöst wurde. Melodie von Anton Wilhelm Florentin von Zuccalmaglio nach einer alten Volksweise.

Die Macht der Tränen

Es kam von einer Neustadt her ein Wittfrau sehr betrübet.
Es war gestorb'n ihr liebes Kind, das sie von Herzen geliebet.

2. Sie ging einmal ins Feld hinaus,
Ihr' Traurigkeit zu lindern;
Da kam das liebe Jesulein,
Mit so viel weißen Kindern.

3. Mit weißen Kleidern angetan,
Mit Himmelsglanz verkläret,
Mit einer schönen Ehrenkron
War'n diese Kinder gezieret.

4. Und als die Mutter ihr Kind erblickt,
Schnell tat sie zu ihm laufen:
»Was machst du hier, mein liebes Kind
Daß du nicht bist beim Haufen?«

5. »Ach Mutter, liebste Mutter mein,
Der Freud muß ich entbehren;
Hier hab ich ein'n sehr großen Krug,
Muß sammeln eure Tränen.

6. Habt ihr zu weinen aufgehört,
Vergessen eure Schmerzen,
So find ich Ruh in dieser Erd
Das freute mich von Herzen.«

Schlesisches Volkslied. Besingt das Märchen vom »Tränenkrüglein«. Nach allgemeinem Volksglauben früherer Zeit stören die vergossenen Tränen dem beweinten Verstorbenen die Totenruhe.

Der Rattenfänger

Ich bin der wohl-be-kann-te Sän-ger, der viel ge-rei-ste Rat-ten-fän-ger, den die-se alt-be-rühm-te Stadt ge-wiß be-son-ders nö-tig hat; und wä-ren's Rat-ten noch so vie-le, und wä-ren Wie-sel mit im Spie-le, von al-len säubr' ich die-sen Ort sie müs-sen mit ein-an-der fort, sie müs-sen mit ein-an-der fort, sie müs-sen mit ein-an-der fort.

2. Dann ist der gut gelaunte Sänger
Mitunter auch ein Kinderfänger,
Der selbst die wildesten bezwingt,
Wenn er die gold'nen Märchen singt.
Und wären Knaben noch so trutzig,
Und wären Mädchen noch so stutzig,
In meine Saiten greif' ich ein,
Sie müssen alle hintendrein.

3. Dann ist der vielgewandte Sänger
Gelegentlich ein Mädchenfänger;
In keinem Städtchen langt er an,
Wo er's nicht mancher angetan.
Und wären Mädchen noch so blöde,
Und wären Weiber noch so spröde;
Doch allen wird so liebebang
Bei Zaubersaiten und Gesang.

Johann Wolfang von Goethe ließ sich zu diesem Text von der Rattenfänger-Sage anregen. Er dichtete es zu einer Melodie unbekannter Herkunft.

Danhauser

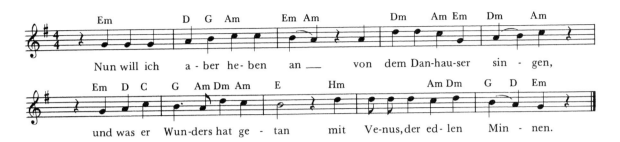

Nun will ich a-ber he-ben an von dem Dan-hau-ser sin-gen,
und was er Wun-ders hat ge-tan mit Ve-nus, der ed-len Min-nen.

2. Danhauser war ein Ritter gut
Er tat der Wunder schauen
Er wohnte in Frau Venus Berg
Bei Venus der schönen Frauen.

3. »Euer Minne ist mir worden leid;
Zu gehen hab ich im Sinne,
Frau Venus, edle Fraue zart,
Ihr seid eine Teufeline.«

4. »Herr Danhauser, Ihr seind mir lieb,
Daran sollt Ihr gedenken!
Ihr habt mir einen Eid geschwor'n
Ihr wöllt von mir nit wenken.«

5. »Mein Leben das ist worden krank,
Ich mag nit länger bleiben;
Nun gebt mir Urlaub, Fräulein zart,
Von eurem stolzen Leibe!«

6. »Herr Danhauser, nit reden also!
Ihr tut euch nit wohl besinnen;
So gehn wir in ein Kämmerlein.
Und spielen der edlen Minne!«

7. »Frau Venus, dessen will ich nit,
Ich mag nit länger bleiben.
Maria Mutter, reine Maid,
Nun hilf mir von dem Weibe!«

8. Do schied Danhauser aus dem Berg
In Jammer und in Reuen:
Er will gen Rom wohl in die Stadt
Auf eines Papstes Treuen

9. Nun fahrt er fröhlich auf die Bahn,
Gott, der tut immer walten!
Zu einem Papst, der heißt Urban
Ob er ihn möcht behalten.

10. »Ach Papste, lieber Herre mein!
Ich klag euch hie mein Sünde,
Die ich mein Tag begangen hab,
Als ich euchs will verkünden.

11. Ich bin gewesen auch ein Jahr
Bei Venus, einer Frauen.
So wollt ich Buß und Beicht entpfahn
Ob ich möcht Gott anschauen.«

12. Der Papst hat ein Stäblein in seiner Hand,
Das was sich also dürre:
»So wenig das Stäblein grünen mag,
Kommst du zu Gottes Hulde!«

13. Da zog er wiedrum aus der Stadt
In Jammer und in Leiden:
»Maria Mutter, reine Magd,
Muß ich mich von dir scheiden!«

14. Er zog nun wiedrumb in den Berg
Und ewiglich ohn Ende:
»Ich will zu meiner Frauen zart,
Dort hin will ich mich wenden.«

15. »Seid gottwillkommen, Danhauser!
Ich hab eur lang entboren;
Seid gottwillkommen, mein lieber Herr,
Zu einem Buhlen auserkoren!«

16. Das währet an den dritten Tag,
Der Stab hub an zu grünen,
Der Papst schickt aus in alle Land:
Wo der Danhauser wär hinkummen?

17. Da war er wieder in dem Berg
Und hätt sein Lieb erkoren;
Deswegen muß der Danhauser
Nun ewig sein verloren!

Texte über die Tannhäuser-Sage gehörten zu den ersten Liedern, die auf Flugblättern gedruckt wurden. Die hier vorliegende Variante ist Quelle vieler ähnlicher, in ganz Deutschland verbreiteter Lieder zum selben Thema.

Doctor Faust

2. Zu Anhalt war er geboren,
Er studiert' mit allem Fleiß;
In der Hoffart auferzogen,
Richtet sich nach alter Weis.

3. Vierzigtausend Geister er zitierte
Mit Gewalt wohl aus der Höll,
Doch es war nicht einer drunter,
Der ihm recht konnt tauglich sein.

4. Nur Mephisto, dem Geschwinden,
Gab er seine Seele drein,
Denn sonst keiner in der Höllen,
Welcher diesem gleich konnt sein.

5. Dafür mußt er Geld ihm schaffen,
Gold und Silber, was er nur wollt;
Er hat auch zu allen Sachen
Viele Geister hergeholt.

6. Zu Straßburg schoß er nach der Scheiben,
Daß er haben konnt' sein Freud;
Tät oft nach dem Teufel schießen,
Daß er vielmals laut aufschreit.

7. Kegelschieben auf der Donau
War zu Regensburg sein Freud;
Fisch zu fangen nach Verlangen
War seine Ergetzlichkeit.

8. Wie er an dem heilgen Karfreitag
Nach Jerusalem kam auf die Straß,
Allwo Christus am heiligen Kreuzstamm
Hinge ohne Unterlaß.

9. Mephistophelus geschwinde
Mußte gleich ganz eilen fort,
Und ihm bringen drei Ellen Leinwand
Von einem gewissen Ort.

10. »Satan, du sollst mir jetzt abmalen
Christus an dem heiligen Kreuz,
Und dazu die fünf Wunden alle
Gib nur acht, daß dir's nicht leid;

11. Daß du nicht fehlst an dem Titel,
An dem heiligen Namen sein!
Wirst du dieses recht abmalen,
Sollst du mir nicht mehr dienstbar sein.«

12. »Dieses kann ich nicht abmalen,
Bitt dich drum, o Doctor Faust,
Ich tat dir schon großen Gefallen.
Fordre nunmehr dies nicht auch.

13. Denn es ist ja ganz unmöglich,
Daß ich schreib Herr Jesu Christ
Weil ja in der ganzen Welt
Nichts heiliger zu finden ist.«

14. In derselben Viertelstunde
Kam ein Engel von Gott gesandt,
Der tät ja so fröhlich singen
Mit einem englischen Lobgesang.

15. So lang der Engel dagewesen,
Wollt sich bekehren Docotor Faust;
Als er fort, tät er sich abkehren;
Sehet an den Höllengraus!

16. Der Teufel hatte ihn verblendet,
Malt ein Venusbild an die Stell:
Die bösen Geister kamen eilends,
Führten ihn mit in die Höll.

*Die Sage vom Teufelspakt des Dr. Faust -
die auch Goethe angeregt hat - liegt diesem
Volkslied aus Unterfranken zugrunde. Entstehungszeit
unbekannt. Ähnliche Textvariationen wurden
auch in Köln und in der Steiermark gefunden.*

Erlkönigs Tochter

2. »Ich darf nicht tanzen, ich tanzen nicht mag,
Früh Morgen ist mein Hochzeittag.«
»Hör an, Herr Oloff, tritt tanzen mit mir,
Zwei güldene Sporen schenke ich dir;
Ein Hemde von Seide, so weiß und fein,
Mein Mutter bleicht' es im Mondenschein.«

3. »Ich darf nicht tanzen, nicht tanzen ich mag,
Früh Morgen ist mein Hochzeittag.«
»Hör an, Herr Oloff, tritt tanzen mit mir,
Einen Haufen Goldes schenke ich dir.«
»Einen Haufen Goldes nehme ich wohl,
Doch tanzen mit dir ich nicht darf noch soll.«

4. »Und wollt Herr Oloff nicht tanzen mit mir,
Soll Seuch' und Krankheit folgen dir!«
Sie tut einen Schlag ihm auf sein Herz;
»O weh, wie wird mir vor Angst und Schmerz!«
Da hob sie ihn bleichend wohl auf sein Pferd:
»Reit hin und grüße dein Bräutlein wert!«

5. Und als er kam vor des Hauses Tür,
Da stand die harrende Mutter dafür.
»Hör' an, mein Sohn, und sage mir gleich:
Wie ist deine Farbe so blaß und bleich?«
»O Mutter, o Mutter, ich kam in das Reich
Erlkönigs, drum bin ich so blaß und bleich.«

6. »Hör an, mein Sohn, so lieb und traut,
Was soll ich sagen deiner Braut?«
»Sagt an, ich sei im Wald zur Stund,
Zu proben da mein Pferd und Hund.«
Da ächzt er, da starb er; als Morgen war,
Kam singend die Braut mit der Hochzeitsschar.

7. »Du weinst, o Mutter, was fehlet dir?
Wo ist mein Liebster? Er ist nicht hier!«
»O Tochter, er ritt in den Wald zur Stund,
Zu proben allda sein Pferd und Hund.«
Drauf hob sie die Decke von Scharlachrot.
Da lag ihr Liebster, war bleich und tot.

*Wurde von Brentano und Arnim als deutsches
Volkslied in »Des Knaben Wunderhorn« aufgenommen.
Tatsächlich handelt es sich um ein dänisches
Lied, das Johann Gottfried Herder (1744–1803)
übersetzte. Dabei faßte Herder den dänischen
»Elverkonge« (Elfenkönig) irrtümlich als
»Ellerkonge« (Erlkönig) auf. Seine Übersetzung
wurde in leicht umgearbeiteter Form auf ein
Flugblatt gedruckt und kam so in die Hände
von Brentano und Arnim. Goethe fühlte sich
von Herders Übersetzung angeregt und schrieb
das folgende Gedicht vom Erlkönig, das Friedrich
Reichardt vertonte:*

Der Erlkönig

Wer reitet so spät durch Nacht und Wind? Es ist der Vater mit seinem Kind; er hat den Knaben wohl in dem Arm, er faßt ihn sicher, er hält ihn warm.

2. »Mein Sohn, was birgst du so bang dein Gesicht?«
»Siehst, Vater, du den Erlkönig nicht?
Den Erlenkönig mit Kron' und Schweif?« –
»Mein Sohn, es ist ein Nebelstreif.« –

3. »Du liebes Kind, komm, geh mit mir!
Gar schöne Spiele spiel' ich mit dir;
Manch' bunte Blumen sind an dem Strand.
Meine Mutter hat manch gülden Gewand.«

4. »Mein Vater, mein Vater, und hörest du nicht,
Was Erlenkönig mir leise verspricht?« –
»Sei ruhig, bleibe ruhig, mein Kind;
In dürren Blättern säuselt der Wind.« –

5. »Willst, feiner Knabe, du mit mir gehn?
Meine Töchter sollen dich warten schön;
Meine Töchter führen den nächtlichen Reihn
Und wiegen und tanzen und singen dich ein.«

6. »Mein Vater, mein Vater, und siehst du nicht dort
Erlkönigs Töchter am düstern Ort?« –
»Mein Sohn, mein Sohn, ich seh' es genau:
Es scheinen die alten Weiden so grau.« –

7. »Ich liebe dich, mich reizt deine schöne Gestalt
Und bist du nicht willig, so brauch ich Gewalt!«
»Mein Vater, mein Vater, jetzt faßt er mich an!
Erlkönig hat mir ein Leids getan!«

8. Dem Vater grauset's; er reitet geschwind,
Er hält in den Armen das ächzende Kind,
Erreicht den Hof mit Müh und Not;
In seinen Armen das Kind war tot.

Das steinerne Brot

Es war ein ar-me Mut-ter, die litt sehr gro-ße Not, denn
ih - re klei-nen Kin-der war'n nah dem Hun-ger-tod.

2. Sie hatte eine Schwester,
Die war an Gütern reich,
Zu dieser ging sie weinend
Und bat um etwas Brot.

3. Doch diese sagte: »Schwester!
Ich hab kein Brot im Haus,
Das Brot zu Stein mag werden,
So ich im Hause hab!«

4. Und trauernd ging die Arme
Von ihrer Schwester fort;
Sie seufzt: »Ach Gott erbarme
Der armen Kinder dich!«

5. Darauf trat in den Keller
Der reichen Schwester Mann,
Wollt schneiden von dem Brote,
O Weh! Da war es Stein.

6. »Ach!« sprach er zu dem Weiba
»Groß Sünd hast du getan,
Daß du die arme Schwester
Ohn Brot hast lassen gahn!«

7. Doch sie erwidert: »Lieber!
Ich hab sie nicht gesehn,
Ich schwörs bei meiner Treue,
Ich hab sie nicht lassen gehn!«

8. Schnell ging sie nun von dannen
Sie fühlt ihr schwere Schuld;
Sie ging zur armen Schwester
Die sie laut jammernd fand.

9. »Ach Schwester«, sprach sie,
»Schwester,
Vergib mir meine Sünd!
Dein' Kinder will ich nähren
Als wie mein eigen Kind.«

10. Die Arme sprach: »O
Schwester,
Behalte nur dein Gut,
Gott hat sie schon gespeiset,
Sie schlafen Tag und Nacht.«

11. Sie öffnete die Kammer,
Sechs Kinder lagen tot. –
Darauf die reiche Schwester
Zurück nach' Hause ging.

12. Sie kam zu ihrem Hofe,
Das Haus in Flammen stand;
Sie lief zu ihren Schätzen
Und fand im Feuer ihr Grab.

*Volkslied aus Westfalen.
Schildert die Sage von
dem in Stein verwandelten
Brot.*

Das Schlaraffenland

Kommt, wir wollen uns begeben jetzo in Schlaraffenland!
Seht, da ist ein lustig Leben, und das Trauern unbekannt.
Seht, da läßt sich billig leben, und umsonst recht lustig sein: Milch und Honig
fließt in Bächen, aus den Felsen springt der Wein, aus den Felsen springt der Wein.

2. Und von Kuchen, Butterwecken
Sind die Zweige voll und schwer;
Feigen wachsen in den Hecken
Ananas im Busch umher.
Keiner darf sich mühn und bücken,
Alles stellt von selbst sich ein.
O wie ist es zum Entzücken!
Ei, wer möchte dort nicht sein!

3. Und die Straßen, aller Orten,
Jeder Weg und jede Bahn,
Sind gebaut aus Zuckertorten
Und Bonbons und Marzipan,
Und von Bretzeln sind die Brücken
Aufgeführt gar hübsch und fein.
O wie ist es zum Entzücken!
Ei, wer möchte dort nicht sein?

4. Ja, das mag ein schönes Leben
Und ein herrlich Ländchen sein.
Mancher hat sich hin begeben,
Aber – keiner kann hinein.
Ja, und habt ihr keine Flügel,
Nie gelangt ihr bis ans Tor:
Denn es liegt ein breiter Hügel
Ganz von Pflaumenmus davor.

Text: Hoffmann von Fallersleben (1798–1874).
Melodie: Robert Schumann (1810–1856).

Unheimliche Lieder

Von Höllenritt
und Teufelstanz,
von Geisterstund
und bleicher Totenhand

Eine bleiche Totenhand

Heinrich schlief bei seiner Neuvermählten, einer reichen Erbin von dem Rhein. Schlangenbisse, die den Falschen quälten, ließen ihn nicht ruhig schlafen ein.

2. Zwölfe schlug's, da drang durch die Gardine
eine bleiche, kalte Totenhand.
Was erblickt er? – Seine Wilhelmine,
die im Sterbekleide vor ihm stand.

3. »Bebe nicht«, sprach sie mit leiser Stimme,
»ehmals mein Geliebter, bebe nicht.
Ich erscheine nicht vor dir im Grimme,
deiner neuen Liebe fluch ich nicht.

4. Unglück hat mein armes junges Leben
bis zum Tode damals abgekürzt.
Doch der Himmel hat mir Kraft gegeben,
daß ich nicht zur Hölle bin gestürzt.

5. Warum glaubt ich Schwache deinen Schwüren,
baute fest auf Zärtlichkeit und Treu,
mir nicht träumend, daß ein Herz zu rühren, –
mehr als rühren – euch nur Spielwerk sei!

6. Weine nicht, denn eine Welt wie diese,
ist der Tränen, die du weinst, nicht wert.
Lebe froh und glücklich mit Elise,
welche du zur Gattin hast begehrt.

7. Schätze hast du, Heinrich, ach bediene
ihrer dich zu meiner Seele Rast,
schaffe Ruhe deiner Wilhelmine,
die du lebend ihr entzogen hast.«

8. »Opfer willst du, Opfer!« Heinrich tobte. –
»Heinrich, Heinrich«, haucht es durch die Nacht.
Da verschwand die einstige Verlobte.
Einen Selbstmord hat er dann vollbracht.

9. Gnade fand sie, doch ihr Ungetreuer
war verloren ohne Wiederkehr.
Als ein Scheusal, als ein Ungeheuer,
irrt sein Geist um Mitternacht umher.

*1779 von dem gräflich Degenfeldschen Hofrat
Johann Friedrich August Katzner zu einer
alten Volksweise gedichtet.*

Der Gespensterreiter

„He Ritter warum sprengt ihr denn alle Tag auf eurem traurig schwarzen Roß, hervor aus eurem verwachs'nen Grab, hinauf in euer verwunschenes Schloß?"

2. »Könnt ich denn ruhen und bleibn im Grab,
Wenn dort das weißköpf'ge Dirndel singt?
Dürft ich's versäumen einen einzigen Tag,
Daß mir nicht's Herz aus der Totentruhe springt?

3. Hätt ich nur einmal die goldene Freud
Auf meinem traurigen Totenritt,
Brächt' ich's nur einmal so weit, so weit,
Daß mir ging das weißköpfige Dirndel mit!«

Böhmisches Volkslied

Ha, ich wittre Gräberduft

2. »Ruhen kann ich nicht allein!
Denn mein Geliebter hat versprochen
Heute bei mir anzupochen:
Ruhen kann ich nicht allein!«

3. »Ruhen sollst du nicht allein!
Hat dein Buhle dir gelogen,
Nun so sei er auch betrogen,
Bring mich in dein Kämmerlein!«

4. »Bringen will ich dich dahin;
Eng ists nur, mißt kaum drei Schritte,
Aber Ruh in seiner Mitte,
Ringsum blüht der Rosmarin.«

5. »Wie das Leichhuhn ängstlich ruft!
Wie die Winde schaurig blasen!
Ist das nicht der Kirchhof-Rasen?
Ha, ich wittre Gräberduft!«

6. »Sieh, hier ist mein Schlafgemach,
Eng und klein und still und düster:
Sieh, da stört uns kein Geflüster,
Und da wohnt kein Weh und Ach!«

7. »Weh, dies ist Luisens Grab,
Die ich treulos einst verlassen!
Mädchen, mußt mich nicht umfassen!
Weh, du ziehst mich ja hinab!«

8. »Sieh, Luise steht vor dir!
Hast mich ja zur Braut gewählet;
Komm, der Tod hat uns vermählet,
Komm und schlummre nun bei mir!«

*Volkslied unbekannter Herkunft, das im 18.
Jahrhundert die Beliebtheit eines Gassenhauers
hatte.*

Zwölf Uhr ist's

"Weint mit mir, ihr nächtlich stillen Haine, zürnet nicht, ihr morschen Totenbeine, wenn ich euch, ja wenn ich euch, wenn ich euch in eurer Ruhe stör."

2. Denn es wohnt allhier in eurer Mitte
Sanft und still ein Mädchen voller Güte,
Ach! von ihr entfernt zu sein, ist schwer.

3. Sie verschwur, des Nachts mir zu erscheinen,
Sich mit mir auf ewig zu vereinen,
Wenn die süße Geisterstunde schlägt.

4. Zwölf Uhr ist's am Kirchhofturm vorüber,
Müd und matt sind alle meine Glieder,
Einsam steh ich hier an ihrer Gruft.

5. Horch! Was rauscht dort an der Kirchhofsmauer
Leis herab in einer stillen Trauer?
Immer näher kommt es auf mich zu.

6. Ganz schneeweiß in einem Sterbekleide,
Schön geschmückt mit himmlischem Geschmeide.
Ach, wenn es doch Wilhelmine wär!

7. »Ja, ich bin's!« – sprach sie mit leiser Stimme,
»Vielgeliebter, deine Wilhelmine,
Flieh von mir, bis dich der Tod abruft!«

8. »Soll ich dich, Geliebte, schon verlassen,
Darf ich dich denn gar nicht mehr umfassen?
Ach, so schlummre sanft und ruhig ein!

9. Steig hinab in deine Totenkammer,
Mach mir Platz, denn mich verzehrt der Jammer,
Und bis Morgen bin ich schon bei dir! –

10. Bei dem Vater in dem Himmel droben,
Wo so viele Millionen wohnen,
Dorten wird der Freud kein End mehr sein.«

Von Johann Franz von Ratschky 1799 in Wien gedichtet. Melodie aus Thüringen.

Der Satan und die Prinzessin

Es hütet ein Schäfer an jenem Holz, der hörte ein kleines Kindlein schrein, der hört ein kleines Kindlein schrein.

2. »Du hörst mein Schreien und siehst mich nicht,
Ich bin im hohlen Baum versteckt.«

3. »Wer hat dich denn darein gesteckt?«
»Die jüngste der Prinzesselein.«

4. Er nahm den Knaben auf seinen Arm,
Und trug ihn in das Hochzeitshaus.

5. »Guten Tag, guten Tag, ihr Hochzeitsleut,
Ich bring euch ein klein Knäbelein.

6. Wer soll denn seine Mutter sein?«
»Die mit dem grünen Kränzelein.«

7. »Wie kann ich seine Mutter sein?
Ich trag ein grünes Kränzelein.«

8. »Ei so wünscht ich, daß der Satan käm
Und dir den grünen Kranz abnähm!«

9. Kaum hat er diese Worte ausgesagt,
Der Satan zu der Tür reinkam
Und ihr den grünen Kranz abnahm.

Text und Melodie vermutlich aus der Kasseler Gegend.

Der Teufel beim Hochzeitstanz

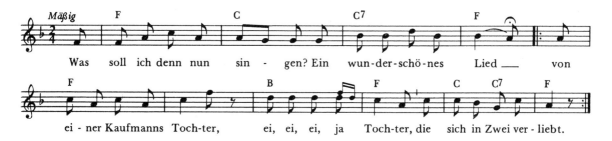

2. Der Eine war ein Schiffsmann,
Der And're ein Kaufmannssohn;
Den Schiffsmann ließ sie fahren,
Ei, ei, ei, ja fahren,
Den Kaufmannssohn sie nahm.

3. Und als der Schiffsmann das erfuhr,
Fuhr er über Berg und Tal. –
Sie schwur auf ihre Seele,
Ei, ei, ei, ja Seele,
Sie nähm ihr keinen Mann.

4. »Ich weiß von keiner Liebe nicht,
Ich weiß von keiner Treu;
Der Teufel soll mich holen,
Ei, ei, ei, ja holen,
Wenn ich von Liebe weiß.«

5. Und als nun kam der dritte Tag.
Da ging die Hochzeit an;
Der Teufel aus der Hölle,
Ei, ei, ei, ja Hölle,
Der setzt sich oben an.

6. Er mocht weder essen noch trinken,
Nur tanzen mit der Braut;
Den ersten, den er tanzte,
Ei, ei, ei, ja tanzte,
Zum Fenster tanzt er 'naus.

7. Er faßt sie an die Arme
Zerbrach ihr Hals und Bein
Ade, ihr wackern Mädchen,
Ei, ei, ei, ja Mädchen,
Verliebt euch nicht in Zwei!

8. Der Bräutgam hinter der Türe stand
Ganz traurig und betrübt:
»Warum bist du so traurig,
Ei, ei, ei, ja traurig?
Ja traurig und betrübt?«

9. »Warum sollt ich nicht traurig sein,
Ja traurig und betrübt?
Mein Ehr' hab ich verloren,
Ei, ei, ei verloren.
Dazu mein feines Lieb.«

Schlesisches Volkslied.

Die kohlschwarze Seele

In der Stadt Hagenau genannt, da wohnten zwei Eh-leut wohlbekannt: sie hatten einen einz'gen Sohn, all Übels sie ihm gestatten dohn.

2. Der Knab war alt schon vierzig Jahr,
Kein Vaterunser konnt er fürwahr,
Aber alle Sünde und Räuberei,
Die trieb er täglich sonder Scheu.

3. Die Mutter hatt' ihr Freud dabei,
Wenn ihr Söhnlein trieb Schelmerei:
Sie gab dem Knaben alles Recht,
Er sollte tuen was er möcht.

4. Wenn die Mutter was befehlen tut,
Er immer darwider murren tut;
Er schlug auch auf sein' Mutter los,
Viel harte Worte er ausstoßt:

5. »Du Sau, du krummer alter Bär,
Du Hexe, du Aas«, und noch viel mehr,
Daß Gott der Herr es wurde müd
Und macht' ein Ende diesem Lied.

6. Er ward totkrank, kam auf das Bett,
Darauf er nichts als schreien tät:
»O weh, o weh, was Angst und Schmerz!
Wie tut mir jetzt so weh mein Herz!«

7. Und eh der dritte Tag anbrach,
Da schied er hin in Ungemach;
Erschrecklich er gestorben ist. –
Hört weiter, was geschehen ist:

8. Am selbigen Tag um die Abendzeit,
Da kam seine Seele kohlschwarz bekleidt,
In der Hand ein feurig Rut,
Seinen Eltern verweisen tut.

9. Er fing gar laut zu brüllen an:
»Ihr Eltern, ihr seid schuld daran,
Vermaledeit in Ewigkeit
Seid ihr mit mir, wie ich anheut!

10. Wenn ihr die Rute nicht gespart,
In meinen jüngsten Tagen zart,
Wär ich ein Kind der Seligkeit:
Ihr habts verfehlet in der Zeit!«

Volkslied, vermutlich vom Niederrhein, wurde zur Rechtfertigung strenger Erziehungsmaßnahmen den Kindern vorgesungen.

Moritaten und Räuberlieder

Von Rinaldo Rinaldini und vom Wildschütz Jennerwein, von Spitzbübereien und allerlei Meuchelmorden

Laßt den Leib am Galgen hangen

Es gibt doch kein schö-ner Le-ben in der gan-zen wei-ten Welt
als das Stra-ßen-räu-ber-le-ben, mor-den um das lie-be Geld!
In den Wäl-dern um-zu-strei-chen, gro-ße Leu-te zu er-rei-chen;
fehlt es uns an Geld o-der Kleid, brin-gen's uns die Wan-ders-leut.

2. Kommt ein Herr daher gegangen,
Greifen wir ihn ernsthaft an.
Mit sei'm Geld darf er nicht prangen,
Denn wir sind ein' Räuberband.
Kommt eine Kutsche oder Wagen,
Tun wir sie nicht lange fragen,
Hauen, stechen, schießen tot,
Ist das nicht ein schön Stück Brot?

3. Sehn wir Galg' und Räder stehen,
Bilden wir uns herzhaft ein:
Einmal muß es doch geschehen,
Einmal muß gehangen sein.
So steigen wir aus dem Weltgetümmel
Auf eine Leiter gegen Himmel,
Lassen uns vom Wind schwenken aus und ein
Bis wir abgefault sein.

4. Laßt den Leib am Galgen hangen,
Denn er ist der Vögel Greif.
Laßt ihn hin und her sich wanken,
Bis die Knochen werden weiß.
Laßt ihn liegen in der Erden
Von den Würm' gefressen werden
Weit schöner ist's in der Luft
Als in einer Totengruft.

Räuberlied unbekannter Herkunft, im vorigen Jahrhundert viel gesungen.

Die Räuberbraut

An ei-nem Bach, in ei-nem tie-fen Ta-le, da saß ein
Mäd-chen an ei-nem Was-ser-fal-le, sie war so
schön, so schön wie Milch und Blut, von Her-zen war sie ei-nem Räuber gut.

2. »Du armes Mägdelein, mich dauert deine Seele,
Weil ich muß fort in meine Räuberhöhle,
Wo wir dereinst so glücklich wollten sein,
Es muß jedoch, es muß geschieden sein.

3. Nimm diesen Ring, und sollte jemand fragen,
So sollst du sagen, daß ein Räuber ihn getragen,
Der dich geliebt bei Tag und bei der Nacht,
Und der schon viele Menschen umgebracht.

4. Geh du nur hin auf eine grüne Wiese,
Wo viele andre junge Männer sind.
Vielleicht kannst du mit einem glücklich sein,
Ich aber muß in'n finstern Wald hinein.

5. Und wenn ich endlich, endlich komm zum Sterben,
So sollst du alles, ja alles von mir erben.
Ich setze in mein Testament dich ein,
Nur du allein sollst meine Erbin sein.«

Auf der Walz

1. Kunde willst du talfen gehn,
Laß mich erst dein Fleppchen sehn,
Ach, wie ist das Walzen schön,
Wenn man brav kann talfen gehn.

2. Hier gibt's Geld und da gibt's Brot,
Gannefex hat keine Not,
Schiebt man in ein Kaff hinein,
Hört man gleich die Kaffern schrein:

3. »Kunde, du mußt weiter gehn,
Es waren heute da schon über zehn!«
Kunde, du darfst nicht verzagen,
Hat dich gleich der Butz beim Kragen.

4. Und steckt er dich wohl auch ein.
Bei Wasser und Brot ins Kittchen hinein,
Und das gibt eine schöne Geschicht',
Jetzt kommen wir vor's Landgericht.
Der Staatsanwalt platzt gleich heraus:
»Sechs Wochen mit dem Kerl ins Arbeitshaus.«

Dieses Lied wird zur Melodie »Studio auf einer Reis'« gesungen (Siehe Seite 216) In der letzten Strophe müssen die fünfte und sechste Zeile zum Refrain gesungen werden. Spottlied auf die Vagabunden mit Wörtern aus dem Rotwelsch: Kunde = Fahrender, walzen = vagabundieren, Fleppchen = Paß, talfen = betteln, Gannefex = Ganove, schieben = gehen, Kaff = Dorf, Kaffern = Dorfbewohner, Butz = Polizei

Sabinchen war ein Frauenzimmer

1. Sa-bin-chen war ein Frau-en-zim-mer, gar hold und tu-gend-haft.
Sie leb-te treu und red-lich im-mer bei ih-rer Dienst-herr-schaft.

2. Da kam aus Treu-en-briet-zen ein jun-ger Mann da-her, der woll-te gern Sa-bin-chen be-sit-zen und war ein Schuh-ma-cher.

3. Sein Geld hat er versoffen,
In Schnaps und auch in Bier.
Da kam er zu Sabinchen geloffen
Und wollte welches von ihr.

4. Sie konnte ihm keins geben,
Da stahl er auf der Stell
Von ihrer guten Dienstherrschaft
Sechs silberne Blechlöffel.

5. Jedoch nach achtzehn Wochen,
Da kam der Diebstahl 'raus.
Da jagte man mit Schimpf und Schande
Sabinchen aus dem Haus.

6. Sie rief: »Verruchter Schuster,
Du rabenschwarzer Hund!«
Da nahm er sein Rasiermesser
Und schnitt ihr ab den Schlund.

7. Das Blut zum Himmel spritzte,
Sabinchen fiel gleich um.
Der böse Schuster aus Treuenbrietzen,
Der stand um ihr herum.

8. In einem dunklen Keller,
Bei Wasser und bei Brot,
Da hat er endlich eingestanden
die grausige Moritot.

9. Und die Moral von der Geschicht:
Trau keinem Schuster nicht!
Der Krug, der geht so lange zum Wasser,
Bis daß der Henkel bricht.

Eine Moritaten-Parodie, etwa 1840 in Berlin entstanden.
Anfangs- und Schlußstrophe haben dieselbe Melodie. Alle anderen Strophen werden zur Melodie der zweiten Strophe gesungen.

Rinaldini

In des Waldes tiefsten Gründen, in den Höhlen tief versteckt, in den Höhlen tief versteckt, schläft der Räuber aller kühnster bis ihn seine Rosa weckt, bis ihn seine Rosa weckt.

2. »Rinaldini!« ruft sie schmeichelnd,
»Rinaldini, wache auf!
Deine Leute sind schon munter,
Längst schon ging die Sonne auf!«

3. Und er öffnet seine Augen,
Lächelt ihr den Morgengruß.
Sie sinkt sanft in seine Arme
Und erwidert seinen Kuß.

4. Draußen bellen laut die Hunde,
Alles strömet hin und her;
Jeder rüstet sich zum Streite,
Ladet doppelt sein Gewehr.

5. Und der Hauptmann, schon gerüstet,
Tritt nun mitten unter sie:
»Guten Morgen, Kameraden!
Sagt, was gibt's denn schon so früh?«

6. »Unsre Feinde sind gerüstet,
Ziehen gegen uns heran.« –
»Nun wohlan! Sie sollen sehen,
Daß der Waldsohn fechten kann!

7. Laß uns fallen oder siegen!«
Alle rufen: »Wohl, es sei!«
Und es tönen Berg und Wälder
Ringsumher vom Feldgeschrei.

8. Seht sie fechten, seht sie streiten,
Jetzt verdoppelt sich ihr Mut;
Aber ach! Sie müssen weichen,
Nur vergebens strömt ihr Blut.

9. Rinaldini, eingeschlossen,
Haut sich, mutig kämpfend, durch
Und erreicht im finstren Walde
Eine alte Felsenburg.

10. Zwischen hohen düstren Mauern
Lächelt ihm der Liebe Glück;
Es erheitert seine Seele
Seiner Rosa Zauberblick.

11. Rinaldini, lieber Räuber!
Raubst der Rosa Herz und Ruh;
Ach, wie schrecklich in dem Kampfe
Wie verliebt im Schloß bist du!

Von Goethes Schwager Christian August Vulpius (1762—1827) für seinen Räuberroman »Rinaldo Rinaldini« gedichtet. Das Lied wurde von Bänkelsängern textlich leicht abgewandelt auf Jahrmärkten zu einer alten Melodie vorgetragen und war sehr beliebt. Die Polizeibehörden verboten es jedoch, weil der Schluß des Originaltextes unmoralisch war und das Räuberleben verherrlichte. Das Lied durfte erst wieder öffentlich gesungen werden, nachdem ein Unbekannter zwanzig Jahre nach Vulpius' Tod folgende zwei »moralische« Strophen hinzudichtete:

1. Lispelnd sprach das holde Mädchen:
»Höre an, Rinaldo mein,
Werde tugendhaft, mein Lieber,
Laß das Räuberhandwerk sein!«

2. »Ja, das will ich, liebste Rosa!
Will ein braver Bürger sein, –
Und ein ehrlich Handwerk treiben,
Stets gedenken dabei dein.«

Schinderhannes

Gute Nacht! Jetzt muß ich scheiden und verlassen diese Welt,
wo ja von so vielen Leuten manches wird von mir erzählt.
Vieles auch auf mich gelogen, das man aufs Papier gebracht,
und aus Büchern ausgezogen, wo ich gar nicht dran gedacht.

Fränkisches Volkslied. Räuberhauptmann Schinderhannes wurde 1803 mit seinen Bandenmitgliedern gefaßt und in Mainz hingerichtet.

I bin der Fürst der Wälder

I bin da boarisch Hiasl, koa Kugl geht mar ei,
drum fürcht i koan Jaga und sollts da Teifi sei.

2. Im Wald drauß is mei Hoamat,
Im Wald drauß is mei Lebn,
Da schiaß i Reh und Hirschal,
Und Wildschwein a daneben.

3. Was soll i mi a fürchtn,
Mei Kugel trifft ja guat,
Und wenn die Streifn kemma,
Des sagt ma z'erscht mei Gmüat

4. Und wenns mi a umringa,
De dumma Eslköpf,
Sehgns mi, den boarisch Hiasl,
So lafas glei, de Tröpf.

5. Und tuan mi d'Feind vafolgn
Und lassn mia koa Ruh,
Kriag i halt oan in d'Finga,
So muaß ers büaßn gnua.

6. A himmilanga Jaga,
Hat droht, er hängt mi auf,
Dawei is umkehrt ganga,
Wia oft im Lebnslauf.

7. Im Wald san mir zammenkemma,
Des hat koa Mensch net denkt,
Beim Schopf hab i eahm genomma
Und schnell am Baum naufghängt.

8. I bin der Fürst der Wälder,
Und koana is mir gleich,
So weit der Himmi blau ist,
So weit geht a mei Reich.

9. Das Wild auf weiter Erde
Is freies Eigentum,
Drum laß i mi net hindern,
Denn wers net schiaßt, war dumm.

10. Es gibt koa schönres Lebn,
Wia i führ auf da Welt,
Da Bauern gebn ma z'essn,
Und wenn is brauch, a Geld.

11. Drum tua i d'Felder schützen
Mit meine tapfren Leut,
Und wo i a nur hikimm,
O Gott, da is a Freud!

12. Und kommt die letzte Stunde
Und schliaß i d'Augen zua,
Soldaten, Schergn und Jaga,
Erst dann habts ös a Ruah.

13. Da wird sich's Wild vermehren
Und springen kreuzwohlauf,
Und d'Bauern, die wer'n ruafn:
»Steh, Hiasl, steh doch auf!«

Der »bayerische Hiasl« – Matthäus Klostermaier – war ein berüchtigter Räuber und Wilderer und wurde 1771 gerädert.

Der Wildschütz Jennerwein

Ein stolzer Schütz in seinen schönsten Jahren, er wurde weggeputzt von dieser Welt. Man fand ihn erst am neunten Tage, am hohen Peißenberg, bei Tegernsee.

2. Am harten Fels hat er sein Blut vergossen,
Und auf dem Bauche liegend fand man ihn.
Von hinten war er angeschossen,
Zerschmettert war das ganze Unterkinn.

3. Man brachte ihn ins Tal und auf den Wagen,
Bei finstrer Nacht ging es sogleich noch fort,
Begleitet von den Kameraden,
Nach Westerndorf, in sein' Lieblingsort.

4. Und als man ihn dort in den Sarg wollt' legen,
Und als man g'sagt hat: »Ist jetzt alles gut?«
»O nein!« sprach einer von den Herrn, »o nein!
Auf seiner Brust, da klebt ja frisches Blut!«

5. Dort ruht er sanft im Grabe wie ein jeder
Und wartet stille auf den Jüngsten Tag.
Dann zeigt uns Jennerwein den Jäger,
Der ihn von hint', von hint' erschossen hat.

6. Zum Schlusse Dank den Veteranen,
Daß sie den Trauermarsch so schön gespielt.
Ihr Jäger laßt euch nur ermahnen,
Daß keiner mehr von hinten zielt.

7. Am Jüngsten Tag da putzt ein jeder
Ja sein Gewissen und auch sein Gewehr.
Und dann marschier'n viel Förster und auch Jager
Aufs hohe Gamsgebirg', zum Luzifer!

Volkslied aus Bayern. Jennerwein wurde am 6. November 1878 erschossen und in Westerndorf begraben. An seinem Grabkreuz ist eine Tafel mit der ersten Strophe des Jennerwein-Liedes befestigt.

Der Wildschütz

2. Und als ich in Wald 'nein gekommen,
Da sah' ich von ferne ein Hirschlein da stehn;
Mein Stutzerl muß knallen,
Das Hirschlein muß fallen
Mit Pulver und Blei;
Im Wald sind wir frei.

3. Kaum hab' ich das Wildbret geschossen,
So kommt schon der Jäger geloffen daher;
Ich soll mich ergeben
Auf Tod und auf Leben.
»Ach, Jäger, 's kann nicht sein;
Das Hirschlein ist mein!

4. Sag', Jäger, jetzt pack' dich von dannen!
Dein Leben das will ich verschonen in dem Wald:
Mein Stutzerl muß knallen,
Das Hirschlein muß fallen
Mit Pulver und Blei;
Im Wald sind wir frei!«

5. Und wenn uns der Hunger tut plagen,
So tun wir doch niemals verzagen in dem Wald.
So lang als das Leben
Uns Gott hat gegeben,
So lang laßt mich nicht
Mein Stutzerl im Stich!

6. Nun tut sich die finstre Nacht schleichen,
Die Sterne am Himmel, sie leuchten so hell;
Nun gibt's nichts zu jagen,
Drum leg'n wir uns schlafen
Und begeb'n uns zur Ruh,
Mein Stutzerl dazu.

Drei Räuber und drei Mörder

2. Und als der Müller in den Wald 'nein kam,
Drei Räuber ihm entgegen kam'n,
Drei Räuber und drei Mörder.

3. Darauf sie zu dem Müller sprach'n:
»Hast du ein ein schönes Weibelein,
Wir wollen dirs teuer bezahlen!«

4. Der Erste zog den Beutel 'raus,
Zahlt ihm dreihundert Taler aus,
Dem Müller wohl für sein Weibchen.

5. Der Müller dacht' in seinem Sinn:
Das ist kein Geld für Weib und Kind,
Mein Weibchen ist mir lieber.

6. Der Zweite zog den Beutel 'raus,
Zahlt ihm sechshundert Taler,
Dem Müller wohl für sein Weibchen.

7. Der Müller dacht' in seinem Sinn:
Das ist kein Geld für Weib und Kind,
Mein Weibchen ist mir lieber.

8. Der Dritte zog den Beutel 'raus,
Zahlt ihm neunhundert Taler,
Dem Müller wohl für sein Weibchen.

9. Der Müller dacht' in seinem Sinn:
Das ist wohl Geld für Weib und Kind:
»Mein Weibchen sollt ihr haben!«

10. Und als der Müller zu Haus kam,
Sein Weibchen ihm entgegenkam
Mit sehr betrübtem Herzen.

11. »Ach Weibchen, du mußt in den Wald 'neingehn,
Dein Vater will dich noch einmal sehn,
Denn er wird balde sterben.«

12. Frau Müll'rin ging ins Kämmerlein,
Zog ihr schwarzseidens Kleidchen an
Mit sehr betrübtem Herzen.

13. Und als Frau Müll'rin in den Wald 'reinkam,
Drei Räuber ihr entgegenkam'n,
Drei Räuber und drei Mörder.

14. Sie griffen sie bei der schneeweißen Hand
Und führten sie unter einen Eichenstamm:
»Hierdrunter sollst du sterben!«

15. »Ach Gott, was hat mein Mann getan,
Der keinen Teil an Gott mehr hat?
Gott sei ihm doch nur gnädig!

16. Ach Gott, wenn das mein Bruder wüßt',
Daß ich hierdrunter sterben müßt,
Er tät sie gleich erschießen!«

17. Als Frau Müll'rin das gedacht,
Ihr Bruder von der Jagd herkam
Und schoß sie all danieder.

Aus dem Untertaunus.

Verzeih, daß ich dein Bruder bin

2. »Gib mir dein Geld, ansonsten bist du verloren,
Gib mir dein Geld, dein Leben ist sonst hin,
Gib mir dein Geld, sonst muß ich dich durchbohren,
Das sage ich, so wahr ich Räuber bin.«

3. »Ich hab kein Geld, kann leider keins dir geben,
Willst du mein Leben, nimms und kühle deine Lust,
Willst du es haben, so will ich es dir geben,
Ich öffne dir von selber meine Brust.«

4. »Und wenn du Geld, ach Geld hättest so vieles,
Nein, dich zu morden hab ich keine Lust.
Denn ach, ja ach, was muß ich bei dir sehen,
Was trägst du da auf deiner bloßen Brust?

5. Was trägst du da, um deinen Hals gebunden,
Es glänzt wie Gold und weiße Stickerei?«
»Das ist das Bild von meiner treuen Mutter,
Die ich geliebt in alle Ewigkeit.«

6. Da fiel der Räuber plötzlich vor ihm nieder:
»Verzeih, verzeih, daß ich dein Bruder bin.
Zwölf Jahre sind, seit wir uns nicht gesehen,
Und nun muß ich als Räuber vor dir stehn.

7. Zwölf Jahre haben wir uns nicht gesehen.
In diesen Wäldern trieb ich mich umher.
Als Räuber mußte ich dich wiedersehen,
komm laß uns reisen übers weite Meer.«

Mord an der Geliebten

2. Er nahm sie bei der rechten Hand
Und führt sie ins Gesträuche,
Und sprach: »Herzallerliebste mein,
Hier find'st du große Freude!«

3. »Was' werd ich denn in diesem Wald
Für eine Freude finden?
Es scheint, als wär's mein Todesgrab,
Als wollt'st du mich begraben.«

4. Da fing sie nun zu weinen an
Und schlug die Händ zusammen:
»Ach wär ich doch in diesem Wald
Niemals spazieren gangen!«

5. »Hier hilft kein Bitten und kein Flehn,
Begraben muß du werden,
Auf das die Schand nicht größer wird
Und alles bleibt verschwiegen.«

6. Sie rief: »Herr Jesu, steh mir bei!«
Das war'n die letzten Worte.
Er stach ihr's Messer durch die Brust,
Sie starb an jenem Orte.

7. Und als sie nun verschieden war,
Konnt' er sie nicht begraben;
Vor lauter Angst und lauter Qual
Sein Herz fing an zu zagen.

8. Er rief: »Herr Jesu, steh mir bei!«
Das war'n die letzten Worte,
Stach sich das Messer durch die Brust
Und starb an jenem Orte.

Aus dem Rheinland.

Der ermordete Ritter

2. Schondilg wuchs auf und sie ward groß,
Sie wuchs einem Ritter in seinen Schoß.

3. »Schondilg, willst du mein Hausfrau sein?
Zehn Tonnen Goldes sollen dein eigen sein.«

4. Schondilg gedacht in ihrem Mut:
Zehn Tonnen Goldes die wären gut.

5. Schondilg gedacht in ihrem Sinn:
Zehn Tonnen Gold macht eine Kaiserin.

6. Was trug Schondilg um ihren Leib?
Ein Hemdchen wie der Schnee so weiß.

7. Was trug Schondilg über ihrem Hemdchen weiß?
Einen Rock, der war von dem Golde so steif.

8. Was trug Schondilg über ihr gelb kraus Haar?
Eine Krone die war von Gold so klar.

9. Da sah Schondilg zum Fenster heraus:
»Nu komm, stolz Reiter, und hol deine Braut.«

10. Die Jungfrau war ihm lieb und wert,
Er schwenkte sie hinter sich auf sein Pferd.

11. Sie ritten den Tag dreißig Meilen lang,
Eh sie weder Essen noch Trinken fand.

12. »Ach Reiter, steh herab, es ist Mittag:
Wo sollen wir Essen und Trinken han!«

13. »Wohl in dem breiten Lindenbreit
Da wirst du finden dein Essen bereit«.

14. »Ach Reiter, steh herab, es ist schon Nacht,
Wo sollen wir den Abend schlafen gan?«

15. »Wohl in dem breiten Lindenbreit,
Da wirst du finden dein Bettchen gespreit.«

16. Wie sie an den Lindenbaum kam'n,
Da hingen sieben Jungfrauen daran.

17. »Hier siehst du sieben Jungfräulein,
Schondilg, willst du die achte sein?

18. Willst du hangen den hohen Baum?
Oder willst du fließen den Wasserstrom?
Oder willst du küssen das blanke Schwert?«

19. »Ich will nicht hangen den hohen Baum,
Ich will nicht schwimmen den Wasserstrom,
Ich will lieber küssen das blanke Schwert,

20. Ach Reiter, zieh aus dein Oberkleid,
Jungfrauenblut spritzt weit und breit.« –

21. Schondilg, sie packt das Schwert beim Knopf,
Sie hieb dem Reiter ab den Kopf.

22. Schondilg saß auf sein apfelbraun Roß
Und ritt zum grünen Wald hinaus.

23. Als sie wohl vor den grünen Wald kam,
Da begegnen ihr seiner Brüder drei.

24. »Schondilg, wo ist mein Bruder fein,
Daß du jetzt reitest ganz allein?«

25. »In dem breiten Lindenbreit
Da spielt er mit sieben Jungfräulein fein.«

Von Karl Simrock (1802–1876) in der Bonner Gegend gehört und aufgeschrieben.

Ein halb Glas Gift

Es war ein rei-cher Kauf-mann-sohn, der liebt ein ar-mes Mäd-chen, und als er ü-ber die Stra-ße ging, be-geg-net ihm die Rei-che be-geg-net ihm die Rei-che.

2. Die Reiche gab ihm einen Rat,
Er sollt die Arme umbringen:
»Kauf ihr ein Glas mit rotem Wein
Und tu ein halb Glas Gift hinein
Und gib's der Armen zu trinken!«

3. Und als er zu seinem Schätzchen kam,
Da war die Tür verschlossen.
»Mach auf, mach auf, schön Schätzelein,
Ich bring dir ein Glas mit rotem Wein,
Wir wollen Gesundheit trinken!«

4. Und als sie's halb ausgetrunken hatt'
Da wollt ihr Herz zerspringen:
»Komm heraus, komm heraus, schön Schätzelein,
Im Wald da wächst ein Kräutelein,
Soll dir Gesundheit bringen.«

5. Und als sie in den Wald 'nein kam,
Da macht er ein Gräbchen,
Das Gräbelein war viel zu klein,
Er trat sie mit den Füßen hinein,
Ein Jäger sah's von ferne.

6. »Ach Gott, ach Gott, was hab ich getan!
Ein Jäger hat's von fern gesehn,
Das Ding bleibt nicht verschwiegen.
Verflucht sei alles Geld und Gut,
Das in der Welt regieren tut.«

Frau Wirtin hatt' ein Töchterlein

Es waren drei Schelmen und Spitzbuben, (kleins Waldvögelein!) Sie gaben sich für Herren und Grafen aus. (Waldvögelein!)

2. Sie marschierten vor einer Frau Wirtin Tür:
»Frau Wirtin, zapft sie auch Wein und Bier?«

3. »Ja Bier und Wein das haben wir genug,
Wie ihr Herren es haben mußt.«

4. Frau Wirtin hatt' ein Töchterlein,
Gar hübsch und fein, wie es muß sein,

5. »Frau Wirtin, ihr könnt schlafen gehn,
Eure Tochter soll uns den Wein auftrohn«.

6. Sie kochten der Frau Wirtin einen Trank,
Daß sie vor Schlaf darnieder sank.

7. Der erste sprach: »Die Braut ist mein,
Ich hab ihr gegeben ein golden Ringelein.«

8. Der zweite sprach: »Die Braut ist mein,
Ich habe es ihr gesteckt um das Fingerlein.«

9. Der dritte sprach: »Die Braut ist wert,
Daß wir sie teilen mit dem blanken Schwert.«

10. Sie banden die Tochter auf einen Tisch.
Sie kriegten ihr heraus das Herzchen so frisch.

11. Sie teilten es bis auf das vierte Teil,
Sie schickten der Frau Mutter das Häuptchen hinein.

12. Wie die Mutter das Häuptchen ansah,
Das Herz ihr im Leibe zerbrach.

Ein Messer, und das war gespitzt

1. Es war einmal ein Pfeifer,
Der pfeift die ganze Nacht,
Er wollte beim Häuslein pfeifen,
Wo seine liebste schlaft.

2. Zum Fenster ging er schnelle,
Das Fenster macht er auf:
»Herzliebste, bist du drinnen?
Steh auf und laß mich ein?«

3. »Ich bin fürwahr darinnen
Aber aufmachen tu ich dir nicht.
Ich hab schon Einen herinne,
Wohl zwei oder auch drei.«

4. Das Dirndel stand vom Bettl auf,
Zum Fenster ging sie schnell:
»Heut ist es nicht so dunkel,
Wie scheint der Mond so hell!«

5. Er zog aus seiner Scheide
Ein Messer, und das war gespitzt,
Er stachs in ihr frisch Herzchen,
Das Blut um ihn her spritzt.

6. Die Äugelein wurden dunkel,
Das Herz das weinet schon.
Er denkt an seine Sünden:
»Ach Gott, was hab ich getan!«

7. Er zog von ihrem Finger
Ein Ringel von Demantstein
Er warfs ins rinnende Wasser,
Das Ringel gab ihm einen Schein.

8. »Schwimm hin, schwimm her,
liebs Ringelein,
Schwimm hin bis auf den Grund:
Mein Herz wird nimmer lachen
Bis auf mein' letzte Stund.«

9. Wer hat das Liedel erfunden,
Wer hat das Liedel erdacht?
Das war einmal ein Pfeifer,
Der hat seine Liebste umbracht.

Wird zu verschiedenen Melodien, meist zur Weise »Es liegt ein Schloß in Österreich« gesungen (siehe Seite 60).

Drei schwarze Raben

Es kamen drei schwarze Raben wohl über meins Bruders Schlaffenster: "Schläfst du junger Held, oder wachst du junger Held? Dein Bruder liegt erschlagen im weiten Feld!"

2. »Wie könnte ich denn das wohl glauben?
Wie könnte ich denn das wohl glauben?
Gestern Abend war ich bei ihm zu Gast,
Da war er noch recht wohl zu baß.«

3. Er setzte sich auf sein Pferdchen
Und tät den Weg wohl reiten;
Er ritte bergauf, er ritte bergab,
Bis das er seinen jüngsten Bruder antraf.

4. »Guten Tag, mein jüngster Herr Bruder!
Wie liegst du hier so zerschlagen?
Ach sag mir bald, wer hat es getan?
So will ich dir helfen all was ich kann!«

5. »Es habens die drei Landsherren getan,
Die durch den Wald spazieren gahn.«
Er ritte bergauf, er ritte bergab,
Bis er die drei Landesherren antraf.

6. »Guten Tag ihr Herren von der Rechten,
Könnt ich wohl mit Euch sprechen?
Wie ist denn der Mantel von vorne so rot?
Wie ist das blanke Schwert von Blute so rot?«

7. »Wir haben ein Wild geschossen,
Wir habens nicht können genossen.«
»Es war kein Has, es war kein Kanein,
Es war fürwahr mein Bruder allein.«

8. Was zog er aus der Scheide?
Ein Messer, war scharf und schneide;
Er hieb und stach alles was er sah,
Bis er die drei Landsherren umbracht.

9. Wo wollen wir sie nun begraben?
Wie wollen wir sie nun begraben?
Ins weite Feld, in grünen Klee,
Da findet man sie nun und nimmermehr.

Entstanden vermutlich im Rheinland. Schildert möglicherweise eine wahre Begebenheit. Raben sind dem früheren Volksglauben nach Unglücksboten.

Der schlechte Vater

Es ritt ein Herr zum küh-len Wein, ver-spiel sein ein-zi-ges Söh-ne-lein.

2. Und wie er nun nach Hause kam,
Sein einziger Sohn ihm entgegen kam.

3. »Ach Vater, lieber Vater mein,
Was bringt ihr mit vom kühlen Wein?«

4. »Ich bring' dir mit ein neues Roß
Darauf du noch nie geritten hast.

5. Reit hin, reit hin zur Nätherin
Und laß dir machen ein Hemdelein!

6. Und laß dirs machen wohl in die Weite,
Daß du darinnen kannst schreiten;

7. Und laß dirs machen wohl in die Länge,
Daß du darinnen kannst hängen.«

8. Und als der Sohn nach Hause kam,
Der ganze Hof voll Reiter war.

9. Es mocht ihn keiner greifen an,
Sein falscher Vater griff ihn selber an.

10. Es mocht ihn keiner führen hinaus,
Sein falscher Vater führt ihn selber hinaus.

11. Wie weit schritt ihm die Mutter nach?
Sie schritt bis hinter die Pforte nach.

12. Wie weit schritt ihm die Schwester nach?
Sie schritt bis hinter das Galgengericht.

13. »Ach Herren, edle Herren mein,
Gebt mir mein einziges Brüderlein!«

14. »Und deinen Bruder den kriegst du nicht,
Er muß jetzt hangen am Galgengericht;

15. Und wenn du dich ziehst nackend aus
Und dreimal um den Galgen laufst.«

16. Und wie das letzte Wort geschah,
Die Kleider schon alle unten war'n.

17. Und wie sie's erstemal 'rum kam,
Da fingen alle Frauen zu weinen an.

18. Und wie sie's zweitemal 'rum kam,
Da fingen alle Herren zu weinen an.

19. Und wie sie's letztemal 'rum kam,
Da hießen sie sie stille stahn:

20. »Schließt ab, schließt ab das Kettenband,
Und laßt den Knaben wieder in das Land.«

21. Da kam ein grober Edelmann,
Der wollte meine Schwester han.

22. »Meine Schwester die kriegst du nicht,
Sie hat mich erlöset vom Galgengericht.«

*Aus Schlesien. Die Gedichte vom Vater, der
seinen einzigen Sohn verspielt, sind in ähnlichen
Textvariationen über das ganze deutsche Sprachgebiet
verbreitet.*

Meuchelmord am eigenen Sohn

Es hatt ein Gastwirt einen Sohn, er ließ ihn etwas lernen schon, das Schlosserhandwerk eben.

2. Und als er ausgelernet hatt',
Gab er sich auf die Wanderschaft
Und tät sich was versuchen.

3. Und als nun sechzehn Jahr um war'n,
Er als Gesell nach Hause kam,
Seine Eltern zu besuchen,

4. Stellt er sich als ein Fremder hier,
Bat höflich um ein Nachtquartier,
Gab sich nicht zu erkennen.

5. »Ach Gastwirt, lieber Gastwirt mein,
Schreibt an die Zeche groß und klein!
Morgen werd ich Alles bezahlen.

6. Ach Gastwirt, lieber Gastwirt mein,
Hebt mir auch auf mein Ränzelein
Und tut mirs wohl verwahren!

7. Darin hab ich ein schön Stück Geld,
Das ich erspart hab in der Welt
In meinen jungen Jahren.«

8. Die Tochter nahm ein Licht zur Hand
Und leuchtet ihm ganz unbekannt,
Tät ihn zu Bette führen.

9. »Ach Jungfer, liebste Jungfer mein,
Hat sie kein einziges Brüderlein,
Daß sie muß alles verrichten?«

10. »Ach ja, ich hab ihr zwei gehabt,
Der eine liegt im kühlen Grab,
Starb erst vor vierzehn Tagen.

11. Der andre wird sein lange tot,
In sechzehn Jahren haben wir kein Wort
Von ihm können erfahren.«

12. »Ach Schwester, liebste Schwester mein,
Ich bin dein einzig Brüderlein,
Der hier vor dir tut stehen.«

13. Darauf schenkt er ihr ein schön Goldstück:
»Schweig still und sags den Eltern nicht,
Sonst muß ich wieder aufstehen.«

14. Die Schwester folgte seinem Rat,
Sie hat den Eltern nichts gesagt
Und tät zu Bette gehen.

15. Und als es kam um Mitternacht,
Die Eltern aus dem Schlaf erwacht,
Täten das Geld besehen.

16. Das Geld das macht ihn frischen Mut,
Sie sprachen: »Jetzt könnt's werden gut,
Wenn wir ihn tät'n erschlagen.«

17. Der Teufel ließ ihn keine Ruh,
Sie gingen auf die Kammer zu
Und täten ihn erschlagen.

18. Und als der erste Schlag geschah,
Der Geselle aus dem Schlaf erwacht
Und tät erbärmlich schreien.

19. »Soll ich in meines Vater Haus
Mein junges Leben hauchen aus
Und meinen Geist aufgeben?

20. Ach Jesu an des Kreuzes Stamm.
Nimm doch meine arme Seele an,
Tu mir mein Sünd verzeihen!«

21. Die Schwester hört das groß Geschrei,
Lief eilend zu der Kammer 'nein,
Allwo der Bruder tät liegen.

22. »Verflucht solln doch die Hände sein,
Die mir mein einzig Brüderlein
So schmerzlich tun umbringen!«

23. »Verfluchte Stund'!« die Mutter sprach,
»Da ich das Geld besehen hab!«
Und sprang sogleich in' Brunnen.

24. Der Vater stach sich in den Hals,
Im Augenblick ermordet alls:
Ach was ist das für Jammer!

25. Die Tochter starb vor Herzeleid,
Den Fremden brachts viel Traurigkeit:
Gott behüte uns doch Alle!

*Das Volkslied von den habgierigen Eltern,
die ahnungslos den Sohn ermorden, ist in vielerlei
Abwandlungen über das gesamte deutschsprachige
Gebiet verbreitet. Die vorliegende Fassung
stammt aus Brandenburg.*

Ihr sollt nicht länger leben

Was wolln wir aber singen, was wollen wir heben an?
Ein Lied von der Frau von Weißenburg, wie sie ihren Herrn verriet.

2. Sie tät ein Brieflein schreiben
So fern in fremde Land
Zu ihrem Buhlen Friedrich,
Auf daß er käm zuhand.

3. Do ihm die Botschaft kame,
Den Brief er überlas,
Do wurden ihm seine Wangen
Von heißen Zähren naß.

4. Er sprach zu seinem Knecht:
»Nun sattel uns die Pferd!
Zu der Weißenburg wöllen wir reiten,
Dahin hab ich gut Recht.«

5. Do sie zu der Weißenburg kamen
Unter das hohe Haus,
Do stund die edle Fraue,
Sach zu ei'm Fenster aus.

6. »Ich grüß euch, edle Fraue!
Wünsch euch ein guten Tag:
Wo ist eur edler Herre,
Dem ich zu dienen pflag?«

7. »Ihr sollet mich nicht fragen,
Doch will ich's euch wohl sagen:
Er ist gestern so späte
Mit seinen Hunden aus jagen.«

8. Er sprach zu seinem Knecht:
»Sattel uns bald die Pferd!
Zu der Grünbach will ich reiten,
Ist mir wohl Reitens wert.«

9. Do sie zu der Grünbach kamen
Unter ein Linden grün,
Do hielt der edle Herre
Mit seinen Hunden kühn.

10. »Gott grüß euch, edler Herre,
Geb euch ein guten Tag,
Ihr sollt nit länger leben
Denn diesen halben Tag!«

11. »Soll ich nit länger leben
Denn diesen halben Tag.
So klag ichs Gott von Himmel,
Der alle Ding vermag.«

12. Er sprach zu seinem Knechte:
»Spann auf dein Armbrust schnell.
Und scheuß den edlen Herren
Durch seinen Hals und Kehl!«

13. »Warum soll ich ihn schießen?
Hat er mir nichts getan;
Das muß er heut genießen,
Der gut fromm Edelmann.«

14. Ihr Buhl gedacht im Herzen:
»Weh mir hier und auch dort!
Es bringt mir Leid und Schmerzen,
Würd ich stiften das Mord.«

15. Do tät ihn überwinden
Der Frauen Lieb so groß,
Daß er mit seinen Händen
Unschuldig Blut vergoß.

16. Er zog aus seiner Scheiden
Ein Messer von Gold so rot
Und stach den edlen Herren
Unter der Linden zu Tod.

17. Er sprach zu einem Knechte:
»Nun sattel uns die Pferd!
Zu der Weißenburg wöllen wir reiten,
Dahin haben wir gut Recht.«

18. »Wöllt ihr zu der Weißenburg reiten
Und habt dahin gut Recht,
So bitt euch, edler Herre,
Dingt euch ein andres Knecht.«

19. Do er zu der Weißenburg kame,
Unter das hohe Haus,
Do stund die falsche Fraue,
Sach zu einem Laden aus.

20. »Ich grüß euch, falsche Fraue,
Wünsch euch ein guten Tag!
Euer Will der ist ergangen,
Euer edler Herr ist tot!«

21. »Ist nun mein Will ergangen,
Mein edler Herr ist tot:
Bitt ich euch Buhlen Friedrich,
Zeigt mir das Botenbrot.«

22. Er zog aus seiner Schneiden
Ein Messer von Blut so rot:
»Nun schauet, falsche Fraue,
Dies ist das Botenbrot!«

23. Was zog sie von der Hände?
Von Gold ein Fingerlein:
»Dies tragest, Buhle Friedrich,
Wohl durch den Willen mein!«

24. Er nahm dasselbige Fingerlein
In sein schneeweiße Hand;
Er warf es an die Mauren,
Daß es in Graben sprang.

25. »Was soll mir, Frau, eur Fingerlein?
Ich mag sein doch nit trag;
Wann ich es an tät schauen,
So hätt mein Herz groß Klag.«

26. Sie wand ihr schneeweiß Hände,
Rauft aus ihr gelbkraus Haar:
Do lag ihr edler Herre
Zu der Grünbach auf der Bahr.

Dieser Text wurde zwischen 1550 und 1600 wiederholt auf Flugblättern in Nürnberg gedruckt, dürfte aber wesentlich älter sein. Der historische Hintergrund des Liedes ist eine fürstliche Dreiecksgeschichte: Landgraf Ludwig der Springer von Thüringen verliebte sich in Adelheid, der Gemahlin des auf Schloß Weißenburg lebenden Pfalzgrafen Friedrich von Sachsen. Er tötete im Jahre 1065 den Nebenbuhler, heiratete die Witwe und zeugte mit ihr fünf Kinder. Der Schluß des Liedes verfälscht die historische Wahrheit, offenbar deshalb, weil ein glücklicher Ausgang dieser ritterlichen Moritat nicht mit den herkömmlichen Moralbegriffen vereinbar war. Die Melodie stammt aus dem 16. Jahrhundert.

Lieder aus der Küche

Vom feschen Fähnrich
und vom stolzen Ritter,
von Minna, Linchen
und dem adlig Fräulein Kunigund

Mariechen saß weinend im Garten

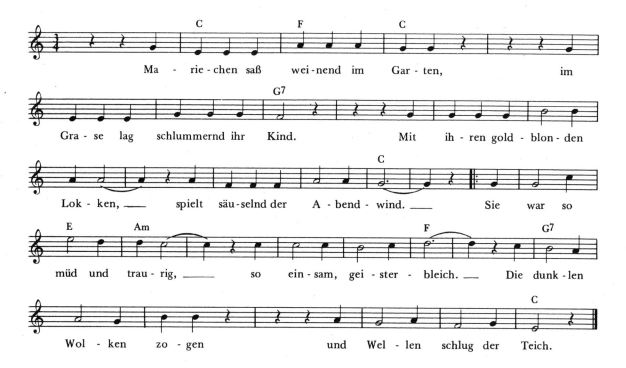

Ma-rie-chen saß wei-nend im Gar-ten, im Gra-se lag schlummernd ihr Kind. Mit ih-ren gold-blon-den Lok-ken, spielt säu-selnd der A-bend-wind. Sie war so müd und trau-rig, so ein-sam, gei-ster-bleich. Die dunk-len Wol-ken zo-gen und Wel-len schlug der Teich.

2. Der Geier steigt über die Berge,
Die Möve zieht stolz einher.
So weht ein Wind von ferne,
Schon fallen die Tropfen schwer.
Schwer von Mariens Wangen
Eine heiße Träne rinnt:
Sie hält in ihren Armen
Ein kleines, schlummerndes Kind.

3. »Hier liegst du so ruhig von Sinnen,
Du armer, verlassener Wurm!
Du träumst von künftigen Sorgen,
Die Bäume bewegt der Sturm.
Dein Vater hat dich verlassen,
Dich und die Mutter dein;
Drum sind wir arme Waisen
Auf dieser Welt allein.

4. Dein Vater lebt herrlich, in Freuden;
Gott lass' es ihm wohl ergehn!
Er gedenkt nicht an uns beide.
Will mich und dich nicht sehn.
Drum wollen wir uns beide
Hier stürzen in die See;
Dann bleiben wir verborgen
Vor Kummer, Ach und Weh!« –

5. Da öffnet das Kind die Augen,
Blickt freundlich sie an und lacht;
Die Mutter, vor Freuden sie weinet,
Drückt's an ihr Herz mit Macht.
»Nein, nein, wir wollen leben,
Wir beide, du und ich!
Dem Vater sei's vergeben:
Wie glücklich machst du mich!«

Den Text schrieb im Jahre 1832 der Wiener Kammerherr Joseph Christian Freiherr von Zedwitz. Das Mariechen-Lied wurde oft von Drehorgelmännern auf Jahrmärkten und in Hinterhöfen gesungen. Die Melodie war so bekannt, daß sie auch für manchen anderen Text verwendet wurde, beispielsweise für folgenden, dessen Verfasser unbekannt ist:

Ein Mädchen, so schön wie ein Engel

1. Ein Mädchen, so schön wie ein Engel,
Schaut traurig hinein in den See,
Ihr Liebster, der hat sie verlassen,
Drum tut ihr das Herze so weh.
Ein Bub mit kornblauen Augen,
Den drückt sie voll Schmerz an die Brust
Und sagt dann: „Wir sterben zusammen,
Mein Kindlein, mein süßes, du mußt.

2. Die Nixen da drunten im Wasser,
Die haben uns die Wiege bestellt:
Für uns leuchtet kein Sternlein am Himmel,
Wir haben kein Glück auf der Welt."
Im See ist die Mutter verschwunden,
Doch Hilfe war noch für ihr Kind,
Ein Fischer hat den Bub'n gerettet,
Der Herrgott war gnädig gesinnt.

3. Der Fischer hat Freud an dem Bub'n,
Er nimmt ihn an Kindes Statt an,
Bis selbst ihn die Wellen verschlingen
Im Sturme, den ehrlichen Mann.
Der Bub seufzt mit weinenden Augen
Am Ufer, von Kummer gequält:
Für mich leuchtet kein Sternlein am Himmel,
Ich hab kein Glück auf der Welt.

4. Und Jahr um Jahr vergingen,
Der Bube bleibt kränklich und bleich,
Die herrlichen Kornblumenaugen,
Die blicken so traurig und weich.
Er schleicht sich zum See oft hinunter
Und schaut da hinein voll Begier.
Auf einmal, da ruft er mit Freuden:
»Herzmutter, jetzt komm ich zu dir!«

Tränen zur Taufe

2. Der Reiter der schwenkt sich ein saubres Glas aus,
Gab seinem fein Herzliebchen zu trinken daraus.

3. »Ich habe getrunken, ich trinke nicht mehr,
O wie tut mir mein junges Herzchen in dem Leibe so weh!

4. Ach Reiter, reit doch ein wenig von mir,
Bis daß ich wieder rufe, komm wiederum zu mir.«

5. Dem Reiter dem wurde das Rufen zu lang,
Er ritte sie suchen, bis daß er sie fand,

6. Ja, wie er sie fand, da war sie tot,
Zwei schöne junge Söhne hatte sie in ihrem Schoß.

7. Der Reiter der spreitet seinen Mantel dahin
Und wickelt die zwei schönen Söhnchen darein.

8. Der Reiter, der gab seinem Pferdchen den Lauf,
Daß er noch sollt' kriegen seine Söhnchen zur Tauf.

9. Mit seinen Schwertchen macht er das Grab,
Mit seinigen Tränen das Weihwasser gab.

Aus der Moselgegend. Ähnliche Lieder im
ganzen deutschen Sprachraum verbreitet.

Falsche Liebe

So schön wie ei - ne Ro - se, die auf dem Sten-gel er - blüht, so schön ist auch ein Jung - fräu - lein, wenn sie ihr Kränz-chen auf - zieht.

2. So falsch wie eine Schlange,
Die auf der Erde umkriecht,
So falsch ist auch ein Junggeselle,
Wenn er sein Mädchen verführt.

3. Und wenn er sie verführet hat,
Auf freier Straß läßt er sie stehn;
Dann denkt das Mädchen in seinem Sinn:
Wo soll ich nun weiter hingehn?

4. In einem fremden Städtchen
Wer nimmt sich meiner an?
Ich darf es Niemand erzählen
Daß ich noch Eltern hab.

5. Ach hätte mich meine Mutter
Als ich geboren war,
Ein Stein an Hals gebunden,
Ins tiefste Meer versenkt!

6. So wär ich gleich gestorben
Als ein unschuldigs Blut,
Und hätt auch nie erfahren,
Was falsche Liebe tut.

Du liebst einen schönern Schatz«

Mein Schatz der ging zum Berg hi - nauf, wein - te bit - ter - li - che Trä - nen: "Schatz, ach Schatz, wo willst du hin? Ach Schatz wo willst du hin? Sollst bei mir blei - ben!"

2. »Was soll ich denn nun bei dir tun?
Was soll ich bei dir machen?
Denn du liebst einen andern Schatz
Du liebst ein schönern Schatz.
Tust mich auslachen.«

3. »Ich liebe keinen andern Schatz,
Ich liebe dich von Herzen.
Wenn du nicht bei mir bleibst,
Und mir die Zeit vertreibst,
So leid ich Schmerzen.« –

Aus Niederhessen.

4. Es gibt auch Mannsleut in der Welt,
Die sein so falsch als wie das Geld;
Denn wer aufs Wasser baut
Und seinem Schatz vertraut,
Der ist verloren.

Ritter Ewald und die Minna

2. »Teure Minna«, sprach er trö-
stend,
»Liebe, laß dein Weinen sein!
Eh die Rosen wieder blühen.
Werd ich wieder bei dir sein.«

3. Drauf zog er hinaus zum Kampfe
Fürs geliebte Vaterland.
Und er dachte oft an Minna,
Wenn der Mond am Himmel stand.

4. Und ein Jahr war kaum verflos-
sen
Als die junge Knospe brach,
Ritter Ewald schlich zum Garten,
Wo er sie zum letzten sprach.

5. Und was sah er? In der Ferne
Hob ein Grabeshügel sich,
Und in Marmor stand die Inschrift:
»Minna lebt nicht mehr für dich!«

6. Da stand er betrübt und traurig:
»Ist das hier der Liebe Lohn?
Ich Geliebter bin gekommen,
Finde dich im Grabe schon.«

7. Drauf zog er hinab ins Kloster,
Legte Schwert und Panzer ab:
Eh die Rosen wieder blühten,
Gruben Mönche ihm sein Grab.

Aus der Lausitz.

Es liegen zwei Verliebte im Blut

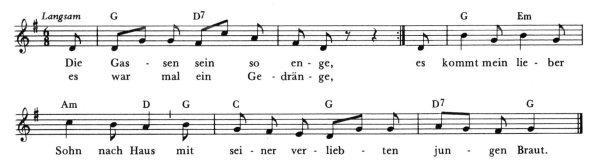

2. Die Mutter lag aufs Hecke,
Ihr' Arm tat sie austrecke:
»Sei willkommen, mein lieber Sohn zu Haus
Mit deiner verliebten jungen Braut!«

3. Sie führt'n die Braut zu Tische,
Trug'n auf gebratne Fische,
Dazu auch roten kühlen Wein:
Die junge Braut konnte nicht fröhlich sein.

4. Sie sah in alle vier Ecken:
Ist hier nicht ein Schlafbette?
»Ist hier nicht ein Schlafbette bereit,
Darin ich kann ruhen eine kurze Zeit?«

5. Sie führten die Braut zu Bette
Mit Clavier und Clarinette,
Mit Clavier und mit Harfenspiel,
Die Braut die hörte vor Weinen nicht viel.

6. Und als es drauf um Mitternacht kam,
Der Bräutgam tät erwachen:
Da lag sie tot in seinem Arm,
Sie war ja tot und er war warm.

7. Er klopft wohl an das Zimmer
Und ruft mit heller Stimme:
»Ach Mutter bring mir ein brennend Licht,
Die liebe Braut verschieden ist.«

8. Und da nahm er das Messer,
Und stach sich damit durchs Herze.
Es liegen zwei Verliebte im Blute rot,
Es liegen zwei Verliebte im Blute tot.

Text und Melodie von der Insel Rügen.

Das Totenglöcklein

Es hatt' ein Bauer ein Töchterlein, die soll die schönste im Lande sein.

2. Es kam einst ein Graf in sein Haus,
Und freit' ihm sein Töchterlein 'raus.

3. »Meine Tochter ist noch gar zu klein,
Sie geht ins elfte Jahr hinein.«

4. Der Graf ließ dem Bauer kein Ruh und Fried,
Und nahm ihm sein Töchterlein mit.

5. Es stand wohl an dreiviertel Jahr,
Bis daß das Töchterlein in Kindsnöten war.

6. »Sollt ich denn keinen Menschen mehr haben,
Der meiner Frau Schwieger die Botschaft hintragt?«

7. Da setzt' er sich wohl auf sein Roß,
Und ritt wohl über die Heide groß.

8. Als er nun über die Heide ritt,
Und seiner Frau Schwieger entgegen ritt,

9. Da nahm er sie bei ihrem Rock
Und setzt sie hinten auf sein Roß.

10. Und als sie über die Heide reit'n,
Hört' er ein traurig Glöcklein läut'n:

11. »Ach Hirtlein, liebes Hirtlein mein,
Warum läutet das Totenglöcklein?«

12. »Es läutet gar zu keiner Freud,
Es läutet unserem Grafen sein Weib.«

13. Als er nun auf das Tor zuritt,
Und seine sechs Träger entgegensieht:

14. Da zog er heraus sein blankes Schwert,
Und stach sich in sein eignes Herz.

15. Dann trug man ihn zum Tor hinaus,
Und sie trug man ins Gotteshaus.

16. Es stand wohl an drei Jahr, drei Nacht,
Da wachsen drei Lilien auf ihrem Grab.

17. Auf der einen da steht geschrieben:
Er wär bei Gott geblieben.

18. Da grub man ihn aus und wieder ein,
Das wird doch wohl das Ende sein.

Aus Mittelfranken

Des Ritters Tod

Es wollt einmal ein ed-ler Herr aus-rei-ten, ein schar-fes Schwert droht ihm an sei-ner Sei-ten.

2. Der Herr der ritt auf einem schmalen Steige,
Da saß die Otter auf einem grünen Zweige.

3. Die Otter glänzt mit hellen bittern Schmerzen,
Sie stach den edlen Herren in sein jung Herze.

4. Der Herr der schnitt die Hündlein von dem Bande:
»Lauft, lauft, ihr Hündlein, lauft nun wieder zu Lande!

5. Sagt eurer Frau und eurem Hofgesinde,
Auf grüner Heid werd't ihr mich liegen finden.«

6. »Willkomm'n, willkomm'n ihr Hündlein von der Straßen,
Wo habt ihr euren edlen Herrn gelassen?«

7. »Der Herr der liegt auf grüner Heid und faulet,
Sein Sattelroß liegt neben ihm und trauret.«

8. Die Frau die zog ihr Ringlein von dem Finger:
»Ein' Witwe bin ich, Wais'n sind meine Kinder.«

Der Ursprung dieses Volkslied-Textes dürfte bis ins 9. Jahrhundert zurückzuführen sein.

Linchen war ein gutes Mädchen

Lin-chen ging ein-mal spa-zie-ren in den Myr-then-hain;
bald fand sich zu ihr im Grü-nen dort ein Jüng-ling ein.

2. Linchen war ein gutes Mädchen,
War schön, jung und treu,
Linchen war ein gutes Mädchen,
Etwas Schalk dabei.

3. Schön und niedlich war der Bube,
Lieblich sein Gesang.
Schön und niedlich war der Bube,
War wie ein Birken schlank.

4. »Gib mir doch ein einzigs Küßchen,
Liebes Linchen her!«
Hierauf reicht sie ihm ein Küßchen
Und noch etwas mehr.

5. Eh sie von einander schieden,
Schwur der Jüngling Treu;
Als sie von einander waren,
War die Schwur vorbei.

6. Schattig ist der Wald und dunkel
Und ich so allein!
Schattig ist der Wald und dunkel,
Und mir hilft kein Schrein.

7. »Linchen, deine Wangen blassen«
Sprach die Mutter einst,
»Linchen deine Wangen blassen,
Und du weinst allein?«

8. »Ach, ein Jüngling hat geschworen
Und sein Schwur ist fort,
Ach ein Jüngling hat geschworen
Und mein Kranz ist fort.«

9. »Mutter, ach in wenig Tagen
Werd ich nicht mehr sein,
Mutter, ach in wenig Tagen
Scharrt man Linchen ein.

10. Dann so setzt am grünen Hügel
In dem Myrthenhain:
Dieser schwarze Todeshügel
Hüllt ein Mädchen ein!«

Text vermutlich aus Berlin.

Wer weint um mi?

2. Mei Mutter mag mi net,
Und kein Schatz han i net;
Ei worum stirb i net,
Was tu i do?

3. Gestern is Kirchweih gwe,
Mi hot mer gwiß nit gseh,
Denn mir ist gar so weh,
I tanz ja net.

4. Wenn i nu gstorbe bin,
Tragt mi zum Kirchhof hin,
Legt mi ins Grab hinei:
Wer weint um mi?

5. Laßt die drei Rösle stehn,
Die an dem Kreuzle blühn:
Hänt ihr das Mädle kennt,
Des drunter liegt?

Schwäbisches Volkslied.

Der unschuldig verurteilte Knabe

2. Darinnen lag ein junger Knab
Auf seinen Hals gefangen
Wohl vierzig Klaftern unter der Erd
Bei Ottern und bei Schlangen.

3. Sein Vater kam von Rosenberg
Wohl vor den Turm gegangen.
»Ach Sohn, herzallerliebster Sohn,
Wie hart liegst du gefangen!«

4. »Ach Vater, liebster Vater mein,
So hart lieg ich gefangen
Wohl vierzig Klaftern unter der Erd
Bei Ottern und bei Schlangen.«

5. Der Vater vor die Herren ging,
Bat um des Sohnes Leben:
»Dreihundert Taler geb ich euch,
schenkt meinem Sohn das Leben!«

6. »Dreihundert Taler helfen nicht,
Ob Ihr sie schon wollt geben;
Euer Sohn trägt eine güldne Kett,
die bringt ihn um sein Leben.«

7. »Und trägt er eine güldne Kett,
Ist sie doch nicht gestohlen,
Ein Jungfräulein hat's ihm verehrt
Und teuer anbefohlen.«

8. Man brachte den Knaben aus dem Turm,
Gab ihm die Sakramente.
»Hilf, reicher Christ, vom Himmel hoch!
Es geht mit mir zu Ende.«

9. Man brachte den Knaben vors Gericht
In gar geschwinder Eile:
»Ach Meister, lieber Meister mein,
Laßt mir eine kleine Weile!«

10. »Eine kleine Weile laß ich dir nicht,
du möchtest mir entrinnen.
Reicht mir ein seiden Tüchlein her,
Daß ich ihm die Augen verbinde.«

11. »Verbindet mir die Augen nicht,
Ich muß die Welt noch schauen;
Ich sehe sie heut und nimmermehr
Mit meinen traurigen Augen.«

12. Sein Vater beim Gerichte stund,
Sein Herze wollt' ihm brechen:
»Ach Sohn, herzallerliebster Sohn,
den Tod will ich schon rächen.«

13. »Ach Vater, liebster Vater mein,
Sagt nicht, ihr wollt es rächen,
Auf daß sie nicht noch über mich
Ein härter Urteil sprechen.

14. Mich dauert ja mein Leben nicht
Und auch nicht meine Ehre.
Meine Mutter dauert mich daheim,
Die wird weinen also sehre.«

15. Es stund kaum an den dritten Tag,
Die Engel Gottes winken:
So grabt dem Knaben doch ein Grab,
Sonst muß die Stadt versinken.

16. Es stund kaum an ein halbes Jahr,
So ward die Tat gerochen:
Es wurden wohl dreihundert Mann
Um's Knaben willen erstochen.

17. Wer hat uns denn dies Lied gemacht
Und auch gesungen zugleiche?
Drei schöne Jungfräulein zu Wien,
Einer Stadt in Österreiche.

Wurde von Hoffmann von Fallersleben in Schlesien gehört, aufgeschrieben und in seiner Sammlung »Schlesische Volkslieder« veröffentlicht. Das Lied von dem Knaben, der zu Unrecht des Diebstahls einer goldenen Kette verdächtigt und hingerichtet wird, stammt aus dem 16. Jahrhundert und ist im ganzen deutschsprachigen Raum verbreitet. Es wird auch zu folgender Melodie gesungen:

Die unschuldig ermordete Allerliebste

Es zog ein Herr wohl in den Krieg; übergab dem Schreiber seine Liebste.

2. Und als ein Jahr verflossen war,
Da wollt er bei ihr schlafen.

3. »Ach nein, ach nein, lieber Schreiber mein,
Mein Herz hat mirs verboten!«

4. Der Schreiber ward voller Zorn und Grimm
Und sattelt geschwind sein Pferdchen.

5. Er reitet den Wald wohl durch und durch,
Bis er den Herrn alleine fand.

6. »Guten Tag, guten Tag, lieber Schreiber mein!
Was macht meine Herzallerliebste?«

7. »Sie gebrauchen nicht nach ihr zu fragen,
Ihre Ehr hat sie verloren.«

8. Der Herr ward voller Zorn und Grimm
Und schickte geschwind zu ihr Boten hin.

9. »Willkomm'n, willkomm'n, liebe Boten mein!
Was macht mein Herzallerliebster?«

10. »Sie gebrauchen nicht nach ihm zu frag'n,
Wir sollen Sie umbringen!«

11. Sie sprang geschwind in ihr Schlafkämmerlein,
Und schrieb ein kleines Briefchen.

12. Als sie den Brief verfertigt hat,
Da war der Herr schon selber da.

13. Er gab ihr gleich auch einen Stoß,
Daß ihr das Blut aus der Nase floß.

14. Und gab ihr gleich noch einen Schlag,
Daß sie für tot auf der Erde lag.

15. Er zog seinen Degen wohl rosenrot
Und stach sich selbst alleine tot.

16. Ach Not, ach Not, ach große Not,
Hier liegen zwei Königskinder tot!

Aus Pommern.

Die unschuldig gehängte Magd

Zu Frankfurt an der Brükken, da zapften sie Wein und Bier; da hab'n Sie ein Mädchen betrogen, betrogen um ihr Ehr.

2. Der Vater ging über die Gassen,
Er ging nach der Hebamme hin:
»Könnt ihr meiner Tochter nicht helfen,
Daß sie als ein Jungfrau besteht?«

3. »Eurer kann ich wohl helfen,
Daß sie als eine Jungfrau besteht:
Wir wollen das Kind umbringen
Und legen der Magd ins Bett.«

4. Die Magd ging waschen und scheuern,
Kam Abends spät nach Haus.
Sie wollt ihr Bett aufschütteln,
Was fand sie da im Stroh?

5. Was hat sie im Stroh gefunden?
Ermordet ein kleines Kind;
Die Magd war sehr erschrocken
Und rief die Tochter geschwind.

6. Die Tochter kam voll Listen
Und rief der Mutter zu:
»Die Magd hat ein Kind geboren
Und hat es umgebracht.«

7. »Hat sie ein Kind geboren
Und hat es umgebracht,
So wollen wir sie lassen hängen
Zu Frankfurt vor dem Tor.«

8. Die Magd hat einen Freier,
Kam alle Samstag zu ihr:
»Wo ist mein Herzallerliebste?
Sie kommt entgegen nicht mir.«

9. »Wir hab'n sie lassen hängen
Zu Frankfurt vor dem Tor:
Sie hat ein Kind geboren
Und hat es umgebracht.«

10. Er gab dem Pferd die Sporen,
Und ritt zum Galgen heran:
»Wie hängst du hier so hoche,
Daß ich dich kaum sehen kann?«

*Volkslieder ähnlichen Inhalts
mit wechselnden
Städtenamen in ganz
Deutschland verbreitet.*

11. »Ich hänge fürwahr nicht hoche,
Ich steh in Gottes Hand:
Die Engel aus dem Himmel
Die bringen mir Speis und Trank.«

12. Er gab dem Pferd die Sporen
Und ritt nach der Obrigkeit:
»Ihr Herren, was habt ihr gerichtet!
Der Unschuld tatet ihr leid!«

13. »Haben wir unrecht gerichtet
Und Leide ihr getan,
So wollen wir sie abschneiden,
Und hängen die andre dran!«

14. Der Vater ward enthauptet,
Die Tochter wurde geköpft,
Die Hebamme wurde gerädert
Zu Frankfurt in der Stadt.

Der geräderte Verführer

Es ging ein Knab spazieren, spazieren in den Wald. Da begegnet ihm ein Mägdelein, war achtzehn Jare alt, gar schön war sie gestalt, gar schön war sie gestalt.

2. Er nahm das Mädchen gefangen,
Gefangen mußt du sein;
Er zog ihr aus die Kleider
Und schlug sie also sehr,
Hat ihr genommen die Ehr.

3. Zu Augsburg in dem Wirtshaus
Saß er bei Speis und Trank;
Da kam dasselbige Mägdlein,
Griff ihm an seine Hand,
Schloß ihn in Ketten und Band,

4. Zu Augsburg auf dem Turme,
Wo er gefangen saß,

Da kam sein liebste Mutter:
»Mein Sohn, was sitzest du hier?
Mein Sohn, was fehlet dir?«

5. »Warum ich hier muß sitzen,
Das kann ich sagen dir:
Ich hab ein adlig Mädchen
Geschlagen also sehr,
Gebracht wohl um die Ehr.«

6. »Ach großer Gott vom Himmel,
Ist das nicht Schand und Spott,
Daß ein so reicher Kaufmannssohn
Muß sterben solchen Tod,
Der Welt zum Hohn und Spott!«

7. »Ist denn der Brief schon kommen,
Daß ich jetzt sterben muß?
So bestellt mir Roß und Wagen
Ich geh nicht mehr zu Fuß
Weil ich doch sterben muß!

8. Ihr lieben Herren von Augsburg
Ich hab an euch ein Bitt:
Den Kirchhof tut mir schenken,
Dazu ein seiden Kissen,
Darauf gut Ruhen ist.«

9. »Ach Jüngling, liebster Jüngling,
Das geht nicht bei der Stadt;
Dein Kopf gehört dem Galgen,
Dein Leib gehört aufs Rad,
Weil du's verschuldet hast.«

Aus der Augsburger Gegend

Da fing sie an zu weinen

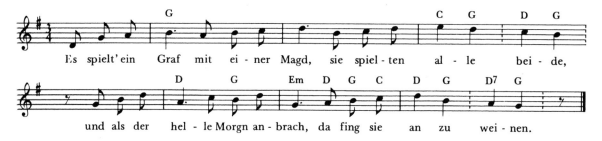

Es spielt' ein Graf mit einer Magd, sie spielten alle beide,
und als der helle Morgn anbrach, da fing sie an zu weinen.

2. »Wein' nicht, wein' nicht mein Mägdelein,
Dein' Ehr will ich bezahlen.
Ich will dir geben den Reitknecht mein,
Dazu zwölfhundert Taler.«

3. »Den Reitknecht dein, den mag ich nicht,
Ich will den Herren selber.
Ich will hinweg, ich will hinweg,
Will schnell zu meiner Mutter.

4. »Ach Mutter, liebe Mutter mein,
Mach' mir ein Bett von Seiden!
Mach mir's fein lang, mach' mir's fein schwank,
Den Tod will ich drauf leiden.«

5. »Ach Tochter, liebe Tochter mein,
Wie hat es dir gegangen,
Daß dir der Rock ist vorn zu kurz
Und hinten viel zu lange?«

6. »Ach Mutter, liebe Mutter mein,
Das darf ich dir nicht sagen:
Es hat ein Graf mit mir gespielt,
Der Schelm hat mich betrogen.«

7. »Ach Tochter, liebe Tochter mein,
Das wollen wir schon machen.
Wenn du's bei Tag oder Nacht gebärst,
So tragen wir's ins Wasser.«

8. »Ach Mutter, liebe Mutter mein,
Das gibt uns eine Schande.
wenn das der junge Markgraf erfährt,
Der jagt uns aus dem Lande.«

9. Als es nun gegen Mitternacht kam,
Das Maidlein tat verscheiden.
Da kam dem jungen Graf ein Traum,
Sein Liebchen tät verscheiden.

10. »Ach, allerliebste Reitknecht mein,
Sattle mir und dir zwei Pferde,
Wir wollen reiten Tag und Nacht,
Bis wir die Post erfahren.«

11. Als sie nun vor die Stadt Regensburg kam'n,
Wohl vor die hohen Tore,
Da trugen sie sein Feinsliebchen heraus
Auf einer Totenbahre.

12. »Setzt ab, setzt ab, ihr Träger mein,
Daß ich mein Liebchen schaue!
Ich schau nicht mehr als noch einmal
In ihre schwarzbraunen Augen.«

13. Er deckt ihr auf das Leichentuch
Und sah ihr unter die Augen:
»O weh, o weh! der blasse Tod
Hat's Äuglein dir geschlossen!«

14. Er zog heraus sein blankes Schwert
Und stach sich in sein Herze:
»Hab ich dir geben Angst und Pein,
So will ich leiden Schmerzen!«

15. Man legt den Grafen zu ihr in Sarg,
Bescharret sie unter die Linde:
Da wuchsen nach dreiviertel Jahr
Aus ihrem Grab drei Lilien.

Der Leutnant von der Garde

Sie war ein Mädchen voller Güte und naschen tat sie auch sehr gern, bekam so manche Zuckertüte von einem hübschen jungen Herrn. Da rief sie: „Heimat, süße Heimat, wann werden wir uns wiedersehn. Heimat, süße Heimat, wann werden wir uns wiedersehn?"

2. Da kam der Leutnant von der Garde
Und lud sie ein zum Maskenball:
»Bei uns ist heute Maskerade,
Und du sollst meine Tänzrin sein.«
Da rief sie: »Heimat, süße Heimat,
Wann werden wir uns wiedersehn?«

3. Vom vielen Tanzen ward sie müde,
Sie legt sich nieder auf ein Bett,
Da kam der Leutnant von der Garde
Und raubte ihr die Unschuld weg.
Da rief sie: »Heimat, süße Heimat,
Wann werden wir uns wiedersehn!«

4. In Stücke wollte sie sich reißen,
Ins tiefe Wasser wollt sie gehn.
Jedoch der Rhein war zugefroren,
Und keine Öffnung war zu sehn.
Da rief sie: »Heimat, süße Heimat,
Wann werden wir uns wiedersehn?«

5. Da kam der Leutnant von der Garde
Und sprach zu ihr: »Mein liebes Kind,
Mit dem Ertrinken mußt du warten,
Bis daß die Wasser offen sind.«
Da rief sie: »Heimat, süße Heimat,
Wann werden wir uns wiedersehn?«

6. Nun hat sie all ihr Glück verloren,
Nun ging sie heim ins Vaterland,
Dort hat sie dann das Kind geboren,
Den Vater hat es nie gekannt.
Da rief sie: »Heimat, süße Heimat,
Wann werden wir uns wiedersehn?«

In ganz Deutschland verbreitet.

Guten Morgen, verborgen

Als der Wächter auf dem Turme saß, rief er mit heller Stimme: "Steht auf, steht auf, ihr jungen Leut, wo eins oder zwei beisammen seid, der Tag fängt an zu leuchten, zu leuchten."

2. Das Mädchen wohl aus dem Bette sprang,
Den Tag wollt sie beschauen.
»Sei still, sei still, mein junger Knab!
Es sind noch zwei drei Stund bis Tag:
Der Wächter hat uns betrogen, betrogen.«

3. »Ei, wenn uns der Wächter betrogen hat,
Komm her und leg dich nieder!
Komm leg dich in mein' Arm hinein,
Übers Jahr sollst du mein eigen sein,
Mein eigen sollst du werden auf Erden!«

4. »Dein eigen werd ich nimmermehr,
Das kannst du sicherlich glauben.
Wenn du's beschwörst mit deiner Treu,
Daß dir kein andre lieber sei,
So will ich dir's schon glauben, ja glauben.«

5. Des Morgens als der Tag anbrach
Ging sie wohl Wasser holen,
Da begegnet ihr derselbig Knab,
Der die Nacht bei ihr geschlafen hat,
Er bot ihr einen guten Morgen, verborgen:

6. »Guten Morgen, du herztausender Schatz,
Wie hast du hint geschlafen?«
»Ich hab geschlafen in deinem Arm,
Und hab verschlafen, daß Gott erbarm!
Mein Eh'r hab ich verschlafen, verschlafen.«

7. »Dein Ehr, dein Ehr die verschläfst du nicht,
Laß dich das nicht gereuen.
Ich bin fürwahr ein reicher Knab,
Der auch viel Geld und Güter hat,
Dein' Ehr will ich bezahlen mit Taler.«

8. »Mein Ehr, mein Ehr die bezahlst du mir nicht,
Du bist ein lustger Schelme.
Wenn Feur und Stroh beisammen sind
Und wenn auch Schnee dazwischen schneit,
Tut es doch endlich brennen, ja brennen.«

Aus dem Taunus.

Die Mutter spricht

2. »Man hat doch wahrlich nichts als Plage
Nun einmal hier auf dieser Welt;
Die Mutter zankt mich alle Tage
Um etwas, das mir wohlgefällt.

3. Was ists nun weiter, mich zu küssen?
Als ob dies gar ein Unrecht ist;
Die Mutter muß das besser wissen,
Sie hat schon längst vor mir geküßt.

4. Es sind wohl mehr die bösen Leute,
Die sehen uns immer ins Gesicht;
Doch meistens gehn wir ja bei Seite,
Und dann? dann sehen sie's ja nicht.

5. Doch ich bewahre mein Gewissen,
So wird gewiß auch mir verziehn;
Er soll mich künftig micht mehr küssen,
Nein Mutter, künftig küß ich Ihn!«

Es hatt' ein Bauer ein schönes Weib

2. Der Mann, der dachte in seinem Sinn:
»Die Reden, die sind gut!
Ich will mich hinter die Haustür stellen,
Will sehn, was meine Frau tut.
Will sagen, ich fahre ins Heu.«

3. Da kommt geschlichen ein Reitersknecht
Zum jungen Weibe herein,
Und sie umfängt gar freundlich ihn,
Gab stracks ihren Willen darein.
»Mein Mann ist gefahren ins Heu.«

4. Er faßte sie um ihr Gürtelband
Und schwang sie wohl hin und her;
Der Mann, der hinter der Haustür stand,
Ganz zornig da trat herfür:
»Ich bin noch nicht gefahren ins Heu.«

5. »Ach trauter, herzallerliebster Mann,
Vergib mir diesen Fehl!
Ich will ja herzen und lieben dich,
Will kochen dir Mus und Mehl.
Ich dachte, du wärest ins Heu.«

6. »Und wenn ich gleich gefahren wär
Ins Heu und Heberstroh,
So sollst du nun und nimmermehr
Einen anderen lieben also;
Da fahre der Teufel ins Heu!«

7. Und der euch dieses Liedlein sang,
Der wird es singen noch oft,
Es ist der junge Reiterknecht,
Er liegt im Heu und im Hof.
Er fährt auch manchmal ins Heu.«

*Spätmittelalterliches Lied, vom Volksmund
dem Deutsch der jeweiligen Zeit angepaßt.*

Der verkleidete Graf

1. Es werbt ein junger Grafensohn
Ums Königs feine Tochter.
Er werbt drei Jahr und sieben Jahr
Und konnt' sie nicht erfreien.

2. Und da die sieben Jahr ummer war'n,
Ein Brieflein tut sie schreiben:
»Leg du dir weibisch Kleiderlein an,
Flecht dir dein Haar in Seide.«

3. Er reit vor seiner Schwester Tür:
»Schwester, bist du da drinnen?
Ach leih mir deinen braunseidenen Rock,
Flecht mir mein Haar in Seide.«

4. Sie legt sichs aus, und ziehts ihm an,
Flecht ihm sein Haar in Seide,
Sie legt ihm ein silber Gesteckmesserle dran,
Er reit wohl über grün Heide.

5. Und da er auf die Heid' naus kaum,
Gar höflich tät sie singen,
Da war der König und auch sein Kind
In einem hohen Zimmer.

6. »Ach Papa, lieber Papa mein,
Wer kann so höflich singen?
Es singt fürwahr eine schöne Jungfrau,
Daß's durch die Berge tut klingen.«

7. »Laß du sie nur reiten, laß du sie nur gehn!
Sie reit auf rechter Straßen,
Und wenn sie heimkommt vor unser Schloßtor,
Zum Stallknecht muß sie schlafen.«

8. »Ach Papa, lieber Papa mein
Das wär uns beiden ein Schande,
Es schickte schon mancher edle Herr,
Sein Kind in fremde Lande.«

9. Da es nun war am Abend spät,
Vor die Schloßtür kam sie geritten,
Sie klopft mit ihrem Goldringlein an:
»Feinslieb, bist du da drinnen?«

10. Und als sie in das Schloß' nein kam,
Der König tät sie gleich fragen:
»Sei du uns willkommen, du schöne Jungfrau,
Oder hast du ein Manne?«

11. »Ich hab kein Mann und will kein Mann,
Ein Jungfer will ich bleiben,
Und wenn ich bei deiner Tochter wär,
Die Zeit tät sie mir vertreiben.«

12. »Hast du kein Mann und willst kein Mann,
Willst du ein Jungfer bleiben:
So mußt du bei meiner Tochter schlafen,
Ihr Bett ist klare Seiden.«

13. Und da es war um Mitternacht,
Dem König träumte so schwere,
Daß es fürwahr ein schön jung Knab,
Bei seiner Tochter wäre.

14. Der König und der war ein artlicher Herr,
Bald tät er ein Licht anzünden,
Er ging von Bett bis wieder zu Bett,
Bis er die zwei tät finden.

15. »Ach Papa, lieber Papa mein,
Laß uns nur beide gewähren!
Gott nährt so manchen Vogel in der Luft
Er wird uns auch ernähren.«

*Von Goethe im Elsaß gehört, aufgeschrieben
und an Herder weitergegeben, in dessen Nachlass
es gefunden wurde. Die Originalmelodie ist
nicht erhalten. Das Lied wird meist zur sehr
populären Weise »Es steht ein Schloß in Österreich«
(siehe Seite 60) gesungen.*

Rettung vor dem Galgen

1. Als ich ein kleiner Knabe war,
Da lag ich in der Wiegen.
Als ich ein wenig größer war,
Ging ich auf freier Straßen.

2. Da stund des Königs Töchterlein
In ihres Vaters Lustgarten:
»Komm herein, du kleiner Spielmannssohn,
Spiel mir eine neue Weise!«

3. »Die neue Weise spiel ich dir nicht,
Ich fürcht so sehr deinen Vater;
Es sind der falschen Kläffer viel,
Die möchten mich ihm verraten.«

4. »Mein Vater ist im Trüdinger Forst
Und jagt mit Roß und Hunden;
Ein gülden Kettlein schenk ich dir,
Dazu der roten Gulden.«

5. Und als ich ihr die Weise spielt
Allein auf ihrer Kammer,
Es dauert kaum ein Viertelstund,
Der König kam gegangen.

6. »Du Schelm, du Dieb, du Spielmannssohn,
Was tust du bei meiner Tochter?«
»Die neue Weise spiel ich ihr,
Darum sie mich gebeten.«

7. »Die neue Weise, die du spielst,
Die will mir nicht gefallen:
In Böhmen ist ein Galgen gebaut,
Da sollst du Schelm dran hagen.«

8. Es währte kaum drei Tage lang,
Die Leiter mußt ich steigen:
»Ach gebt mir meine Geigen her!
Ich will ein wenig darauf streichen.«

9. »Komm herunter! Kleiner Spielmannssohn,
Meine Tochter soll dir werden.
In Österreich ist ein Schloß gebaut,
Da sollst du König werden.

Ursprünglicher Text vermutlich von einem mittelalterlichen Minnesänger. Vom Volksmund Jahrhunderte hindurch dem jeweiligen Sprachgefühl angepaßt. Wird zur Melodie »Es liegt ein Schloß in Österreich« gesungen (Siehe Seite 60)

Die mutige Geliebte

2. Und als das Haus gebauet war,
Legt er sich hin und schlief;
Da kam des jungen Markgrafen Weib
Zum zweiten und dritten sie rief:

3. »Steh auf, steh auf, junger Zimmergesell,
Denn es ist an der Stund;
Hast du so wohl ja gebaut das Haus,
So küß mich an meinen Mund!«

4. »Ach nein, ach nein, Markgräfin fein,
Das wär uns beiden ein Schand;
Denn wenn es der junge Markgraf erführ,
Müßt ich wohl meiden das Land.«

5. Und als sie beide beisammen war'n
Und meinten sie wären allein,
Da führte der Teufel das Kammerweib her,
Zum Schlüsselloch guckt sie hinein.

6. »Ach Herr, ach Herr, ach edler Herr,
Kommt selber her und schau:
Da küßt der schwarzbraune Zimmergesell
Gar deine schneeweiße Frau.«

7. »Und hat er geküßt meine schöne Frau,
Des Todes muß er sein!
Einen Galgen soll er sich selber erbaun
Zu Schaffhausen drauß an dem Rhein.«

8. Und als der Galgen gebauet war,
Da führten sie ihn zur Stell;
Er schlug die Äugelein unter sich,
Der schwarzbraune Zimmergesell.

9. Und als die Frau Markgräfin das vernahm,
Ihr'n Knappen rief sie herein:
»Mein Pferd sollst du mir satteln bald
Gen Schaffhausen drauß an dem Rhein.«

10. Und als das Pferd gesattelt war,
Da ritt sie hinaus gar schnell;
Da stieg die Leiter eben hinan
Der schwarzbraune Zimmergesell.

11. Und als der schwarzbraune Zimmergesell
Die letzte Sprossen auftrat,
Er sprach: »Ihr sieben Landesherren,
Gebt mir eins Wortes Macht!

12. Und käm die junge Frau Markgräfin
Wohl für euer Bettlein zu stahn:
Wollt ihr sie herzen und küssen,
Oder wollt ihr sie lassen gahn?«

13. Da sprach zuhand ein Edelherr,
Ein alter greisgrauer Mann:
»Ich wollte sie herzen und küssen
Und wollt' sie freundlich umfahn.«

14. »Wollt ihr sie herzen und küssen
Und wollt sie freundlich umfahn:
So hat auch der schwarzbraune Zimmergesell
So Arges nicht getan.« –

15. Da sprach der Markgraf selber wohl:
»Wir wollen ihn leben lan!
Ist keiner doch unter uns allen hier,
Der dies nicht hätt getan.«

16. Was zog er aus seiner Taschen gar schnell?
Wohl hundert Goldkronen so rot:
»Geh mir, geh mir aus dem Land hinaus,
Du findest wohl überall Brot.«

17. Und als er hinausgezogen war
Und ging wohl über die Heid,
Da stund des jungen Markgrafen sein Weib
In ihrem schneeweißen Kleid:

18. »Wohin, du schwarzbrauner Zimmergesell,
Wohin steht dir dein Sinn?«
»Nach Coblenz will ich reisen behend,
Nach Düsseldorf steht mir mein Sinn.«

19. Was zog sie von ihrem Finger gar schnell?
Von Gold ein Ringelein:
»Sieh da, sieh da, junger Zimmergesell,
Dabei gedenk du mein!«

20. Was zog sie aus ihrer Taschen gar schnell?
Vielhundert Dukaten von Gold:
»Nimms hin, du schöner, du feiner Gesell,
Nimms hin zu deinem Gold.

21. Und wenn dir der Wein zu sauer ist,
So trinke Malvasier;
Doch wenn mein Mündlein dir süßer ist,
So komm nur wieder zu mir!«

*Text und Melodie früher in ganz Deutschland
bekannt. Vielfach auch von Bänkelsängern
vorgetragen.*

8. Da lagen wir zwei in Freuden
Bis auf dritthalbe Stund:
»Kehr dich rumb, schöne Magdalena,
Beut mir dein roten Mund.«

9. »Du sagst mir wohl von Kehren,
Sagst mir von keiner Eh;
Und wär es nicht geschehen,
Geschäh's doch nimmermehr.«

10. Und wer dieses Liedlein gesungen,
Von neuem gesungen hat:
Ein freier Berggesell ist er genannt,
Auf Sant Annaberg in der Stadt.

Ursprünglicher Text aus dem 16. Jahrhundert, vom Volksmund inzwischen dem Deutsch unserer Zeit angepaßt. Melodie später von Friedrich Reichardt.

Bald gras ich am Neckar

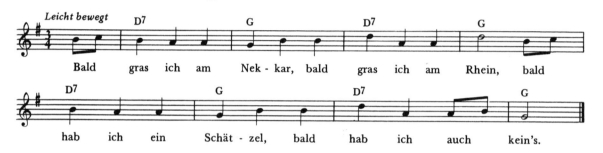

Bald gras ich am Nek-kar, bald gras ich am Rhein, bald hab ich ein Schät-zel, bald hab ich auch kein's.

2. Was nützt mich mein Grasen,
Wann d'Sichel nit schneid?
Was nützt mich mein Schätzel,
Wenns bei mir nit bleibt?

3. Und soll ich dann grasen
Am Neckar, am Rhein,
So werf ich mein schönes
Goldringlein hinein.

4. Es fließt im Neckar,
Es fließet im Rhein;
Soll schwimmen hinunter
Ins tiefe Meer 'nein.

5. Und schwimmt es das Ringlein,
So frißt es ein Fisch;
Das Fischlein soll kommen
Aufs König sein'n Tisch.

6. Der König tät fragen,
Wem's Ringlein soll sein?
Da tät mein Schatz sagen:
»Das Ringlein ghört mein!«

7. Mein Schätzlein tät springen
Bergauf und berein,
Tät wiederum bringen
Das Goldringlein fein.

8. »Kannst grasen am Neckar,
Kannst grasen am Rhein,
Wirf du mir nur immer
Dein Ringlein hinein!«

Süddeutsches Volkslied. Die ersten beiden Strophen waren schon im 18. Jahrhundert bekannt. Die restlichen Strophen etwa aus dem Jahre 1830.

Mein Mädel hat einen Rosenmund

Mein Mäd-del hat ei-nen Ro-senmund, und wer ihn küßt, der wird ge-sund. O du, o du, o du. O du schwarzbrau-nes Mäg-de-lein, du la la la la la, du la la la la la, du läßt mir kei-ne Ruh!

2. Die Wangen sind wie Morgenröt,
Wie sie steht überm Winterschnee.

3. Dein' Augen sind wie die Nacht so schwarz,
Wenn nur zwei Sternlein funkeln darin.

4. Du Mädel bist wie der Himmel gut,
Wenn er über uns blau sich wölben tut.

Die schwarzbraunen Äugelein

Ach, schön-ster Schatz ver-zeih es mir, daß ich so spät bin kom-men; doch hat die hei-ße Lieb zu dir mich noch da-zu ge-zwun-gen.

2. Ach schläfst du schon, wenn ich jetzt komm,
So sanft in deinem Bettchen.
So möcht ich dich gar inniglich
Mit meinem Liedlein wecken.

3. Erweck ich dich, erschreck ich dich,
So tut's mein Herz erbarmen;
Gern läg ich dir, o schönster Schatz,
In deinen beiden Armen!

4. Dein zwei schwarzbraunen Äugelein,
Die gar so freundlich blicken,
Sollt' dir daran gescheh'n ein Leid,
So spräng' mein Herz in Stücken.

5. Der große Gott vom Himmelsthron,
Der alles tut regieren,
Der Himmel und Erd erschaffen hat,
Wird uns zusammenführen.

Liebesfreud und Liebesleid

Von Herzen
und Schmerzen,
von Tränen
und Sehnen

Du, du liegst mir im Herzen

Du, du liegst mir im Herzen, du, du liegst mir im Sinn!
Du, du, machst mir viel Schmerzen, weißt nicht, wie gut ich dir bin;
ja, ja, ja, ja, weißt nicht, wie gut ich dir bin!

2. So, so wie ich dich liebe,
So, so liebe auch mich!
Die, die zärtlichsten Triebe
Fühl' ich nur einzig für dich.

3. Doch, doch darf ich dir trauen,
Dir, dir mit leichtem Sinn?
Du, du kannst auf mich bauen;
Weißt ja, wie gut ich dir bin!

4. Und, und wann in der Ferne
Mir, mir dein Bild erscheint;
Dann, dann wünsch' ich so gerne,
Daß uns die Liebe vereint.

In ganz Deutschland bekannt. Vermutlich um 1830 in Norddeutschland entstanden.

Das Lieben bringt groß Freud

Das Lieben bringt groß Freud, es wissens alle Leut. Weiß mir ein schönes Schätzelein mit zwei schwarzbraunen Äugelein, die mir, die mir, die mir, mein Herz erfreut.

2. Sie hat schwarzbraunes Haar,
Dazu zwei Äuglein klar,
Ihr sanfter Blick, ihr süßer Mund,
Hat mir das Herz im Leib verwundt,
Hat mir, hat mir, hat mir das Herz verwundt.

3. Ein Brieflein schrieb sie mir,
Ich sollt treu bleiben ihr,
Drauf schickt ich ihr ein Sträußelein,
Schön Rosmarin, brauns Nägelein,
Sie soll, sie soll, sie soll mein eigen sein.

4. Mein eigen soll sie sein,
Keines andern mehr als mein.
Und so leben wir in Freud und Leid,
Bis uns Gott der Herr auseinanderscheidt.
Leb wohl, leb wohl, leb wohl mein Schatz, leb wohl!

Schwäbisches Volkslied.

Das verschlossene Herz

Du bis min, ih bin din:
Des solt du gewis sin.
Du bist beslozzen
In minem herzen:
Verloren ist daz sluzzilin:
Du muost immer drinne sin.

Dieses berühmte Gedicht des Minnesängers Werner von Tegernsee (12. Jahrhunder) wurde vielfach variiert.

Im Elsaß heißt es:
I hab e kleins Herzel,
Diß Herzel isch myn,
Unn en einziger Bue
trat de Schlüssel dagen

In der Steiermark:
Mei' Herz ist verschloss'n,
Ist a Bogenschloß dran,
Ist an ein anzias Buebl,
Das's aufmach'n kann.

In Kärnten:
Mei Herzerl ist treu,
Is a Schlösserl dabei,
Und an oanziger Bua
Hat'n Schlüssel dazu.

In Tirol:
Mei' Herz und dei' Herz
Sein zusammeng'schwund'n,
Der Schlüssel ist verloren
Werd nimmer g'fund'n.

In der Schweiz:
Mei Herzli ist zue,
Es cha's niermert ufthue;
Ein einziges Bueb
Hat de Schlüssel derzue.

*Siehe auch »Schlüssel zum Herzen« Seite 134.
Die Lieder werden
zu folgenden Melodien gesungen:*

Ännchen von Tharau

Änn-chen von Tha-rau ist, die mir ge-fällt, sie ist mein
Änn-chen von Tha-rau hat wie-der ihr Herz auf mich ge-
Le-ben, mein Gut und mein Geld. Änn-chen von Tha-rau, mein
rich-tet in Lie-be und Schmerz.
Reichtum, mein Gut, du mei-ne See-le, mein Fleisch und mein Blut.

2. Käm alles Wetter gleich auf uns zu schlahn,
Wir sind gesinnt, beieinander zu stahn.
Krankheit, Verfolgung, Betrübnis und Pein
Soll unsrer Liebe Verknotigung sein.
Ännchen von Tharau, mein Reichtum, mein Gut,
Du meine Seele, mein Fleisch und mein Blut.

3. Recht als ein Palmenbaum über sich steigt,
Hat ihn erst Regen und Sturmwind gebeugt,
So wird die Lieb' in uns mächtig und groß,
Nach manchem Leiden und traurigem Los.
Ännchen von Tharau, mein Reichtum, mein Gut,
Du meine Seel, mein Fleisch und mein Blut.

4. Würdest du gleich einmal von mir getrennt,
Lebtest da, wo man die Sonne kaum kennt:
Ich will dir folgen durch Wälder und Meer,
Eisen und Kerker und feindliches Heer.
Ännchen von Tharau, mein Licht, meine Sonn',
Mein Leben schließt sich um deines herum.

*Text von Johann Gottfried Herder in Anlehnung
an ein altes Volkslied. Melodie: Friedrich
Silcher.*

Lang, lang ist's her

Sag' mir das Wort, das der einst mich hat be-tört, lang, lang ist her,
Sing' mir das Lied, daß ich einst so gern ge-hört,
lang, lang ist her. Dich und mein Glück all' du wie-der mir gibst,
weiß ja nicht mehr, wie lang du aus-bliebst,
weiß ja nur noch, daß du einst mich ge-liebt. Lang ist es her, lang ist's her.

2. Denk an dein Leid, das du scheidend mir geklagt,
Weißt du das Wort, das ich weinend dir gesagt?
Lang, lang ist's her. Lang, lang ist's her.
Kehre, o kehre zu mir bald zurück.
Bei dir allein, ach bei dir ist mein Glück.
Weißt du ja noch, daß du dereinst mich hast geliebt!
Lang, ist es her, lang ist's her.

*Irisches Volkslied (»Tell me the tales...«)
aus dem 18. Jahrhundert, wurde in der deutschen
Übersetzung so populär, daß es den Charakter
eines Volksliedes gewann.*

Mädele, ruck, ruck, ruck an meine grüne Seite

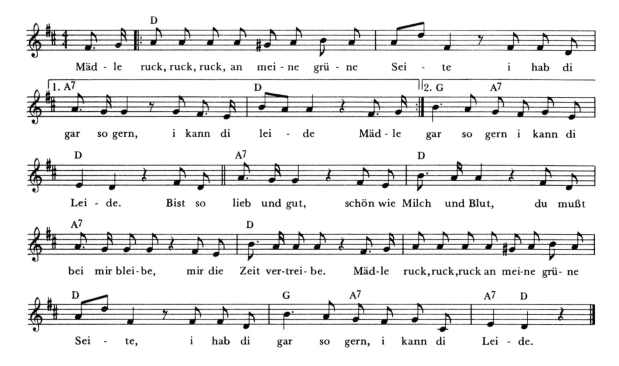

2. Mädle, guck, guck, guck in meine schwarze Auge,
Du kannst dei lieblich's Bilde drinne schaue.
Guck no recht treu nei, du mußt drinne sei;
Bist du drinne z'Haus, kommst au nimme raus.

3. Mädle, du, du, du mußt mir den Trauring gebe,
Denn sonst liegt mir ja nichts mehr an mei'm Lebe,
Wenn i di net krieg, gang i fort in'n Krieg,
Wenn i di net hab, ist mir d' Welt ein Grab.

Melodie von Friedrich Silcher. Dieser Text ist erst seit 1836 als schwäbisches Volkslied bekannt. Die erste Strophe lehnt sich an das folgende, ältere Volkslied an. Strophe 2 und 3 wurden von dem Tübinger Lehrer Heinrich Wagner für Silcher hinzugedichtet. Zu Silchers populärer Melodie wird auch die ältere Textfassung gesungen:

1. Mädel, ruck, ruck, ruck an meine grüne Seite,
Ich bin dir gar zu gut, ich mag die leiden.
Wenn die Leut nicht wärn, könnt'st du meine werden.
Komm mit mir den grünen Hafer schneiden.

2. Mädel, ruck, ruck, ruck an meine grüne Seite,
Denn du wirst mir gehör'n, sollst mein Weibchen werden
Ich hab dirs längst schon zugeschworen,
Und dich für mein Schätzchen auserkoren.

3. Mädel, ruck, ruck ruck an meine grüne Seite,
Glaub mirs sicherlich: Ich verlaß dich nicht!
Komm nur her an meine linke Seite,
Du bist viel zu schön, ich mag dich leiden.

4. Mädel, ruck, ruck, ruck an meine grüne Seite,
Wenn wir heimwärts geh'n, scheint der Mond so schön;
Scheint der Mond an meines Vaters Fenster:
»Kerl, wo bleibst so lange bei dem Mädchen?«

5. Mädel, ruck, ruck, ruck an meine grüne Seite,
»Vater, zank nur nicht, beim Mädchen war ich nicht,
War in meines Nachbars feiner Stuben,
Spielt zum Zeitvertreib mit den Buben.«

6. Mädel, ruck, ruck, ruck an meine grüne Seite,
»Mutter, brumm nur nicht, vom Mädel laß ich nicht!
Denn ich hab ihr einmal zugeschworen,
Sie zu meinem Weibchen auserkoren.«

Die Gartenlaube

Mei - ne klei - ne Gar - ten - lau - be ist mein größ - tes Hei - lig - tum;
einst schuf ei - ne hol - de Tau - be mir sie zum E - ly - si - um.

2. Als der kühle Zephyr spielte
Und der volle Silbermond
Durch die dichten Zweige schielte,
Die die Nachtigall bewohnt,

3. Saß mein Mädchen stumm und traurig
Bei mir auf einer Rasenbank;
Alles war sonst still und schaurig,
Und kein muntrer Vogel sang.

4. Sieh, da küßte eine Taube,
Zärtlich mit dem Gatten sich,
Über uns auf meiner Laube
Kosten sie so inniglich.

5. Und wir sahen es, und schweigend
Sanken wir auch Brust an Brust;
Lipp' an Lippe fester neigend,
Sogen wir die Himmelslust,

6. Schwuren beide ew'ge Treue,
Ew'ge Lieb' in Freud' und Leid,
Und mit seiner höher'n Weihe
Hat uns Amor eingeweiht.

7. Meine Laube wird drum bleiben
Ewig teuer mir und hold;
Nichts soll mich aus ihr vertreiben,
Selbst kein glänzend Erdengold.

Vor 1800 in Berlin entstanden. Textdichter unbekannt. Komponist vermutlich Ditters von Dittersdorf (1739–1799)

Wenn alle Brünnlein fließen

Wenn al-le Brünn-lein flie - ßen, so muß man trin - ken.
Wenn ich mein Schatz nicht ru - fen darf, tu ich ihm win - ken.
Wenn ich mein Schatz nicht ru - fen darf, ju ja ru - fen darf, tu ich ihm win - ken.

2. Ja winken mit den Augen
Und treten auf den Fuß:
'S ist eine in der Stuben,
Ja ja, Stuben,
Und die mir werden muß.

3. Warum soll sie mir nicht werden?
Ich seh sie doch so gern;
Sie hat zwei braune Äugelein,
Ja ja, Äugelein,
Die glühen wie die Stern.

4. Sie hat zwei rote Bäcklein,
Sind röter als der Wein;
Ein solches Mädchen find't man nichts
Ja ja, find't man nicht
Wohl unterm Sonnenschein.

Aus dem Odenwald.

5. »Ach herz'ger Schatz, ich bitte dich,
Ach, laß mich gehen!
Denn deine Leut die schmähen mich,
Ja ja, schmähen mich,
Ich muß mich schämen.«

6. »Was frag ich nach den Leuten,
Die mich tun schmähen?
Ei so lieb ich noch einmal,
Ja ja, noch einmal
Dies schöne Mädchen.«

Vertrauen

Die Er - de braucht Re - gen, die Son - ne braucht Licht, ein' Ast braucht der
der Himmel braucht Ster - ne, wenn die Nacht her - ein - bricht;
Vo - gel, um sein Nestchen drauf zu bau'n: der Mensch braucht ein Herz, dem er seins kann vertraun.

2. Und hat er ein's gefunden,
So kann er sich freun;
Denn es kann ja ohne Liebe
Kein Mensch glücklich sein.
Er fragt nicht nach Gelde,
Wird nach Reichtum nicht schau'n,
Wenn er hat nur ein Herz,
Dem er seins kann vertrau'n.

3. Ein Jüngling wollt reisen,
Das fiel ihm so schwer;
Da kam aus der Ferne
Sein Liebchen daher.
Jetzt fühlt er sich glücklich,
In die Augen hinein z'schau'n;
Denn er hat ja ein Herz,
Dem er seins kann vertrau'n.

Vergiß mein nit

2. Ach reicher Gott, gib mir das Glück:
Wo er reit in dem Lande
Bewahr ihm seinen graden Leib
Vor Leid und auch vor Schande!
Das will ich immer danken dir
Allzeit und alle Stunde;
Wann ich gedenk, wie es ihm geht
Mein Herz in großen Trau'ren steht,
Kein Lieber soll mir werden.

3. Er zog mit meinen Willen nit hin,
Doch war sein Herz mein Eigen;
Viel Gut's ich mich zu ihm versich
Treu Dienst will ich ihm erzeigen.
Kein Falsch hat er an mir erkannt
An meinem ganzen Leibe;
Noch ist der Knab so wohlgemut.
Für ihn nähm ich nit Kaisers Gut:
Vergiß mein nit in Treuen!

Der verliebte Rächer

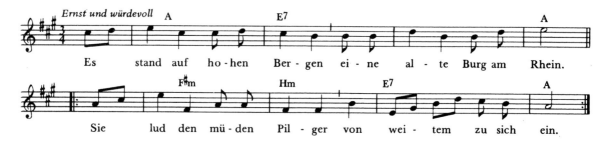

Es stand auf hohen Bergen eine alte Burg am Rhein.
Sie lud den müden Pilger von weitem zu sich ein.

2. Um jede Mittagsstunde
Trat aus dem Gittertor
Ein schönes, holdes Fräulein
Im schwarzen Gewand hervor.

3. Es kannten viele Arme
Die Stunde und den Ort:
Die Maid gab reiche Spenden,
Sie gab ein tröstend Wort.

4. Einst sah sie an der Pforte
Ein'n jungen Pilgersmann.
Sie begegnet seinem Blicke,
Sie meint, er fleh' sie an.

5. Doch von den vielen Gaben
War schon die Tasche leer;
Sie sucht und sucht und findet
Nicht einen Heller mehr.

6. Wohl trägt sie auf dem Busen
Der Jungfrau holdes Bild.
Sie reicht es hin dem Pilger
Und lächelt himmlisch mild.

7. Das Fräulein bebt wie Espen,
Sie senkt den schüchtern Blick:
Sie eilt ins Schloß, doch zieht es
Sie wieder bald zurück.

8. Der Pilger stand noch immer
Gelehnt an seinem Stab,
Er drückt an seine Lippen
Des Mädchens holde Gab.

9. »Wer bist du, junger Pilger?
Kommst du aus fernem Land?
Oder deckt dich bloß zum Scheine
Dies friedliche Gewand?«

10. »Mein Schloß, es steht dort unten,
Ich führ ein gutes Schwert.
Ich will den Vater rächen,
Denn ihn deckt blut'ge Erd.

11. Den Tod hat er empfangen
Nicht ehrlich im Gefecht,
Drum schwor ich, auszuüben,
Streng der Vergeltung Recht.«

12. »Ein tückisch Mördereisen
Nahm auch den Vater mir:
Du siehst des Schmerzes Zeichen
Noch am Gewande hier.

13. Er tauchte meine Finger
In seine Wunde ein.
Ich tat den Schwur der Rache
Am Haus von Falkenstein.«

14. Es zog sein Schwert der Pilger
Und reichts der schönen Maid:
»Ich bin der Falkensteiner,
Vollbringe deinen Eid!

15. Lang war der Haß der Väter,
Das Schicksal es gebot:
Sie trafen sich im Forste
Und gaben sich den Tod.

16. In Haß sind sie geschieden,
Mein Haus mag untergehn;
Mein' Rache ist geschwunden,
Seitdem ich Dich gesehn!«

17. Dem Mädchen klopfts im Busen,
Das Herz ist ihm so schwer.
Es möcht die Tränen bergen
Und kann es doch nicht mehr.

18. Sie reicht die Hand dem Jüngling:
»Gott schenk Dir seine Huld!
Laß sühnen uns durch Liebe
Der Väter schwere Schuld!

19. Laß am Altar uns sprechen
Das heilge, süße Wort:
Die Hand, die wir uns reichen,
Die reichen sie sich dort.«

20. Und bald nach wenig Tagen
Führt er sie zum Altar.
In ihrer Burgkapelle
Reicht sie die Hand ihm dar.

21. Und als der Priester segnet,
Erhellet sich der Chor:
Zwei weiße Ritter steigen
Wie aus der Erd hervor.

22. Sie wallen Arm in Arme
Bei süßer Melodie,
Und mit den fremden Tönen
Im Nu verschwinden sie.

23. Die Braut sank tief erschaudert
An des Geliebten Herz:
Sie schwuren dann noch einmal
Sich Treu in Leid und Schmerz.

Aus dem Rheinland.

Wo bist du gewesen?

2. Als ich zu der Linden kam,
Stand mein Schatz daneben:
»Grüß dich Gott, herztausiger
Schatz,
Wo bist du gewesen?«

3. »Schatz, wo ich gewesen bin,
Kann ich dir wohl sagen:
Bin gewesen im fremden Land,
Habe viel erfahren.«

4. »Was du da erfahren hast,
Kannst du mir wohl sagen?«
»Hab erfahren, daß junge Leut'
Beieinander schlafen«.

5. »Bei mir schlafen kannst du
wohl,
Will dir's gar nicht wehren:
Aber nur, herztausiger Schatz,
Aber nur in Ehren!«

6. »Zwischen Berg und tiefem Tal
Saßen einst zwei Hasen,
Fraßen ab das grüne Gras
Bis auf einen Rasen.

7. Als sie sich nun satt gefressen
Legten sie sich nieder.
Nun ade, herztausiger Schatz,
Jetzt komm' ich nicht wieder!«

Hier ergibt sich eine interessante Vermischung zweier Volkslieder: Mit dem Text der 6. und 7. Strophe, die einem Jägerlied (Siehe Seite 189) entlehnt sind, will der heimkehrende Bursche das Thema wechseln, um sich dann von dem seiner Welterfahrung nicht aufgeschlossenen Mädchen zurückzuziehen.

Hab dich von Herzen lieb

2. Blau ist ein Blümelein,
Das heißt Vergißmeinnicht;
Dies Blümelein leg' ans Herz
Und denk' an mich!
Stirbt Blum' und Hoffnung gleich,
Sind wir an Liebe reich;
Denn die stirbt nie bei mir,
Das glaube mir.

3. Wär' ich ein Vögelein,
Wollt' ich bald bei dir sein,
Scheut' Falk und Habicht nicht,
Flög' schnell zu dir!
Schöß mich ein Jäger tot,
Fiel ich in deinen Schoß,
Säh'st du mich traurig an,
Gern stürb' ich dann!

Dieser Text wurde von Helmina von Chezy 1817 in Anlehnung an ein inzwischen verschollenes Volkslied aus Thüringen neu gedichtet. Die Melodie ist eine alte Volksweise, neu bearbeitet von Friedrich Kücken im Jahre 1827.

Mein Herz es mir zerreißt

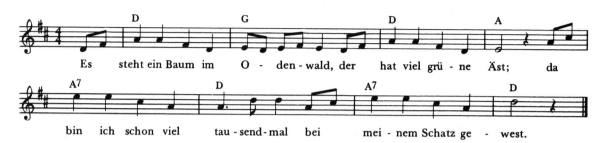

Es steht ein Baum im Odenwald, der hat viel grüne Äst; da bin ich schon viel tausendmal bei meinem Schatz gewest.

2. Da sitzt ein schöner Vogel drauf,
Der pfeift gar wunderschön:
Ich und mein Schätzel horchen auf,
Wenn wir mit'nander gehn.

3. Der Vogel sitzt in seiner Ruh,
Wohl auf dem höchsten Zweig;
Und schauen wir dem Vogel zu,
So pfeift er also gleich.

4. Der Vogel sitzt in seinem Nest
Wohl auf dem grünen Baum:
Ach Schätzel, ich bin bei dir g'west,
Oder ist es nur ein Traum?

5. Und als ich wiedrum kam zu dir,
Gehauen war der Baum:
Ein andrer Liebster stand bei ihr
O du verwünschter Traum!"

6. Der Baum der steht im Odenwald
Und ich bin in der Schweiz;
Da liegt der Schnee so kalt, so kalt:
Mein Herz es mir zerreißt!

Text unbekannter Herkunft, in vielerlei Variationen erhalten. Melodie: Friedrich Reichardt.

Wo ich geh', wo ich steh'

Denk ich alleweil, denk ich alleweil schön Schätzchen wär mein: jetzt seh ich's vor Augen, es kann ja nicht sein. kann ja nicht sein.

2. Wo ich geh', wo ich steh'
Das Herz tut mir weh;
Den Leuten ist's zuwider,
Wenn ich mit ihr nur geh'.

3. Herzig Schätzlein, bist du drinnen,
Steh auf und mach auf!
Es friert mich an meine Finger,
Bin sonst nicht wohl auf.«

4. »Friert's dich an deine Finger
Zieh Handschühle an;
Bleib nur ein Weil stehen,
Klopf noch einmal an.«

5. »Was batt mir mein Klopfen,
Du machst mir nicht auf;
Du tust mich vexieren
Und lachst mich nur aus.«

Vermutlich aus Schwaben. Vexieren = necken.

Wer lieben will muß leiden

Wer lie-ben will, muß lei-den, oh-ne Lei-den liebt man nicht.
Sind das nicht sü-ße Freuden, wenn die Lieb von bei-den spricht; — spricht!

2. Wer Rosen will abbrechen,
Der scheu die Dornen nicht.
Wenn sie gleich heftig stechen,
So genießt man doch die Frücht'.

3. Mich drückt, ich darfs nicht sagen
Mich drückt ein hartes Joch;
Mich drückt's und ich darf's nicht klagen,
Ach Himmel, hilf mir doch!

4. Die ich so gerne hätte,
Die ist mir nicht erlaubt;
Ein Andrer sitzt am Bette,
Hat mir mein Herz geraubt.

5. Hätt' ich dich nie gesehen,
Wie glücklich könnt ich sein!
Aber leider ist's geschehen:
Mein Herz ist nicht mehr mein!

Aus dem Elsass.

Zwei Königskinder

2. »Ach, Liebster, könntest du schwimmen,
So schwimm doch herüber zu mir!
Drei Kerzen will ich anzünden,
Und die sollen leuchten zu dir.«

3. Das hört eine falsche Norne
Die tat, als wenn sie schlief;
Sie tät die Kerzen auslöschen,
Der Jüngling ertrank so tief.

4. Ein Fischer wohl fischte lange,
Bis er den Toten fand:
»Sieh da, du liebliche Jungfrau,
Hast hier deinen Königssohn!«

5. Sie nahm ihn in ihre Arme
Und küßt seinen bleichen Mund;
»Ach Schätzchen, könntest du reden,
So wär mein Herz gesund.«

6. Sie schwang um sich ihren Mantel
Und sprang wohl in den See:
»Ade, mein Vater und Mutter,
Ihr seht mich nimmermehr!«

7. Da hörte man Glocken läuten,
Da hörte man Jammer und Not:
Da lagen zwei Königskinder,
Die waren beide tot.

Aus dem 14. Jahrhundert, stützt sich auf die antike Sage von Hero und Leander. Die beiden folgenden Lieder variieren das selbe Thema:

Zwei tiefe Wasser

„Ach Elslein, liebes Elselein, wie gern wär ich bei dir!
So sind zwei tiefe Wasser wohl zwischen dir und mir."

2. »Willst du dich abwenden drum,
Weil der Wasser sind zwei?
Da doch sonst mancher junge Knab
Leidet noch so mancherlei?«

3. »Ach Lieb, das schreckt mich allein,
Daß ich fahren kann;
Und wenn dann bräch das Schiffelein,
Müßt ich bald untergahn.«

4. »Ach nein, das soll geschehn nicht,
Ich selb hilf rudern dir,
Damit du nur in kurzer Zeit,
Herzlieb, herkommst zu mir.«

5. »Weil du's, schöns Lieb, denn meinst so gut,
Will ich's gleich wagen frei.
Allein das bitt ich fleißig dich:
Steh mir ohn' Falschheit bei!«

Zur selben Melodie wird auch das folgende Lied gesungen:

Das Schiff kost' mich zu viel

1. »Ach Elslein, liebes Elslein
wie gern wär ich bei dir!
So sind zwei tiefe Wasser
Wohl zwischen dir und auch mir.«

2. Das eine hab ich durchwatet,
Das ander ist mir zu tief,
Ich fürcht, ich möcht ertrinken,
's wäre mir nur Leid um dich!«

3. »Ei nun, mein feines Knäbelein,
So kauf du dir ein Schiff,
Und fahre über das Wässerlein,
So bist du gleich bei mir.«

4. »O nein, o nein, feins Mägdelein
Das Schiff kost' mich zu viel:
Ich werd mir legen ein Stegelein,
Dann komm ich, wenn ich will.«

Die schöne Bernauerin

Es rei - ten drei Her - ren zu Mün - chen hin - aus,
Sie rei - ten wohl vor der Ber - nau - e - rin ihr Haus:
„Ber - nau - e - rin, bist du da - rin - nen, ja da rin - nen?"

2. »Bist du dann darinnen, so reite heraus!
Der Herzog ist draußen vor ihrem Haus,
Mit allem seinem Hofgesinde, ja Hofgesinde.«

3. Sobald die Bernauerin die Stimme vernahm,
Ein schneeweißes Hemd zog sie gar bald an,
Wohl vor den Herzog zu treten, zu treten.

4. Sobald die Bernauerin vors Tor hinaus kam,
Drei Herren gleich die Bernauerin vernahm'n:
»Bernauerin, was willst du machen, ja machen?

5. Ei willst du lassen den Herzog entweg'n,
Oder willst du lassen dein' jung' frisches Leb'n,
Ertrinken im Donauwasser, ja Wasser!

6. »Und eh ich will lassen mein'n Herzog entwegn,
So will ich lassen mein' jung' frisches Leben,
Ertrinken im Donauwasser, ja Wasser!

7. Der Herzog ist mein, und ich bin sein,
Der Herzog ist mein, und ich bin sein:
Sind wir gar treu versprochen, ja versprochen.«

8. Bernauerin wohl auf dem Wasser schwamm,
Maria Mutter Gottes hat sie gerufet an,
Sollt ihr aus dieser Not helfen, ja helfen.

9. »Hilf mir, Maria, aus dem Wasser heraus,
Mein Herz läßt dir bauen ein neues Gotteshaus,
Von Marmorstein ein Altar, ja Altar!«

10. Sobald sie dieses hat gesprochen aus,
Maria Mutter Gottes hat geholfen aus
Und von dem Tod sie errettet, ja errettet.

11. Sobald die Bernauerin auf die Brucken kam,
Drei Henkersknecht zur Bernauerin kam'n:
»Bernauerin, was willst machen, ja machen?

12. Ei, willst du werden ein Henkersweib,
Oder willst du lassen dein' jung' stolzen Leib,
Ertrinken im Donauwasser, ja Wasser!«

13. »Und eh ich will werden ein Henkersweib,
So will ich lassen mein' jung' stolzen Leib,
Ertrinken im Donauwasser, ja Wasser!«

14. Es stunde kaum an den dritten Tag,
Dem Herzog kam ein' traurige Klag:
Bernauerin ist ertrunken, ja ertrunken.

15. »Auf, rufet mir alle Fischer daher,
Sie sollen fischen bis in das rote Meer,
Daß sie mein feines Lieb suchen, ja suchen!«

16. Es kamen gleich alle Fischer daher,
Sie haben gefischt bis in das rote Meer,
Bernauerin haben sie gefunden, ja gefunden.

17. Sie legen s' dem Herzog wohl auf den Schoß,
Der Herzog wohl viel tausend Tränen vergoß,
Er tät gar herzlich weinen.

18. »So rufet mir her fünftausend Mann!
Einen neuen Krieg will ich fangen an
Mit meinem Herrn Vater eben, ja eben.

19. Und wär' mein Herr Vater mir nicht so lieb,
So ließ ich ihn aufhenken als wie einen Dieb;
Wär' aber mir eine große Schande, ja Schande.«

20. Es stunde kaum an den dritten Tag,
Dem Herzog kam eine traurige Klag:
Sein Herr Vater ist gestorben, ja gestorben.

21. »Die mir helfen meinen Herrn Vater begrabn,
Rote Mänteln müssen sie hab'n,
Rot müssen sie sich tragen, ja tragen.

22. Und die mir helfen mein feines Lieb begrabn,
Schwarze Mänteln müssen sie hag'n,
Schwarz müssen sie sich tragen, ja tragen.

23. So wollen wir stiften ein' ewige Meß,
Daß man der Bernauerin nicht vergeß,
Man wölle für sie beten, ja beten!«

Bayerisches Volkslied über eine historisch verbürgte Liebesgeschichte: Agnes Bernauer, eine arme, aber schöne Augsburger Baderstochter, wurde gegen den erbitterten Widerstand der gesamten bayerischen Aristokratie die Ehefrau des Herzog Albrecht von Baiern-München. Während ihr Gemahl im Oktober 1435 auf der Jagd weilte, ließ ihr Schwiegervater, Herzog Ernst, sie als Hexe in der Donau bei Straubing ertränken. Herzog Albrecht verbündete sich daraufhin mit dem in Ingolstadt residierenden Herzog Ludwig und unternahm einen bewaffneten Angriff gegen den eigenen Vater. Durch die Vermittlung von Kaiser Sigismund mußte der Kriegszug plötzlich abgebrochen werden. Der im Lied besungene plötzliche Tod des Vaters entspricht nicht der historischen Tatsache. Herzog Ernst lebte noch viele Jahre und arrangierte eine politische Vernunftehe seines verwitweten Sohnes mit der reichen, aber häßlichen Anna von Braunschweig.

Jetzt gang i ans Brünnele

2. Do laß i meine Äugele
Um und um gehn,
Do sieh i mein herztausige Schatz
Bei 'nem andre stehn.

3. Und bei 'nem andre stehe sehn,
Ach das tut weh!
Jetzt bhüt die Gott, herztausige Schatz,
Di sieh i nimme meh!

4. Jetz kauf i mi Tinten
Und Feder und Papier,
Und schreibe mei'm herztausige Schatz
Einen Abschiedsbrief.

Aus dem Remstal.

5. Jetzt leg' i mi nieder
Aufs Heu und aufs Stroh
Do falle drei Rösele
Mir in den Schoß.

6. Und diese drei Rösele
Sind roserot
Jetzt weiß i net:
Lebt mein Schatz oder ist er tot?

Ich hört' ein Sichelein rauschen

Ich hört' ein Sichelein rauschen, wohl rauschen durch das Korn;
ich hört' ein feine Magd klagen, sie hätt' ihr Lieb verlor'n.

2. »Laß rauschen, Lieb, laß rauschen,
Ich acht nit wie es geh!
Ich tät mein Lieb vertauschen
In Veiel und grünem Klee.«

3. »Hast du ein' Buhlen erworben
In Veiel und grünem Klee,
So steh ich hier alleine,
Tut meinem Herzen weh.«

4. Ich hör ein Hirschlein rauschen
Wohl rauschen durch den Wald,
Ich hört mein Lieb sich klagen:
Kei Lieb verrauscht so bald!

5. Laß rauschen, Lieb, laß rauschen,
Ich weiß nicht wie mir wird;
Die Bächlein all verrauschen,
Doch deines sich verirrt.

*Eines der bekanntesten deutschen Volkslieder.
Text aus dem 16. Jahrhundert. Die Melodie
wurde von Anton Wilhelm Florentin von Zuccalmaglio
in der Heidelberger Gegend entdeckt und notiert.
Ähnlich ist das folgende ostpreußische Spinnstubenlied,
das ebenfalls aus dem 16. Jahrhundert stammt:*

Es dunkelt schon in der Heide

Es dunkelt schon in der Heide, nach Hause laßt uns gehn;
wir haben das Korn geschnitten mit unserm blanken Schwert.

2. Ich hört' ein Sichelein rauschen
Wohl rauschen durch das Korn,
Ich hört' eine feine Magd klagen,
Sie hätt' ihr Lieb' verlor'n.

3. Hast du dein Lieb verloren,
So hab ich doch das mein,
So wollen wir beide mitnander
uns winden ein Kränzelein.

4. Ein Kränzelein von Rosen,
Ein Sträußelein von Klee.
Zu Frankfurt auf der Brücken,
Da liegt ein tiefer Schnee.

5. Der Schnee, der ist zerschmolzen,
Das Wasser läuft dahin;
Kommst mir aus meinen Augen,
Kommst mir aus meinem Sinn.

6. In meines Vaters Garten,
Da stehn zwei Bäumelein;
Der eine, der trägt Muskaten,
Der andre Braunnägelein.

7. Muskaten, die sind süße,
Braunnägelein sind schön;
Wir beide, wir müssen uns scheiden,
Ja Scheiden, das tut weh.

Auf der Lahmgruab'n und auf der Wieden

Text und Melodie: Franz Böhm. Typisches Wiener Lied aus dem vorigen Jahrhundert, das auch über Österreich hinaus populär wurde. Lahmgruab'n ist ein Wiener Stadtteil, Wieden der 4. Stadtbezirk. »Schani« ist eine Koseform von Hans (vom französischen Jean) oder auch allgemeiner Spitzname für Liebhaber.

Feinslieb aus Flandern

Mein Feins-lieb ist von Flan-dern und hat ein' wan-keln Mut,
Sie gibt ein um den an-dern, das tut die Läng nit gut;
doch bin ich stets ihr al-ler Wohl-ge-mut, ich wünsch ihr al-les Gut'.

2. Mein Feinslieb wollt mich lehren
Wie ich mich halten sollt.
In Züchten und in Ehren
Führwahr ich bin ihr hold.
Hold bin ich ihr,
Zu ihr steht mein Begier,
Wollt Gott ich wär bei ihr!

3. Was sah ich nächten spate
An einem Fenster stan,
An einem Fensterladen
Was hatt' sie schneeweiß an?
Was hatt' sie an ihrer Hand?
Von Gold ein Ringelein
Die Herzallerliebste mein.

4. Und wär mein Lieb ein Brünn-
lein kalt
Und spräng aus einem Stein,
Und wär ich dann der grüne Wald
Mein Trauern das wär klein;
Grün ist der Wald
Das Brünnlein, das ist kalt:
Mein Lieb ist wohlgestalt.

5. Was sah ich in dem grünen
Wald,
Was sah ich hin und her?
Ein Blümlein das war wohlgestalt
Und das mein Herz begehrt,
Grün ist der Klee,
Ade, ade, mein feines Lieb!
Ich seh dich nimmermehr.

6. In Schwarz will ich mich kleiden
Und leb ich nur ein Jahr,
Um meines Buhlen willen,
Von der ich Urlaub hab;
Urlaub hab ich
Ohn alles Schulden,
Ich muß gedulden.

7. Wer uns dies Liedlein neu ge-
sang,
So wohl gesungen hat,
Das hat getan ein gut Gesell
An einen Abend spat:
Er sang es wohl
Aus frischem, freiem Mut.
Er wünscht ihr alles Gut'.

Deutsches Volkslied, im Ambraser Liederbuch
(16. Jahrhundert, Tirol) erhalten. »Ist von Flandern«
war eine Redensart und bedeutete: »Ist flatterhaft.«

Ach wie bald, ach wie bald!

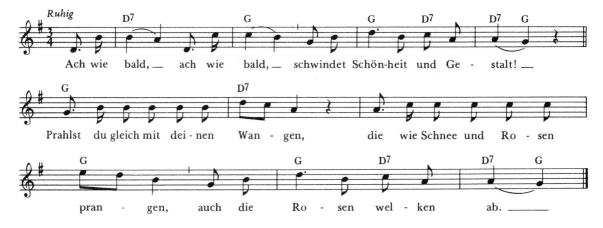

Ach wie bald, ach wie bald, schwindet Schön-heit und Ge-stalt!
Prahlst du gleich mit dei-nen Wan-gen, die wie Schnee und Ro-sen
pran-gen, auch die Ro-sen wel-ken ab.

2. Kaum gedacht, kaum gedacht,
Ist der Freud ein End gemacht,
Gestern Lust und Freud genossen,
Heute durch die Brust geschossen,
Morgen in dem kühlen Grab.

3. Weine nicht, weine nicht,
Falsche Seele, weine nicht!
Denn was nützen solche Tränen,
Die aus falschem Herzen strömen,
Wo kein Treu zu finden ist?

4. Wie das ist, wie das ist,
Aller Mädchen Freud und List:
Viel versprechen, wenig halten,
In der Liebe ganz erkalten,
Eh der Tag vorüber ist.

Altes schwäbisches Volkslied. Siehe auch Fußnote zu dem Lied »Morgenrot! Morgenrot!« auf Seite 181

5. Machtest mir, machtest mir,
Stets nur Kummer, Sorg und Müh!
In der Nacht bei Sturm und Regen
Lief ich deiner Lieb entgegen,
Und du bist so falsch an mir!

6. Fort von mir, fort von mir,
Falsche Seele, fort von mir!
Jetzt zerreiß ich alle Stricke,
Bei mir findest du kein Glücke –
Hätte ich dich nie gekannt!

Liebe macht die Menschen dumm

2. Heut, dacht ich, darfst du's wagen,
Du kannst ja mit ihr gehn,
Ihr dies und jenes sagen
Und ihr dein Herz gestehn.

3. Ich ging ihr nach: sie eilte
Dahin am Lärchenhain;
Und wo der Weg sich teilte,
Da holt ich sie erst ein.

4. Sie fragte, was ich wollte,
Und ach! Ich wußte nicht
Was ich ihr sagen sollte,
Mir brannte das Gesicht.

5. Und was ich endlich sagte?
Mir war nicht wohl dabei,
Ich sagte nichts, und fragte
Ob heute Sonntag sei?

6. Die lose Hirtin machte
Ein Stirnchen ernst und kraus;
Sie sah mich an und lachte
Mich blöden Knaben aus.

7. Wenn das so mit mir bliebe,
Ich würd' am Ende stumm.
Ach glaubt es nur: die Liebe
Sie macht den Menschen dumm!

Der in ganz Deutschland bekanntgewordene Text ist eine vom Volksmund zersungene Romanze, die Christian August Tiedge 1827 in Halle dichtete. Melodie: Eine alte Volksweise.

Das Ringlein sprang entzwei

In einem kühlen Grunde, da geht ein Mühlenrad; mein Liebchen ist verschwunden, das dort gewohnet hat, mein Liebchen ist verschwunden, das dort gewohnet hat.

2. Sie hat mir Treu' versprochen,
Gab mir ein' Ring dabei,
Sie hat die Treu gebrochen:
Das Ringlein sprang entzwei.

3. Ich möcht' als Spielmann reisen
Weit in die Welt hinaus
Und singen meine Weisen
Und gehn von Haus zu Haus;

5. Hör' ich das Mühlrad gehen,
Ich weiß nicht, was ich will -
Ich möcht' am liebsten sterben,
Dann wär's auf einmal still.

Text von Joseph von Eichendorff (1788–1857).
Melodie von Friedrich Glück.

Horch, was kommt von draußen rein?

Horch, was kommt von draußen rein? Hollahi, hollaho!
Wird wohl mein Feinsliebchen sein. Hollahiaho!
Geht vorbei und schaut nicht rein, hollahi, hollaho,
wird's wohl nicht gewesen sein, hollahiaho!

2. Leute haben's oft gesagt,
Was ich für eine Liebchen hab.
Laß sie reden, schweig fein still,
Kann ja lieben, wen ich will.

3. Wenn mein Liebchen Hochzeit hat,
Ist für mich ein Trauertag,
Geh ich in mein Kämmerlein,
Trage meinen Schmerz allein.

4. Wenn ich dann gestorben bin,
Trägt man mich zum Grabe hin.
Setzt mir keinen Leichenstein,
Pflanzt mir drauf Vergißnichtmein.

Volkslied aus Baden.

Die Ehe

Vom Brautwerber
und vom Hochzeitstanz,
von den Freuden
und Leiden des Ehestands

Wenn er doch käme und mich nähme

Ist wie-der eins aus, wird noch nichts draus, mein Schatz al-ler-lieb-ster bleibt im-mer zu Haus.

2. Ach wenn er doch käme,
Auf daß er mich nähme,
Auf daß ich den Leutchen
Aus den Augen 'raus käme.

3. Jetzt kommt er Hoho!
Kann sagen: Jo, jo,
Komm, reich mir dein Händchen
Und sage: Jo, jo!

4. Komm, reich mir dein Händ-
chen,
Du zuckersüß Männchen!
Komm, reich mir dein Händchen,
Und sage: Jo, jo!

Aus dem Westerwald.
Eins aus = ein Uhr vorbei.

Aber's Heiraten fällt mir nicht ein

Wei-ne, wei-ne, wei-ne nur nicht! Ich will dich lie-ben, a-ber hei-ra-ten nicht.
Ich will dich lie-ben, nie-mals be-trü-ben, will treu dir sein, will treu dir sein:
a-ber's Hei-e-ra-ten, a-ber's Hei-e-ra-ten, das fällt mir nicht ein! fällt mir nicht ein!

2. Glaube, glaube, glaube nur fest
Daß meine Liebe dich niemals verläßt
Wenn ich auch wandre, soll keine Andre
Die Meinige sein, die Meinige sein:
Abers Heiraten, abers Heiraten,
das fällt mir nicht ein.

3. Hoffe, hoffe, hoffe mein Kind,
Daß meine Wort stets aufrichtig sind
Immer beständig, niemals abwendig,
Will treu dir sein, will treu dir sein:
Abers Heiraten, abers Heiraten,
das fällt mir nicht ein.

Warte noch ein Jahr!

Dort ob'n auf jenem Berge, da steht ein hohes Haus, da schaut ja alle Morgen, da schaut ja alle Morgen mein feines Liebchen 'raus, mein feines Liebchen 'raus.

2. Ich bot ihr guten Morgen,
Sehr wohl gefiel ihr das.
Sie tät mir wohl freundlich winken,
Ihr' Äuglein die wurden naß.

3. »Ach warte, Liebchen, warte,
Ach warte noch ein Jahr,
Bis daß der Birnbaum Kirschen trägt.
So heirat ich dich fürwahr.

4. Und trägt er keine Kirschen nicht,
Dann blüht er rosenrot,
Dann kann uns Niemand scheiden
Als nur der bittre Tod«.

Aus Pommern.

Kommen mir die Heiratsgrillen

Recht vergnüget kann man leben, wenn man lebet ohne Weib. Dann hat man nur alle Morgen stets allein für sich zu sorgen, wie man pfleget seinen Leib.

2. Mancher möcht vor Liebe sterben
Eh er in den Ehstand kommt.
Ist er kaum ein Jahr darinnen,
Tut er sich recht wohl besinnen,
Wie er wieder kommt heraus.

3. Kommen mir die Heiratsgrillen
Kommen sie mir in den Sinn,
Tu ich mir ein Pfeiflein füllen,
Das vertreibt mir meine Grillen,
Fliegen mit dem Rauch dahin.

Der Tambour

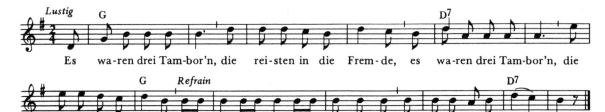

Es waren drei Tambor'n, die reisten in die Fremde, es waren drei Tambor'n, die reisten in die Fremde. Riderom, riderom, riderom bombom! Die reisten in die Fremde.

2. Der jüngste von den drei'n.
Der liebt ein schönes Mädchen.

3. »Sag an du schöne Dam',
Kann ich dich auch wohl kriegen?«

4. »Willst du das Mädchen haben,
Mußt du den Vater fragen.«

5. »Sag an, du alter Herr,
Kann ich die Tochter haben?«

6. »Sag an, du junger Herr,
Was ist denn dein Vermögen?«

7. »Was mein Vermögen ist?
Die Trommel und zwei Schlägel.«

8. »Wenn das dein Vermögen ist,
Kannst du meine Tochter nicht kriegen.«

9. »Nein, ach mein lieber Mann
Ich hab noch eins vergessen.

10. Mein Vater und der ist
Der König von Italien.«

11. »Wenn das dein Vater ist,
Kannst meine Tochter kriegen.«

12. »Nein, ach mein lieber Herr,
Ich will deine Tochter nicht haben!

13. Bei uns zu Haus im Land
Da gibts auch schöne Mädchen.«

Victoria, mein' Tochter ist 'ne Braut!

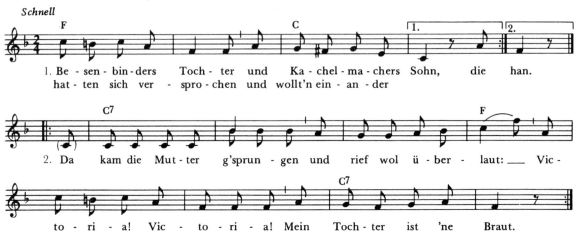

1. Besenbinders Tochter und Kachelmachers Sohn, die han-
hatten sich versprochen und wollt'n einander

2. Da kam die Mutter g'sprungen und rief wol überlaut: Victoria! Victoria! Mein Tochter ist 'ne Braut.

3. Dreimal um den Ofen rum und dreimal um und um:
Stoßt mir nur keine Kachel ein und stoßt mir nur nichts um!

4. Hat einer einen Stall voll Heu, so wird die Kuh nicht mager:
Hat ein'r ein hübsches Schwesterlein, so kriegt er bald 'nen Schwager!

Bettelmanns Hochzeit

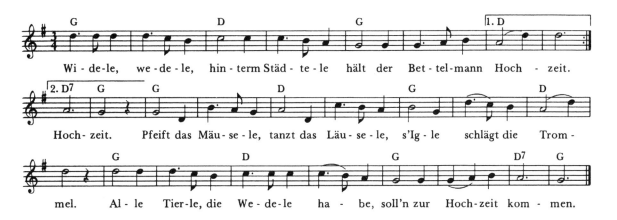

Wi-de-le, we-de-le, hinterm Städ-te-le hält der Bet-tel-mann Hoch-zeit. Hoch-zeit. Pfeift das Mäu-se-le, tanzt das Läu-se-le, s'Ig-le schlägt die Trom-mel. Al-le Tier-le, die We-de-le ha-be, soll'n zur Hoch-zeit kom-men.

Geh schäme dich

Ein Schüs-sel und ein Hä-fe-lein ist all mein Küchge-schirr; doch wenn ich halt an dich ge-denk, so mein' ich, so mein' ich, ich mein' ich wär bei dir.

2. »Hast g'sagt, du willst mich nehmen,
Sobald der Sommer käm,
Der Sommer ist gekommen,
Du hast mich nicht genommèn.
Geh schäme dich, geh schäme dich!
Gelt ja, du nimmst mich noch?«

3. »Wie kann ich dich denn nehmen,
Wenn ich dich gar nicht mag?
Du bist ja wüst vom Angesicht,
Verzeih mirs Gott, ich mag dich nicht;
Geh schere dich, geh packe dich,
Und schau mich gar nicht an!«

4. »Ich glaub, du bist besoffen,
Du dummer Gockel du!
Ich scher mich nicht, kehr mich nicht dran,
Ich hab bald einen andern Mann,
Ich kriege, ich kriege
Bald einen andern Mann!«

5. »O krieg mir nicht die Kränke,
Sonst habe ich gleich den Frost;
Ich lieb dich immer klar und rein
Du sollst mein liebes Schätzchen sein,
Sollst immer, sollst immer
Mein liebes Schätzchen sein!«

6. »Was hören meine Ohren?
Nicht wahr, du liebst mich noch?
Schlag ein, schlag ein, schlag ein aufs neu:
Wir bleiben, bleiben uns getreu,
Wir bleiben, wir bleiben,
Wir bleiben uns getreu!«

Als ich ein jung Geselle war

Als ich ein jung Geselle war, nahm ich ein stein-alt Weib. Ich hatt es kaum drei Tage, Ti-ta Ta-ge, da hatt's mich schon ge-reut, — da hatt's mich schon ge-reut.

2. Da ging ich auf den Kirchhof hin
Und bat den lieben Tod:
»Ach lieber Tod von Basel,
Hol mir meine Alte fort.«

3. Und als ich wieder nach Hause kam,
Meine Alte war schon tot;
Ich spannt' die Ross' vor'n Wagen
Und fuhr meine Alte fort.

4. Und als ich auf den Kirchhof kam,
Das Grab war schon gemacht.
»Ihr Träger, tragt fein sachte,
Daß die Alte nicht erwacht!«

5. Und als ich wieder nach Hause kam,
War'n Tisch und Bett zu weit.
Ich wartet kaum drei Tage
Und nahm eine junges Weib!

6. Das junge Weiberl, das ich nahm,
Das schlug mich nach drei Tag.
»Ach, lieber Tod von Basel,
Hätt ich meine alte Plag!«

Vermutlich aus der Schweiz.

Milchmädchen mit Schnurrbärten

Als ich nun nach Hause kam, da standen viele Pferde da, o weh, o weh, o weh! O liebes Weib, nun schau mir an, was sind die Pferde da? „Milchkühe sind es ja, die Mutter schickt sie mir." Milchküh mit Lederzeug? O weh, o weh, o weh! Bin ein betrogner Ehemann, wie viele andre sind, bin viele andre sind.

2. Als ich in die Küche kam,
Da hingen viele Säbel da,
O weh, o weh, o weh!
O liebes Weib, nun schau mir an:
Was sein für Säbel da?
»Bratspieße sind es ja,
Die Mutter schickt sie mir.«
Bratspieß mit Portepee?
O weh, o weh, o weh!

3. Als ich in die Stube kam
Da hingen viele Mäntel da,
O weh, o weh, o weh!
O liebes Weib, nun schau mir an,
Was sein für Mäntel da?
»Nachtjacken sind es ja,
Die Mutter schickt sie mir.«
Nachtjacken mit Achselknöpf'n?
O weh, o weh, o weh!

4. Und als ich in die Kammer kam,
Da standen viele Stiefel da.
O weh, o weh, o weh!
O Weib, nun schau mir an,
Was sein für Stiefeln da?
»Milchtöpfe sind es ja,
Die Mutter schickt sie mir.«
Milchtöpfe mit sparen dran?
O weh, o weh, o weh!

5. Als ich in das Bette kam,
Da lagen viele Husaren drin.
O weh, o weh, o weh!
O liebes Weib, nun schau mir an:
Was sein für Reiter da?
»Milchmädchen sind es ja,
Die Mutter schickt sie mir.«
Milchmädchen mit Schnurrbärten?
O weh, o weh, o weh!

Ich komm nicht nach Haus

"Frau, du sollst nach Hau-se komm'n denn dein Mann ist krank." "Ist er krank, so sei er krank, legt ihn auf die O-fen-bank! Und ich komm nicht nach Haus, und ich komm nicht nach Haus."

2. »Frau, du sollst nach Hause komm'n,
Denn dein Mann ist schlecht.«
»Ist er schlecht, so sei er schlecht,
Ei so ist mirs eben recht:
Und ich komm nicht nach Haus.«

3. »Frau, du sollst nach Hause komm'n,
Denn dein Mann ist tot.«
»Ist er tot, so ist er tot,
Bin ich doch aus aller Not:
Und ich komm nicht nach Haus.«

4. »Frau, du sollst nach Hause komm'n,
D' Träger sind in deim Haus.«
»Sind die Träger in meinem Haus;
Ei so tragt den Schelm hinaus:
Und ich komm nicht nach Haus.«

5. »Frau, du sollst nach Hause komm'n,
D' Schüler sind vor der Tür,«
»Sind die Schüler vor der Tür,
Ei so gebt ihn ihr Gebühr!
Und ich komm nicht nach Haus.«

6. »Frau, du sollst nach Hause komm'n,
Sie tragen ihn schon fort.«
»Tragens ihn fort, so tragens ihn fort,
Kommt er an den rechten Ort:
Und ich komm nicht nach Haus.«

7. »Frau, du sollst nach Hause komm'n,
Sie graben ihn schon ein.«
»Grabens ihn ein, so grabens ihn ein,
Komm ich doch von meiner Pein:
Und ich komm nicht nach Haus.«

8. »Frau, du sollst nach Hause komm'n,
D' Freier sind im Haus.«
»Sind die Freier in dem Haus,
Ei so laßt mir keinen raus!
Und ich komm gleich nach Haus.«

Aus Sachsen.

Was hab ich davon?

1. Drei Rosen im Garten,
Vier Lilien im Wald:
Jetzt muß ich heiraten
Sonst werd ich zu alt.

2. Jetzt hab ich geheirat;
Was hab ich davon?
E Stübchen voll Kinder,
E lumpige Mann.

*Aus der Rheinpfalz.
Wird zu den Melodien
der Vierzeiler gesungen,
die für die Lieder zum
Thema »Das verschlossene
Herz« abgedruckt sind
(Siehe Seite 83)*

Kinderlieder

Vom Männlein im Walde,
vom Fuchs und von der Gans,
von Hänschen klein
und Mariechen auf dem Stein

Trara! Die Post ist da!

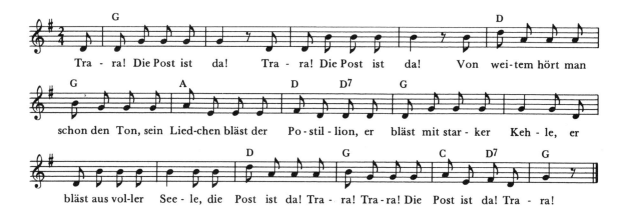

Tra-ra! Die Post ist da! Tra-ra! Die Post ist da! Von wei-tem hört man schon den Ton, sein Lied-chen bläst der Po-stil-lion, er bläst mit star-ker Keh-le, er bläst aus vol-ler See-le, die Post ist da! Tra-ra! Tra-ra! Die Post ist da! Tra-ra!

2. Trara! Die Post ist da!
Trara! Die Post ist da!
Geduld, Geduld, gleich packt er aus,
Dann kriegt ein jeder in dem Haus
Die Briefe und die Päckchen,
Die Schachteln und die Säckchen,

3. Trara! Die Post ist da!
Trara! Die Post ist da!
Und wenn ihr's jetzt schon wissen müßt:
Der Onkel hat euch schön gegrüßt
Wohl tausendmal und drüber,
Bald kommt er selber 'rüber.

Ri-ra-rutsch

Ri-ra-rutsch, wir fah-ren mit der Kutsch. Wir fah-ren ü-ber Stock und Stein, Ri-ra-rutsch, es ist nichts mit der Kutsch.
da bricht das Schim-mel-chen ein Bein.

Beide Hände reich ich dir

Brü-der-chen, komm, tanz mit mir, bei-de Hän-de reich' ich dir, ein-mal hin, ein-mal her, rund-her-um, das ist nicht schwer.

2. Mit den Händchen klipp, klipp, klapp,
Mit den Füßchen tripp, tripp, trapp,
Einmal hin, einmal her,
Rundherum, das ist nicht schwer.

3. Ei, das hast du gut gemacht,
Ei, das hätt' ich nicht gedacht,
Einmal hin, einmal her,
Rundherum, das ist nicht schwer.

4. Mit den Köpfchen nick, nick, nick,
Mit dem Fingerchen tick, tick, tick,
Einmal hin, einmal her,
Rundherum, das ist nicht schwer.

5. Noch einmal das schöne Spiel,
Weil es mir so gut gefiel,
Einmal hin, einmal her,
Rundherum, das ist nicht schwer.

*Dieses Lied kommt in der Märchenoper
»Hänsel und Gretel«
von Engelbert Humperdinck (1854–1921) vor.
Es dürfte sich jedoch nicht um eine eigene Komposition
Humperdincks handeln, sondern um eine von
ihm bearbeitete alte Volksweise.*

Der Bi-Ba-Butzemann

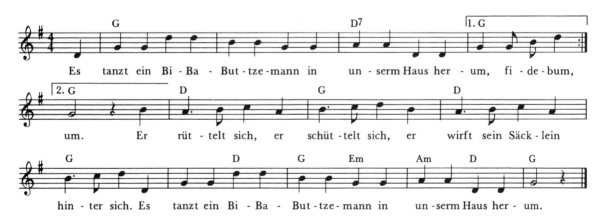

Es tanzt ein Bi-Ba-But-tze-mann in un-serm Haus her-um, fi-de-bum, um. Er rüt-telt sich, er schüt-telt sich, er wirft sein Säck-lein hin-ter sich. Es tanzt ein Bi-Ba-But-tze-mann in un-serm Haus her-um.

*Aus Norddeutschland. Der Butzemann gilt
als Hausgeist.*

Ist die schwarze Köchin da?

Ringa ringa reia

Aus Österreich.

Backe, backe Kuchen

Es geht eine Zipfelmütz'

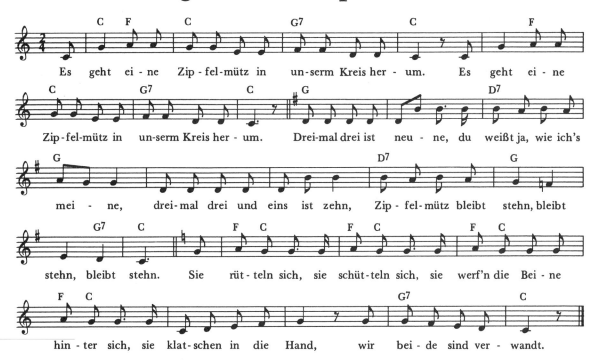

Es geht eine Zipfelmütz in unserm Kreis herum. Es geht eine Zipfelmütz in unserm Kreis herum. Dreimal drei ist neune, du weißt ja, wie ich's meine, dreimal drei und eins ist zehn, Zipfelmütz bleibt stehn, bleibt stehn, bleibt stehn. Sie rütteln sich, sie schütteln sich, sie werf'n die Beine hinter sich, sie klatschen in die Hand, wir beide sind verwandt.

Jakob hat kein Brot im Haus

Jakob hat kein Brot im Haus, Jakob macht sich gar nichts draus, Jakob hin, Jakob her, Jakob ist ein Zottelbär!

Lirum, Larum Löffelstiel

Li-rum, la-rum Löf-fel-stiel, al-te Wei-ber es-sen viel, jun-ge müs-sen fa-sten. S'Brot liegt im Ka-sten, s'Mes-ser liegt da-ne-ben, ei welch ein lu-stig Le-ben!

2. Lirum, larum Löffelstiel,
Wer nichts lernt, der kann nicht viel.
Reiche Leute essen Speck
Arme Leute hab'n Dreck
Lirum, larum Leier
Die Butter, die ist teuer.

Aus Böhmen.

Heile, heile, Segen

Hei-le, hei-le Se-gen, drei Ta-ge Re-gen, drei Ta-ge Schnee tut schon nimmer weh.

Ist ein Mann in'n Brunnen g'falln

Annamirl, Zuckerschnürl

Kurzebein heißt mein Schwein

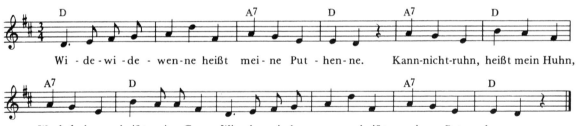

2. Wide-wide-wenne
Heißt meine Puthenne.
Schwarz-und-weiß
Heißt meine Geiß.
Kurzebein heißt
Mein Schwein.

3. Wide-wide-wenne
Heißt meine Puthenne.
Ehrenwert
Heißt mein Pferd.
Gute Muh
Heißt meine Kuh.

4. Wide-wide-wenne
Heißt meine Puthenne.
Wettermann
Heißt mein Hahn.
Kunterbunt
Heißt mein Hund.

Summ, summ, summ

Summ, summ, summ! Bienchen summ her-um! Ei, wir tun dir nichts zu lei-de; flieg nur aus in Wald und Hei-de! Summ, summ, summ! Bienchen summ her-um!

2. Summ, summ, summ!
Bienchen summ herum!
Such in Blumen, such in Blümchen
Dir ein Tröpfchen, dir ein Krümchen!

3. Summ, summ, summ!
Bienchen summ herum!
Kehre heim mit reicher Habe,
Bau uns manche volle Wabe!
Summ, summ, summ!
Bienchen summ herum!

Von Hoffmann von Fallersleben zu einer böhmischen Volksweise.

Maikäfer flieg!

Mai-kä-fer flieg! Dein Va-ter ist im Krieg! Die Mut-ter ist in Pom-mer-land, Pom-mer-land ist ab-ge-brannt. Mai-kä-fer flieg!

Der Kuckuck wird naß

Es reg-net, es reg-net, der Kuk-kuck wird naß. Wir sit-zen im Trocknen, was scha-det uns das?

Der Kuckuck und der Esel

2. Der Kuckuck sprach: »Das kann ich«
Und fing gleich an zu schrein.
»Ich aber kann es besser,
Ich aber kann es besser«
Fiel gleich der Esel ein,
Fiel gleich der Esel ein.

3. Das klang so schön und lieblich,
Das klang von fern und nah;
Sie sangen alle beide,
Sie sangen alle beide:
Kuckuck, Kuckuck! I-a!
Kuckuck, Kuckuck! I-a!

Text: Heinrich Hoffmann von Fallersleben.
Melodie: Karl Friedrich Zelter.

Lasset uns singen, tanzen und springen

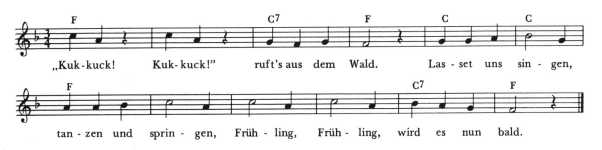

2. Kuckuck, Kuckuck läßt nicht sein Schrein.
Kommt in die Felder, Wiesen und Wälder,
Frühling, Frühling stelle dich ein!

Von Hoffmann von Fallersleben zu einer alten
Volksweise.

Das kranke Zeiserl

1. Stieglitz, Stieglitz, Zeiserl ist krank!
Gehn ma zum Bader, laß ma eahm Ader!
Stieglitz, Stieglitz, Zeiserl ist krank!

2. Stieglitz, Stieglitz, Zeiserl ist krank!
Bind' mar eahm's Köpferl ein, wird eahm bald besser sein!
Stieglitz, Stieglitz, Zeiserl ist krank!

3. Stieglitz, Stieglitz, Zeiserl ist krank!
Rupf mir eahm a Federl aus, mach mir eahm a Betterl draus!
Stieglitz, Stieglitz, Zeiserl ist krank!

4. Stieglitz, Stieglitz, Zeiserl ist krank!
Geb m'r eahm an Mandelkern, wird eahm bald besser wern!
Stieglitz, Stieglitz, Zeiserl ist krank!

*Wird zur selben Melodie wie »Kuckuck, Kuckuck rufts aus dem Wald« gesungen.
(Siehe Seite 274)*

Alle meine Entchen...

Al - le mei - ne Ent - chen schwim-men auf dem See, schwim-men auf dem See, Köpf-chen un - ters Was - ser, Schwänz-chen in die Höh'.

Eia popeia

2. Eia popeia, schlags Gockerle tot,
Legt mir keine Eier und frißt mir mein Brot;
Rupfen wir ihm dann die Federchen aus
Und machen dem Kindlein ein Bettlein daraus!

3. Eia popeia, das ist eine Not,
Wer schenkt mir ein'n Heller zu Zucker und Brot?
Verkauf ich mein Bettlein und leg mich aufs Stroh,
Sticht mich keine Feder und beißt mich kein Floh!

*Alte Volksweise,
später von Engelbert Humperdinck bearbeitet.*

Fuchs, du hast die Gans gestohlen

2. Seine große lange Flinte
Schießt auf dich den Schrot, schießt auf dich den Schrot,
Daß dich färbt die rote Tinte, und dann bist du tot.

3. Liebes Füchslein, laß dir raten,
Sei doch nur kein Dieb, sei doch nur kein Dieb,
Nimm, du brauchst nicht Gänsebraten, mit der Maus vorlieb.

*Text von dem Leipziger Musiklehrer und Organisten
Ernst Anschütz zu einer alten Volksweise.*

Über Stock und über Steine

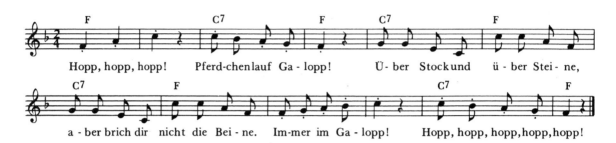

Hopp, hopp, hopp! Pferd-chen lauf Ga-lopp! Ü-ber Stock und ü-ber Stei-ne, a-ber brich dir nicht die Bei-ne. Im-mer im Ga-lopp! Hopp, hopp, hopp, hopp, hopp!

2. Pitsch, pitsch, patsch!
Klatsche, Peitsche, klatsch!
Mußt recht um die Ohren knallen,
Ja, das kann mir gut gefallen!
Klatsche, Peitsche, klatsch!
Pitsch, pitsch, pitsch, pitsch, patsch!

3. Ha, ha, ha!
Juch, nun sind wir da!
Diener, Diener, liebe Mutter,
Findet auch mein Pferdchen Futter?
Juch, nun sind wir da!
Ha, ha, ha, ha, ha!

4. Brr, brr, he!
Pferdchen, steh jetzt, steh!
Sollst noch heute weiterspringen,
Muß ich dir erst Futter bringen.
Steh doch, Pferdchen, steh!
Brr, brr, brr, brr, he!

Um 1800. Text von C. Hahn nach einer Melodie von Carl Gottfried Haring.

Hoppa, hoppa Reiter

Hoppa, hoppa Reiter, wenn er fällt, dann schreit er! Fällt er in den Graben, fressen ihn die Raben. Fällt er in den Sumpf, macht der Reiter plumps!

Zeigt her eure Füße

Zeigt her eure Füße, zeigt her eure Schuh' und sehet den fleißigen Waschfrauen zu. Sie waschen, sie waschen, sie wasch'n den ganzen Tag. Sie waschen, sie waschen, sie wasch'n den ganzen Tag.

Entstanden etwa 1860.

Die heiligen drei Könige

2. Die heiligen drei König mit ihrigem Stern,
Sie bringen dem Kindlein das Opfer so gern.
Sie reisen in schneller Eil,
In dreizehn Tagen vierhundert Meil.

3. Die heiligen drei König mit ihrigem Stern
Knien nieder und ehren das Kindlein, den Herrn.
Ein selige, fröhliche Zeit,
Verleih uns Gott im Himmelreich!

*Aus Oberbayern, Anfang des 18. Jahrhunderts.
Siehe auch Seite 236*

Hänsel und Gretel

2. Hu, hu, da schaut eine alte Hex' heraus!
Sie lockt die Kinder ins Pfefferkuchenhaus.
Sie stellte sich gar freundlich, o Hänsel, welche Not!
Ihn wollt sie braten im Ofen braun wie Brot.

3. Doch als die Hexe zum Ofen schaut hinein,
Wart sie gestoßen von Hans und Gretelein.
Die Hexe mußte braten, die Kinder gehn nach Haus.
Nun ist das Märchen von Hans und Gretel aus.

Mariechen saß auf einem Stein

Ma - riechen saß auf ei - nem Stein, ei - nem Stein, ei - nem Stein, Ma - rie-chen saß auf einem Stein.

Mariechen saß auf einem Stein.
Sie lockte sich ihr goldnes Haar.
Und als sie damit fertig war,
Da fing sie zu weinen an.
Nun kam ihr ältster Bruder her:
»Mariechen, warum weinest du?«
»Ach, weil ich heute sterben muß.«
Da kam der böse Rittersmann
Er hatte in der Tasche
Ein großes scharfes Messer.
Und stachs Mariechen in das Herz
Da fiel sie hin zu Boden.
Da kamen zwei Bedienten,
Die legten Mariechen in den Sarg.
Nun kamen ihre Eltern her:
»Mariechen, warum blutest du?«
»Das war der böse Rittersmann.«
Mariechen ist ein Engelein,
Der Ritter ist ein Teufelein.

Beim Singen werden die drei letzten Silben jeder Zeile entsprechend dem Notenbeispiel wiederholt. Der Text dieses Volksliedes hat seinen Ursprung in der Sage vom Ritter, der viele Frauen auf sein Schloß nahm und tötete. Die deutsche Sage nennt als Mörder den Ritter Ulinger aus Baden. Bekannt wurde die Geschichte von den angeblichen Frauenmorden aus den analogen Märchen vom französischen Ritter Blaubart. Das Lied, dessen grausamer Hintergrund so gut wie vergessen ist, wird heute in vielfältigen Textvariationen von Kindern gesungen. Zum Beispiel:

Mariechen saß auf einem Stein
Da ging die Türe ling ling ling
Da trat der böse Ritter ein
Der Ritter zog den Säbel raus.
Da ging die Türe ling ling ling
Da trat der liebe Vater ein:
»Mariechen, warum weinest du?«
»Ich weine, daß ich sterben muß.«
Da ging die Türe ling ling ling
Da trat die liebe Mutter ein:
»Mariechen, warum weinest du?«
»Ich weine, daß ich sterben muß.«
Der Ritter steckt den Säbel ein.
Jetzt laßt uns alle lustig sein!

Zur selben Melodie wird auch das folgende Lied gesungen:

Dornröschen war ein schönes Kind

Dornröschen war ein schönes Kind,
Dornröschen, nimm dich ja in acht!
Da kam die alte Fee herein.
Da wuchs die Hecke riesengroß.
Da kam ein junger Königssohn.
Da ging das junge Königspaar.
Da fingen sie zu tanzen an.

Ein Männlein steht im Walde

Ein Männlein steht im Wal-de ganz still und stumm, um. Sagt, wer mag das
es hat von lau-ter Pur-pur ein Mänt-lein

Männlein sein, das da steht im Wald al-lein mit dem purpur-ro-ten Män-te-lein?

2. Das Männlein steht im Walde auf einem Bein
Und hat auf seinem Haupte schwarz Käpplein klein.
Sagt, wer mag das Männlein sein,
Das da steht im Wald allein
Mit dem kleinen schwarzen Käppelein?

Des Rätsels Lösung: (gesprochen)
Das Männlein dort auf einem Bein
Mit seinem roten Mäntelein
Und seinem schwarzen Käppelein
Kann nur die Hagebutte sein.

Text: Hoffmann von Fallersleben.
Engelbert Humperdinck übernahm das alte Lied
für seine Märchenoper »Hänsel und Gretel«.

Schlaf', Kindlein, schlaf'!

Schlaf', Kind-lein schlaf'! Der Va-ter hüt't die Schaf', die Mut-ter schüt-telt's

Bäu-me-lein, da fällt her-ab ein Träu-me-lein. Schlaf', Kind-lein, schlaf'!

2. Schlaf, Kindlein, schlaf!
Am Himmel zieh'n die Schaf:
Die Sternlein sind die Lämmerlein,
Der Mond der ist das Schäferlein.
Schlaf, Kindlein, schlaf!

3. Schlaf, Kindlein, schlaf!
So schenk' ich dir ein Schaf
Mit einer goldnen Schelle fein,
Das soll dein Spielgeselle sein.
Schlaf, Kindlein, schlaf!

4. Schlaf, Kindlein, schlaf,
Und blök' nicht wie ein Schaf:
Sonst kommt des Schäfers Hündlein
Und beißt mein böses Kindelein.
Schlaf, Kindlein, schlaf!

5. Schlaf, Kindlein, schlaf!
Geh' fort und hüt' die Schaf,
Geh' fort zu schwarzes Hündelein
Und weck' mir nicht mein Kindelein!
Schlaf, Kindlein, schlaf!

Text und Melodie aus dem 17. Jahrhundert.

Müde bin ich...

Müde bin ich, geh zur Ruh, schließe meine Augen zu;
Vater, laß die Augen dein über meinem Bette sein!

2. Hab ich Unrecht heut getan,
Sieh es, lieber Gott, nicht an!
Deine Gnad und Jesu Blut
Macht ja allen Schaden gut.

3. Alle die mir sind verwandt
Gott, laß ruhn in deiner Hand!
Alle Menschen, groß und klein,
Sollen dir befohlen sein.

4. Kranken Herzen sende Ruh,
Nasse Augen schließe zu;
Laß den Mond am Himmel stehn
Und die stille Welt besehn.

Aus dem Jahre 1817.
Text von Luise Hensel.

Guten Abend, gut' Nacht

Guten Abend, gut' Nacht, mit Rosen bedacht, mit Näglein besteckt, schlupf unter die Deck: Morgen früh, wenn Gott will, wirst du wieder geweckt, morgen früh, wenn Gott will, wirst du wieder geweckt.

2. Guten Abend, gut' Nacht,
Von Englein bewacht,
Die zeigen im Traum
Dir Christkindleins Baum.
Schlaf nun selig und süß,
Schau im Traum 's Paradies!

Die zweite Strophe
wurde von Georg Scherer
(1828–1909) zu einem
alten Vers unbekannter
Herkunft hinzugedichtet.
Melodie von Johannes
Brahms (1833–1897).

Schlafe, mein Prinzchen

2. Alles im Schlosse schon liegt,
Alles in Schlummer gewiegt:
Reget kein Mäuschen sich mehr,
Keller und Küche sind leer,
Nur aus der Zofe Gemach
Tönet ein schmachtendes »Ach«!
Was für ein Ach mag das sein?
Schlafe, mein Prinzchen, schlaf ein.
Schlaf ein, schlaf ein, schlaf ein!

3. Wer ist beglückter als du?
Nichts als Vergnügen und Ruh!
Spielwerk und Zucker vollauf
Und noch Karossen im Lauf,
Alles besorgt und bereit,
Daß nur mein Prinzchen nicht schreit.
Was wird da künftig erst sein?
Schlafe, mein Prinzchen, schlaf ein!
Schlaf ein, schlaf ein, schlaf ein!

*Text unbekannter Herkunft, wahrscheinlich
Anfang des 18. Jahrhunderts. Melodie vermutlich
von Dr. Erich Fliess, einem Berliner Arzt,
im Jahre 1796 komponiert.*

Es klappert die Mühle

1. Es klappert die Mühle am rauschenden Bach,
klipp, klapp!
Bei Tag und bei Nacht ist der Müller stets wach,
Klipp, klapp!
Er mahlet das Korn zu dem kräftigen Brot,
Und wenn wir es haben, so hat's keine Not.
Klipp, klapp! Klipp, klapp! Klipp, Klapp!

2. Flink laufen die Räder und drehen den Stein,
Klipp, klapp!
Sie mahlen den Weizen zu Mehl und so fein,
Klipp, klapp!
Der Bäcker dann Zwieback und Kuchen draus bäckt,
Der immer den Kindern besonders gut schmeckt.
Klipp, klapp! Klipp, klapp! Klipp, klapp!

Text aus dem Jahre 1825. Wird zur Melodie
»Es ritten drei Reiter zum Tore hinaus« gesungen.
(Siehe Seite 135)

Ein Musikant aus Schwabenland

Die Tiroler sind lustig

Die Ti - ro - ler sind lu - stig, die Ti - ro - ler sind froh,
sie ver - kau - fen ihr Bett - chen und schla - fen auf Stroh.

2. Die Tiroler sind lustig,
Die Tiroler sind froh,
Sie nehmen ein Weibchen
und tanzen dazu.

3. Erst dreht sich das Weibchen,
Dann dreht sich der Mann,
Dann tanzen sie beide
Und fassen sich an

Siehe dazu auch Seite 196

Du mußt wandern

Taler, Taler, du mußt wan-dern, von dem ei-nen zu dem an-dern. Das ist schön, das ist schön, nie-mand darf den Ta-ler sehn!

2. Ringlein, Ringlein, du mußt wandern,
Von dem einen zu dem andern.
Ei wie schön, ei wie schön
Ist das Ringlein anzusehn.

Hänschen klein

Hänschen klein ging al-lein in die wei-te Welt hin-ein. Stock und Hut stehn ihm gut, ist gar wohl-ge-mut. A-ber Mut-ter wei-net sehr, hat nun gar kein Häns-chen mehr. Da be-sinnt sich das Kind, läuft nach Haus ge-schwind.

Abschied und Heimweh

Von Trennungsschmerz
und Abschiedstränen,
von der weiten Welt
und dem stillen Tal

Muß i denn, muß i denn...

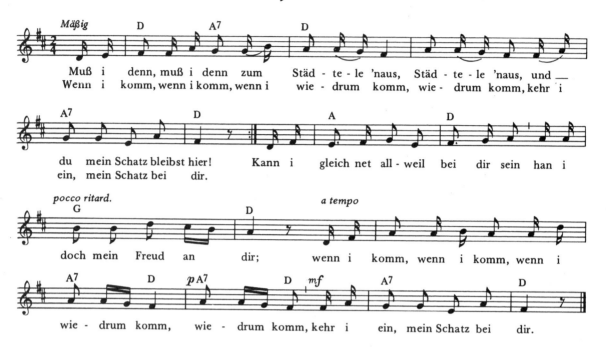

2. Wie du weinst, wie du weinst, daß i wandere muß,
Wandere muß, wie wenn d' Lieb jetzt wär vorbei!
Sind au drauß, sind au drauß der Mädele viel,
Mädele viel, lieber Schatz, i bleib dir treu.
Denk du net, wenn i a Andre sieh,
No sei mein' Lieb vorbei;
Sind au drauß, sind au drauß der Mädele viel,
Mädele viel, lieber Schatz, i bleib dir treu.

3. Übers Jahr, übers Jahr, wenn mer Träuble schneid't,
Träubele schneid't, stell i hier mi wiedrum ein;
Bin i dann, bin i dann dein Schätzele noch,
Schätzele noch, so soll die Hochzeit sein.
Übers Jahr do ist mei Zeit vorbei,
Do g'hör i mein und dein,
Bin i dann, bin i dann dein Schätzele noch,
Schätzele noch, so soll die Hochzeit sein.

Schwäbisches Volkslied. Die zweite und dritte Strophe wurde von dem Tübinger Lehrer Heinrich Wagner im Jahre 1824 dazugedichtet.

Es ritten drei Reiter zum Tore hinaus

2. Und der uns scheidet, das ist der Tod, ade!
Er scheidet so manches Mündlein rot, ade!
Er scheidet so manchen Mann vom Weib,
Die konnten sich machen viel Zeitvertreib.
Ade, ade, ade!
Ja Scheiden und Meiden tut weh.

3. Er scheidet das Kindlein wohl in der Wieg'n, ade!
Wann werd ich mein schwarzbraun's Mädel doch krieg'n, ade!
Und ist es nicht morgen, ach! wär es doch heut,
Es macht uns allbeiden gar große Freud.
Ade, ade, ade!
Ja Scheiden und Meiden tut weh.

In ganz Deutschland verbreitet.

Jetzt kommen die lustigen Tage

2. Im Sommer, da muß man wandern, Schätzel ade,
Und küßt du auch einen andern, wenn ich es nur nicht seh'
Und seh' ich's im Traum, so bild ich mir halt ein,
Aeh, das ist ja nicht so, das kann ja gar nicht sein.

3. Und kehr' ich dann einstmals wieder, Schätzel ade,
So sing' ich die alten Lieder, vorbei ist all mein Weh',
Und bist du mir dann wie einst im schönen Mai,
Ja, so bleib ich bei dir und halte dir die Treu.

Aus Mähren mündlich überliefert.

Schlüssel zum Herzen

1. Wenn Zwei von'ander scheiden,
Tuts Herzerl gar zu weh!
Schwimmen die Augen im Wasser,
Wie d'Fischerle im See.

2. Wie die Fischerle im See
Schwimmen hin, schwimmen her,
Schwimmen auf und nieder:
»Büberl, kommst bald wieder?«

3. »Darfst nicht so weinen,
Darfst nicht so bang sein!
Bist ein kreuzsauber Dirnel
Ich laß dich nicht allein.

4. Mein Herz und dein Herz
Sind zusammen verbunden:
Das Schlüsserl, das das aufsperrt,
Wird nimmer gefunden.

5. 'S wird nimmer gefunden,
Und 's sperrt nimmer auf,
'S ist ein brennende Lieb
Und ein Kreuzschlüsserl darauf.«

Aus Österreich. Wird zu Gstanzl-Melodien gesungen. Siehe »Das verschlossene Herz« auf Seite 83

Nun ade, du mein lieb Heimatland

Nun a - de, du mein lieb Hei - mat-land, lieb Hei - mat-land, a - de!
Es — geht jetzt fort zum frem - den Strand, lieb Hei - mat-land, a - de!

Und so sing ich denn mit fro - hem Mut, wie man sin - get, wenn man

wan - dern tut, lieb Hei - mat - land, a - de!

2. Wie du lachst mit deines Himmels Blau,
Lieb Heimatland, ade!
Wie du grüßest mich mit Feld und Au,
Lieb Heimatland, ade!
Gott weiß, zu dir steht stets mein Sinn;
Doch jetzt zur Ferne zieht's mich hin,
Lieb Heimatland, ade!

3. Begleitest mich, du lieber Fluß,
Lieb Heimatland, ade!
Bist traurig, daß ich wandern muß,
Lieb Heimatland, ade!
Vom moos'gen Stein am wald'gen Tal,
Da grüß ich dich zum letztenmal,
Lieb Heimatland, ade!

Von August Disselhoff 1850 zu einer Volksweise gedichtet.

Augen feucht von Tränen

Morgen müssen wir verreisen, und es muß geschieden sein.
Traurig ziehn wir uns-re Straße: Lebe wohl, Herzliebchen mein! Lebe wohl, Herzliebchen mein!

2. Lauter Augen feucht von Tränen,
Lauter Herzen voll von Gram!
Keiner kann es sich verhehlen,
Daß er schweren Abschied nahm.

3. Kommen wir zu jenem Berge,
Schauen wir zurück in's Tal,
Schaun uns um nach allen Seiten,
Sehn die Stadt zum letztenmal.

4. Wann der Winter ist vorüber
Und der Frühling zieht in's Feld,
Will ich werden wie ein Vöglein,
Fliegen durch die weite Welt.

*Text von Hoffmann von Fallersleben.
Melodie von Friedrich Silcher 1838.
Kann auch zur Melodie »Weißt
du wieviel Sternlein stehen?«
(Seite 308) gesungen werden.*

5. Dahin fliegen will ich wieder,
Wo's mir lieb und heimisch war:
Freunde, muß ich heut' auch wandern,
Kehr' ich heim doch über's Jahr.

6. Über's Jahr zur Zeit der Pfingsten
Pflanz' ich Maien dir an's Haus,
Bringe dir aus weiter Ferne
Einen frischen Blumenstrauß.

Wohlan die Zeit ist kommen

2. In meines Vaters Garten,
Da stehn viel schöne Blum', ja Blum'.
Drei Jahr muß ich noch warten,
Drei Jahr sind bald herum.

3. Du glaubst, du wärst die Schönste,
Wohl auf der ganzen Welt, ja Welt,
Und auch die Angenehmste,
Ist aber weit gefehlt.

4. Der Kaiser streit fürs Ländle,
Der Herzog für sein Geld, ja Geld,
Und ich streit für mein Schätzle,
Solang es mir gefällt.

5. Solang ich leb' auf Erden,
Sollst du mein Trimple-Trample sein,
Und wenn ich einst gestorben bin,
So trampelst hinterdrein.

Text unbekannter Herkunft. Die alte Volkweise wurde von L. Schubart bearbeitet.

Ade, zur guten Nacht

2. Es trauern Berg und Tal,
Wo ich viel tausendmal
Bin drüber gegangen;
Das hat deine Schönheit gemacht,
Die mich zum Lieben gebracht
Mit großem Verlangen.

3. Das Brünnlein rinnt und rauscht
Wohl dort am Holderstrauch,
Wo wir gesessen.
Wie manchen Glockenschlag,
Da Herz bei Herzen lag,
Das hast du vergessen!

4. Die Mädchen in der Welt
Sind falscher als das Geld
Mit ihrem Lieben.
Ade, zur guten Nacht!
Jetzt wird der Schluß gemacht,
Daß ich muß scheiden.

Ritters Abschied

Ich fahr dahin, wann es muß sein, ich scheid' mich von der Liebsten mein, zuletz laß ich das Herze mein, dieweil ich leb; so soll es sein. Ich fahr dahin, ich fahr dahin!

2. Das sag ich ihr und Niemand meh:
Meim Herzen geschah noch nie so weh;
Sie liebet mir je länger je mehr.
Durch Meiden muß ich leiden Pein.
Ich fahr dahin, ich fahr dahin.

3. Daß ich von Scheiden nie hört sag'n!
Davon so muß ich mich beklagn;
So muß ich Leid in meim Herzen tragn,
So mag es anders nit gesein.
Ich fahr dahin, ich fahr dahin.

4. Halt du dein Treu so stet als ich!
Wenn du willst, so findest du mich.
Halt dich in Hut! das bitt ich dich.
Gesegen dich Gott! ich fahr dahin.
Ich fahr dahin, ich fahr dahin.

Text und Melodie aus dem Lochheimer Liederbuch (15. Jahrhundert).

Schätzchen, ade!

Schätzchen, ade! Scheiden tut weh. Weil ich denn scheiden muß, so gib mir einen Kuß. Schätzchen, ade! Scheiden tut weh!

2. Schätzchen, ade!
Scheiden tut weh.
Wahre der Liebe dein,
Stets will ich treu dir sein!

3. Schätzchen, ade!
Scheiden tut weh.
Wein nicht die Äuglein rot,
Trennt uns ja selbst kein Tod.

Deine Hand zum Unterpfand

Schätzchen reich mir deine Hand zum Beschluß und Unterpfand! Zum Beschluß einen Kuß, weil ich von dir scheiden muß.

2. Scheiden ist ein hartes Wort;
Du bleibst hier und ich muß fort.
Weit und breit ist die Zeit,
Breiter wie die Ewigkeit.

3. Wenn wir uns nicht wieder sehen,
Bleibt doch unsre Liebe stehen.
Liebst du mich wie ich dich,
Nimmermehr verlaß ich dich!

4. Auf dem Berg da fließt ein Wasser,
Schätzchen, wär es kühler Wein:
Kühler Wein soll es sein,
Schatz, du sollst mein eigen sein!

5. In dem Wasser schwimmt ein Fisch;
Glücklich ist, wer das vergißt,
Glücklich ist, wer das vergißt,
Was nicht mehr zu ändern ist!

Abschied muß ich nehmen hier

Ab - schied muß ich neh - men hier, wei - ter muß ich wan - dern.
O du al - ler - schön - stes Kind, hei - rat kei - nen An - dern!

2. Gräm dich nicht und zürn mir nicht,
Werd bald wiederkommen,
Geschieht es auch im Winter nicht,
Geschieht es doch im Sommer.

3. Hörst du dann die Vögelein
Durch die Wälder singen,
So gedenke, daß ich dir
Täte Botschaft bringen.

4. Und wenn dich der Wind anweht
Auf der freien Straße,
So gedenke: daß ich dich
Nimmermehr verlasse!

Leb denn wohl du stilles Haus!

So leb' denn wohl, du stil - les Haus! Ich zieh' be - trübt von dir hin - aus; ich zieh' be - trübt und trau - rig fort, noch un - be - stimmt, an wel - chen Ort.

2. So leb' denn wohl, du schönes Land,
In dem ich hohe Freude fand;
Du zogst mich groß, du pflegtest mein.
Und nimmermehr vergess' ich dein!

3. So lebt denn all' ihr Lieben wohl,
Von denen ich jetzt scheiden soll;
Und find' ich draußen auch mein Glück,
Denk' ich doch stets an euch zurück.

Text aus »Alpenkönig und Menschenfeind«
von Ferdinand Raimund (1790–1836). Melodie
von Wenzel Müller.

Innsbruck, ich muß dich lassen

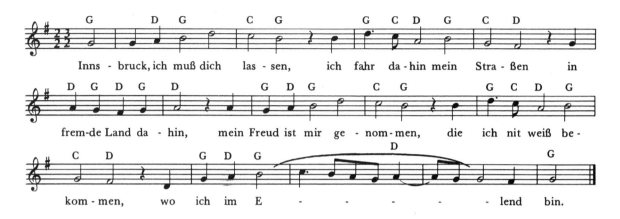

Inns-bruck, ich muß dich las-sen, ich fahr da-hin mein Stra-ßen in frem-de Land da-hin, mein Freud ist mir ge-nom-men, die ich nit weiß be-kom-men, wo ich im E - - - - lend bin.

2. Groß Leid muß ich jetzt tragen,
Das ich allein tu klagen
Dem liebsten Buhlen mein.
Ach Lieb, nun laß mich Armen
Im Herzen dein erbarmen,
Daß ich muß dannen sein.

3. Mein Trost ob allen Weiben,
Dein tu ich ewig bleiben,
Stet, treu, der Ehren fromm,
Nun muß dich Gott bewahren,
In aller Tugend sparen,
Bis daß ich wiederkomm.

Landsknechtlied aus den ersten Jahren des 16. Jahrhunderts. Melodie vermutlich von Heinrich Isaak, Kapellmeister am Hofe von Maximilian I., Kaiser von 1493–1519, der die besoldeten Fußtruppen der Landsknechte gegründet hat.

Lebe wohl!

Le - be wohl, ver - giß mein nicht! Schen - ke mir dein An - ge - den - ken: Lie - be darfst du mir nicht schen - ken, denn das Schick - sal will es nicht, denn das Schick - sal will es nicht.

2. Lebe wohl, vergiß mein nicht!
Ewig teuer meinem Herzen.
Denk' ich dein mit süßen Schmerzen,
Bis der Tod mein Auge bricht.
Lebe wohl, vergiß mein nicht!

3. Lebe wohl, vergiß mein nicht!
Denke oft der süßen Stunden,
Wo uns treue Lieb' verbunden;
Ich vergess' sie ewig nicht.
Lebe wohl, vergiß mein nicht!

4. Lebe wohl, vergiß mein nicht!
Ach selbst in der weit'sten Ferne,
Überm Grab, jenseits der Sterne
Reißt das Band der Liebe nicht.
Lebe wohl, vergiß mein nicht!

5. Lebe wohl, vergiß mein nicht!
Wenn ich endlich ausgeweinet,
Ausgelitten, dann erscheinet
Mir auch Trost im Sternenlicht.
Lebe wohl, vergiß mein nicht!

Ihr Jungfern machet die Fenster auf

Was klinget und singet die Straß' herauf? Ihr Jungfern, machet die Fenster auf!
Es ziehet der Bursch in die Weite: sie geben ihm das Geleite.

2. Wohl jauchzen die andern und schwingen die Hüt',
Viel Bänder darauf und viel edle Blüt';
Doch dem Burschen gefällt nicht die Sitte,
Geht still und bleich in der Mitte.

3. Wohl klingen die Kannen, wohl funkelt der Wein:
»Trink' aus und trink' wieder, lieb Bruder mein!«
»Mit dem Abschiedsweine nur fliehet,
Der da innen mir brennt und glühet.«

4. Und draußen am allerletzten Haus
Da guckt ein Mägdlein zum Fenster hinaus,
Sie möcht' ihre Tränen verdecken,
Mit Gelbveiglein und Rosenstöcken.

5. Und draußen am allerletzten Haus,
Da schlägt der Bursche die Augen auf,
Und schlägt sie nieder mit Schmerze,
Und leget die Hand auf's Herze.

6. »Herr Bruder, und hast du noch keinen Strauß:
Dort winken und wanken viel Blumen heraus.
Wohlauf, du Schönster von allen,
Laß ein Sträußlein herunter fallen.«

7. »Ihr Brüder, was sollte das Sträußlein mir?
Ich hab ja kein liebes Liebchen, wie ihr!
An der Sonn' würd es vergehen,
Der Wind, der würd' es verwehen.«

8. Und weiter, ja weiter mit Sang und mit Klang!
Und das Mägdlein lauschet und horchet noch lang.
»O weh! Er ziehet, der Knabe,
Den ich stille geliebet habe.

9. Da steh' ich, ach! mit der Liebe mein,
Mit Rosen und mit Gelbveigelein:
Dem ich alles gäbe so gerne,
Der ist nun in der Ferne.«

*Von Ludwig Uhland zu einer alten Volksweise
gedichtet.*

Vergiß deine Eltern nicht

Mit frohem Mut und heiterm Sinn durchreisen wir die Welt. Viel Städt' und Dörfer zu besehn, wir haben vieles auszustehn, verzehren unser Geld: so reist man durch die Welt.

2. Ein Handwerksbursche, der sein Ziel
Sich stets vor Augen stellt,
Mit Ehren sich ernähren will,
Hat viel, ach vieles auszustehen.
Muß in die Fremde gehn.
So reist man durch die Welt.

3. Oft muß man fort, wenn's regnet und schneit,
Und friert auch noch so hart.
Hab oftmals keine ganze Schuh
Und auch kein Stückchen Brot dazu,
Auch keinen Kreuzer Geld,
So reist man durch die Welt.

4. Der Vater sprach: »Mein Sohn, reis' fort,
Ernähr' dich brav und gut!
Und geht dirs schlecht, so denk an mich,
Daß es dir besser gehen wird.
Schütz dich vor Übermut.
So reist man durch die Welt.

5. Und sollt uns nun der Fall geschehn,
Daß wir uns hier nicht wiedersehn,
So sehn wir uns am Weltgericht,
Leb wohl, vergiß' deine Eltern nicht!
Bleib auf der Tugendbahn!
So reist man durch die Welt.«

Aus Ostpreußen.

Mignons Lied

2. Kennst du das Haus? Auf Säulen ruht sein Dach,
Es glänzt der Saal, es schimmert das Gemach.
Und Marmorbilder stehn und sehn mich an:
»Was hat man dir, du armes Kind getan?«
Kennst du es wohl? Dahin, dahin
Möcht ich mit dir, o mein Beschützer ziehn!

3. Kennst du den Berg und seinen Wolkensteg?
Das Maultier sucht im Nebel seinen Weg,
In Höhlen wohnt der Drachen alte Brut,
Es stürzt der Fels und über ihn die Flut.
Kennst du ihn wohl? Dahin, dahin
Geht unser Weg, O Vater, laß uns ziehen!

Lied aus Goethes »Wilhelm Meisters Lehrjahre«.
Melodie von Friedrich Reichardt.

Das Vaterhaus

Ich weiß mir et-was Lie - bes auf Got - tes wei - ter Welt,
das stets in mei-nem Her - zen den er - sten Platz be - hält.
Kein Freund und auch kein Liebchen ver - drän - get es da - raus: das
ist im Va - ter - lan - de das teu - re Va - ter-haus.

2. Des Lebens laute Freuden verhallen in der Brust;
Ich bleibe stets im Herzen des Liebsten mir bewußt.
Es drücken aus den Augen die Tränen sich heraus,
Denk ich an meine Heimat, an's teure Vaterhaus.

3. Und hab ich einst geendet des Lebens ernsten Lauf,
Dann setz mir einen Hügel und setzt ein Blümlein drauf!
Doch nehmt aus meinem Busen das arme Herz heraus:
Das Herz das hat nur Ruhe im teuren Vaterhaus!

Aus dem Rheinland. Text und Melodie von Fr. Gumpert vor 1860. Die hier abgedruckte Melodie ist eine vom Volk zersungene, populär gewordene Variante der Originalfassung.

O Heimatland, o Vaterhaus

O könnt' ich in mein Hei - mat-land, zu - rück ins Land Ti -
rol, ins Land, wo mei - ne Wie - ge stand, da wär mir wie - der
wohl; ins Land, wo mei - ne Wie - ge stand, da wär' mir wie - der wohl!

2. Der Heimattäler grüne Pracht,
Der Bergesspitzen Schnee,
Wie oft hab' ich an sie gedacht
Mit stillem Herzensweh!

3. Mich zieht's wie treue Freundeshand,
Mir winkt's wie Freundesblick:
O, könnt' ich, liebes Heimatland
Tirol, zu dir zurück!

4. Wie grünt so schön daheim der Wald,
Wie blüht so reich die Flur!
Und lustiger die Büchse knallt
Vom Fels, wo Gemsenspur.

5. Und denk' ich erst an Lied und Wort
Daheim aus liebem Mund,
O dann zieht's mich erst mächtig fort
Zum trauten Seelenbund.

6. O Heimatland, o Vaterhaus,
Euch grüßt mein Sehnsuchtsblick;
Nach euch streck' ich die Arme aus:
Könnt' ich zu euch zurück!

*Dieser Text wurde 1860 von einem Volkslied-Sammler
in Frankfurt aufgeschrieben, wo es vermutlich
ein heimwehkranker Tiroler zu einer alten
Volksweise gedichtet hatte.*

Das stille Tal

2. Muß aus dem Tal jetzt scheiden,
Wo alles Lust und Klang;
Das ist mein herbstes Leiden,
Mein letzter Gang.
Dich, mein stilles Tal,
Grüß ich tausendmal!
Das ist mein herbstes Leiden,
Mein letzter Gang.

3. Sterb' ich, in Tales Grunde
Will ich begraben sein;
Singt mir zur letzten Stunde
Beim Abendschein:
Dich, mein stilles Tal,
Grüß' ich tausendmal!
Singt mir zur letzten Stunde,
Beim Abendschein.

*Text von dem Cannstätter Oberamtsrichter
Wilhelm Ganzhorn (1818–1880). Melodie
von Friedrich Silcher.*

Tief in dem Böhmerwald

Tief in dem Böhmerwald, da liegt mein Heimatort, es ist gar lang schon her, daß ich von dort bin fort, doch die Erinnerung, die bleibt mir stets gewiß, daß ich den Böhmerwald gar nie vergiß. Es war im Böhmerwald wo meine Wiege stand, im schönen grünen Böhmerwald! Es war im Böhmerwald wo meine Wiege stand, im schönen grünen Wald!

Aus dem 18. Jahrhundert. Text: Andreas Hartauer, Melodie: Jakob Eduard Schmölzer.

O wie gerne kehrt' ich um

Nun leb wohl, du kleine Gasse, nun leb' wohl, du stilles Dach! Vater, Mutter sahn mir traurig, und die Liebste sah mir nach, ___ und die Liebste sah mir nach.

2. Hier in weiter, weiter Ferne,
Wie's mich nach der Heimat zieht!
Lustig singen die Gesellen;
Doch es ist ein falsches Lied.

3. Andre Städtchen kommen freilich,
Andre Mädchen zu Gesicht;
Ach wohl sind es andre Mädchen,
Doch die eine ist es nicht!

4. Andre Städtchen, andre Mädchen,
Ich da mitten drin so stumm!
Andre Mädchen, andre Städtchen,
O wie gerne kehrt' ich um!

Text aus dem Jahre 1833, von Albert Graf Schlippenbach. Melodie: Friedrich Silcher.

Wanderschaft und Wiedersehen

Von Müllers Lust
und einem Wirte wundermild,
vom verlorenen Sohn
und von der Heimkehr des Königskindes

Das Wandern ist des Müllers Lust

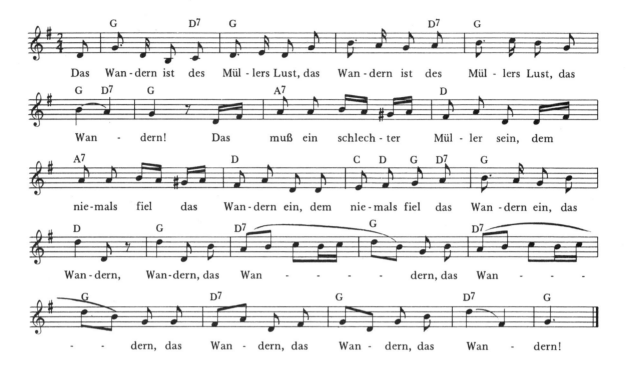

2. Vom Wasser haben wir's gelernt.
Das hat nicht Ruh bei Tag und Nacht,
Ist stets auf Wanderschaft bedacht.

3. Das sehn wir auch den Rädern ab.
Die gar nicht gerne stille stehn
Und sich bei Tag nicht müde drehn.

4. Die Steine selbst, so schwer sie sind,
Sie tanzen mit den muntern Reihn
Und wollen gar noch schneller sein.

5. O Wandern, Wandern, meine Lust,
Herr Meister und Frau Meisterin,
Laßt mich in Frieden weiter ziehn und wandern!

*Text: Wilhelm Müller (1794–1827). Melodie
Carl Friedrich Zöllner (1800–1860).*

Ich hört' ein Bächlein rauschen

Ich hört' ein Bächlein rauschen wohl aus dem Felsenquell,
hinab zum Tale rauschen, so frisch und wunderhell.
Ich weiß nicht, wie mir wurde, nicht, wer den Rat mir gab:
ich mußte auch hinunter mit meinem Wanderstab.

3. Hinunter und immer weiter, und immer dem Bache nach.
Und immer frischer rauschte, und immer heller der Bach.

4. Ist das denn meine Straße? O Bächlein, sprich, wohin?
Du hast mit deinem Rauschen mir ganz berauscht den Sinn.

5. Was sag' ich denn vom Rauschen? Das kann kein Rauschen sein:
Es singen wohl die Nixen dort unten ihren Reig'n:

6. »Laß singen, Gesell', laß rauschen, und wandre fröhlich nach!
Es gehn ja Mühlenräder in jedem klaren Bach.«

Entstanden 1818. Text: Wilhelm Müller. Melodie: Franz Schubert.

Wem Gott will rechte Gunst erweisen

Wem Gott will rechte Gunst erweisen, den schickt er in die weite Welt,
dem will er seine Wunder weisen in Berg und Wald und Strom und Feld.

2. Die Bächlein von den Bergen springen,
Die Lerchen jubeln hoch vor Lust;
Wie wollt ich nicht mit ihnen singen
Aus voller Kehl' und frischer Brust.

3. Den lieben Gott laß ich nur walten;
Der Bächlein, Wald und Feld und Erd'
Und Himmel will erhalten,
Hat auch mein Sach auf's Best' bestellt.

*Von Joseph Freiherr von Eichendorff, der diesen
Text für seine Erzählung »Aus dem Leben
eines Taugenichts« schrieb. Vertont von Friedrich
Theodor Fröhlich (1803-1856).*

Mein Vater war ein Wandersmann

2. Das Wandern schafft stets neue Lust,
Erhält das Herz gesund;
Frei atmet draußen meine Brust,
Froh singet dann mein Mund.

3. Warum singt dir das Vögelein
So freudevoll sein Lied?
Weil's immer fliegt landaus, landein,
Durch alle Fluren zieht.

4. Was murmelt's Bächlein dort und rauscht
So lustig hin durch's Rohr?
Weil's frei sich regt, mit Wonne lauscht
Da das entzückte Ohr.

5. Drum trag ich's Ränzel und den Stab
Weit in die Welt hinein
Und werde bis zum kühlen Grab
Ein froher Wandrer sein.

Text von F. Sigismund. Melodie von Michael Anding. Bosworth & Co., Musik-Verlag, Köln

Bei einem Wirte wundermild

2. Es war der gute Apfelbaum,
Bei dem ich eingekehret;
Mit süßer Kost und frischem Schaum
Hat er mich wohl genähret.

3. Es kamen in sein grünes Haus
Viel leichtbeschwingte Gäste;
Sie sprangen frei und hielten Schmaus
Und sangen auf das beste.

4. Ich fand ein Bett zu süßer Ruh'
Auf weichen, grünen Matten;
Der Wirt, er deckte selbst mich zu
Mit seinem kühlen Schatten.

5. Nun fragt' ich nach der Schuldigkeit,
Da schüttelt' er den Wipfel:
Gesegnet sei er allezeit
Von der Wurzel bis zum Gipfel!

Text von Ludwig Uhland. Melodie: Josef Gersbach.

Wanderers Nachtlied

2. Unter allen Monden ist Plag'
Und alle Jahr und alle Tag
Jammerlaut.
Das Laub verwelket in dem Walde:
Warte nur, balde welkst auch du!

3. Unter allen Sternen ist Ruh;
In allen Himmeln hörest du
Harfenlaut.
Die Englein spielen, das schallte:
Warte nur, balde spielst auch du!

Melodie: Friedrich Kuhlau. Text aus dem Jahre 1817 von Johann Daniel Falk, der sich stark an das 1780 von Goethe gedichtete »Wanderers Nachtlied« anlehnt:

1. Über allen Gipfeln
Ist Ruh'
In allen Wipfeln
Spürest du
Kaum einen Hauch;
Die Vöglein schweigen im Walde.
Warte nur, balde
Ruhest du auch!

Wer recht in Freuden wandern will

Wer recht in Freu-den wan-dern will, der geh' der Sonn ent-ge-gen! Da ist der Wald so kir-chen-still, kein Lüft-chen mag sich re-gen. Noch sind nicht die Ler-chen wach, nur im ho-hen Gras der Bach singt lei-se den Mor-gen-se-gen.

2. Die ganze Welt ist wie ein Buch.
Darin uns aufgeschrieben
In bunten Zeilen manch ein Spruch,
Wie Gott uns treu geblieben.
Wald und Blumen nah und fern,
Und der helle Morgenstern
Sind Zeugen von seinem Lieben.

3. Da zieht die Andacht wie ein Hauch,
Durch alle Sinnen leise.
Da pocht ans Herz die Liebe auch,
In ihrer stillen Weise;
Pocht und pocht, bis sich's erschließt,
Und die Lippe überfließt
Von lautem, jubelndem Preise.

4. Und plötzlich läßt die Nachtigall
Im Busch ihr Lied erklingen.
In Berg und Tal erwacht der Schall
Und will sich aufwärts schwingen;
Und der Morgenröte Schein,
Stimmt in lichter Glut mit ein:
Laßt uns dem Herrn lobsingen.

Text: Emanuel Geibel (1815–1884)

Ein Heller und ein Batzen

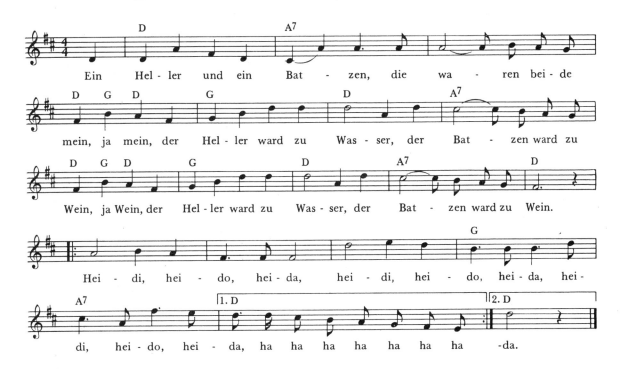

Ein Heller und ein Batzen, die waren beide mein, ja mein, der Heller ward zu Wasser, der Batzen ward zu Wein, ja Wein, der Heller ward zu Wasser, der Batzen ward zu Wein. Heidi, heido, heida, heidi, heido, heida, heidi, heido, heida, ha ha ha ha ha ha ha-da.

2. Die Mädel und die Wirtsleut'
Die rufen beid: »O weh!«
Die Wirtsleut', wenn ich komme,
Die Mädel, wenn ich geh'.

3. Mein' Stiefel sind zerissen,
Mein' Schuhe sind entzwei;
Und draußen auf der Heiden,
Da singt der Vogel frei.

4. Und gäb's kein' Landstraß' nirgend',
Da säß' ich still zu Haus;
Und gäb's kein Loch im Fasse,
Da tränk' ich gar nicht draus.

Von Albert Graf Schlippenbach im Jahre 1830 zu einer alten Volksweise gedichtet.

Der verlorene Sohn

Zu Haus gedenkt man meiner nicht, hat meiner ganz vergessen,
Weil ich so lump und lüderlich im Saufen und im Fressen.
Da wird geküßt und caressiert und manches Mädchen angeführt.
Refr.: Geduld, Geduld, bleibt schuldig, und dabei stets geduldig.

2. Mein Vater schrieb mir einen Brief,
Ich sollt das Wirtshaus meiden,
Ich aber fragte nichts darnach
Und eilt drauf los mit Freuden,
Mit mein zerissnen Strümpf und Schuh
Eil ich jetzt nach dem Wirtshaus zu.
Geduld, Geduld, bleibt schuldig,
Und dabei stets geduldig.

3. Mein Mutter will mich auch nicht mehr
Als ihren Sohn erkennen.
Mein Schwester sagt mir ins Gesicht,
Sie müßt sich meiner schämen,
So wär ich der verlorne Sohn,
Der ganzen Welt zu Spott und Hohn.
Geduld, Geduld, bleibt schuldig,
Und dabei stets geduldig.

Die verlorene Tochter

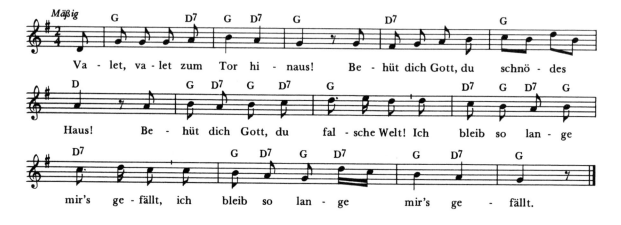

Valet, valet zum Tor hinaus! Behüt dich Gott, du schnödes Haus! Behüt dich Gott, du falsche Welt! Ich bleib so lange mir's gefällt, ich bleib so lange mir's gefällt.

2. Und da sie vor das Tor 'nauskam,
Soldatenkleider zog sie an;
Die Kleider stunden ihr so zier,
Wie einem jungen Kavalier.
Wie einem jungen Kavalier.

3. Es daur't nicht lang, war eine Schlacht.
Zu einem Fähnrich ward sie gemacht.
Die Schlacht die währte 'ne kleine Weil
Vom Frühstück bis zur Vesperzeit.
Vom Frühstück bis zur Vesperzeit.

4. Und als die Schlacht vorüber war,
Schwang sich der Fähnrich auf sein Pferd;
Er ritt wohl auf die Seiten,
Nicht weit von seinen Leuten,
nicht weit von seines Vaters Haus.

5. »Ach Herr, herzliebster Herre mein,
Habt ihr denn nicht ein Töchterlein,
Ich wollte sie mir mal anschaun,
Ich wollt sie nehmen mir zur Fraun.
Ich wollt sie nehmen mir zur Fraun.«

6. »Ach Fähnrich, lieber Fähnrich mein,
Ich habe wohl ein Töchterlein,
Sie ist sich fortgegangen
Und soll noch wiederkommen,
Gott weiß, seh ich sie noch einmal!«

7. »Ach Vater, herzliebster Vater mein,
Ich bin eu'r einziges Töchterlein.
Habt ihr mich gleich verwiesen,
Ich habe euch schon verziehen,
Denn streiten muß ich doch einmal.«

*Schlesisches Lied, vom Soldaten gerne gesungen.
Das Motiv – die Heimkehr eines verschollenen
Familienmitgliedes – kommt in Volksliedern
häufig vor. Zwei weitere Beispiele:*

Die wiedergefundene Schwester

2. Der Reiter schaut bald hie bald da,
Er schaut sich an die schöne Magd:
»Frau Wirtin, ist das euer Töchterlein,
Oder ist es ein schönes Jungfräulein?«

3. »Es ist das eine gedungene Magd,
Die wohl den Gästen den Wein aufträgt.«
»Und ist es eine gedungene Magd,
Die euren Gästen den Wein aufträgt.

4. So könnt ihr stille schweigen,
Daß ich bei eurer Magd könnt bleiben,
Eine Stund' oder zwei, eine Nacht dabei,
So lang ich will eur' Gast hier sein.«

5. »Ach, ja, mein Herr, ich könnt wohl schweigen,
Daß ihr bei meiner Magd mögt bleiben
Eine Stund oder zwei, eine Nacht dabei,
So lang ihr hier zu Gast wollt sein!«

6. Und als es war des Abends spat,
Da sagt die Wirtin zu ihrer Magd:
»Der Herr will nun schlafen gehn,
Du wackres Mägdlein sollst mit ihm gehn!«

7. So manchen Tritt die Magd da tät,
So floß ihr auch manche Trän';
Sie rief die heil'ge Jungfrau mild,
Zu wahren ihr Ehr', zu sein ihr Schild.

8. Es begab sich da zur halben Nacht,
Der Held wohl an sein Lieb gedacht:
»Wohlan, mein Kind und kehr dich herum,
Daß ich kann küssen den roten Mund!«

9. »Wie könnt ich, mein Herr, herum mich drehn,
Mein arm jung Herz tut mir so weh,
Meine Blutsfreund wohnen so fern im Land,
Sie sind dem Herrn ganz unbekannt.«

10. »Und wohnen deine Freund so fern im Land,
Und sind sie mir ganz unbekannt,
So nenne der Freunde zwei oder drei,
Daß ich sie mag kennen und gehn dabei!«

11. »Mein Mutter ist Frau Bertha genannt,
Meine Schwester heißet die schöne Joland,
Mein Vater schreibt sich von Straßburg, der Herr
Und Konrad heißt der Bruder mein.«

12. »So bist du mein Schwester, die schöne Wallreit,
Die ich sieben Jahre gesuchet so weit?
So bist du mein Schwester! Nun Gott sei Dank!
Daß ich dich endlich gefunden han.«

13. Als Morgens früh der Tag anbrach,
Da fing der Wirt zu rufen an:
»Steh auf, steh auf, du faule Magd,
Es hat schon lange gekräht der Hahn!«

14. »Es ist fürwahr keine faule Magd,
Sie ist edel wie eine im Land:
Es ist meine Schwester, die schöne Wallreit,
Um die ich sieben Jahre geritten so weit.«

15. Er hatte sie lieb, er hatte sie wert,
Er nahm sie vor sich auf sein Pferd,
Er ritt mit ihr über Berg und Tal,
Bis daß sie zu ihrer Frau Mutter kam.

16. Frau Mutter nahm sie wohl in den Arm,
Herr Vater nahm sie bei der Hand,
Die Schwester lief zum Keller hinein,
Und holte sogleich eine Kann mit Wein.

Heimkehr des Königskindes

2. Die erste starb gar früh am Tag,
Man trug sie fort wohl in das Grab.

3. Die zweite die starb zur Mittagszeit,
Man legt sie auch in die Erd' hinein.

4. Die letzte war gar ein wildes Blut,
Sie floh mit dem Spielmann des Vaters Gut.

5. Wohl sieben Jahr es war darnach,
Da hatt sie bereut, daß sie das tat.

6. »O Spielmann, jetzt bring mich wieder heim.
O bring mich zur Mutter heim an den Rhein!«

7. Als sie wohl an die Pforten kam,
Sie klopft mit ihrem zarten Händchen an.

8. »Wer ist da draußen, wer klopfet an?
Wer kann mich Arme nicht ruhen lan?«

9. »Es ist ein Mägdlein hübsch und fein,
Sie möcht gern eure Dienstmagd sein.«

10. »Das Mägdlein ist mir zu hübsch und fein,
Sie möcht mir gar mein Söhnlein frein.«

11. Der Spielmann tat einen hohen Eid:
»Ich weiß, daß das Mägdlein euren Sohn nicht freit.«

12. Die Mutter, die setzte sich auf die Bank,
Und dingte die Magd sieben Jahre lang.

13. Als sie nun gedient sieben Jahre lang,
Da wurde das Mägdlein plötzlich krank.

14. »Sag Mägdlein, wo sind deine Eltern zu Haus,
Auf das wir schicken mit Boten hinaus!«

15. »Mein Vater, der ist wohl ein König am Rhein,
Ich hoffe, du wirst mir lieb Mutter sein.«

16. »Wie könnt ich deine lieb Mutter sein?
Du hast ja von Gold kein Ringelein.«

17. »In meiner Kammer, im Eichenschrein,
Da lieget das goldne Ringelein.«

18. »Sag Tochter, warum hast du nicht eher bekannt,
in Sammet und Seide hätt ich dich gewand't.«

19. »Die Seid und Sammet sind nicht so fein,
Sie tragen mich nicht ins Himmelreich.«

20. Es dauerte sieben Tag darnach,
Da trug man Mutter und Tochter ins Grab.

Text und Melodie wahrscheinlich aus der Gegend von Trier.

Die Gärtnerin

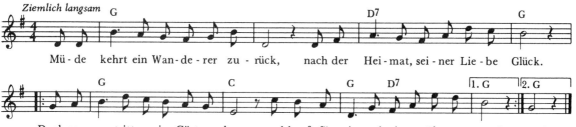

Müde kehrt ein Wanderer zurück, nach der Heimat, seiner Liebe Glück.
Doch zuvor tritt er ins Gärtnerhaus, und kauft für sie noch einen Blumenstrauß, strauß.

2. Und die Gärtnerin, so hold und schön,
Tritt zu ihren Blumenbeeten hin,
Und bei jedem Blümlein, das sie bricht,
Rollen Tränen ihr vom Angesicht.

3. »Warum weinst du, holde Gärtnersfrau?
Weinst du um das Veilchen dunkelblau,
Oder um die Rose, die dein Finger bricht?«
»Nein, um diese Rose wein ich nicht.

4. Ich weine nur um dich, geliebter Freund;
Du zogst in die Welt so weit hinein,
Treu und Eid ich dir geschworen hab,
Den ich, Gärtnerin, gebrochen hab.«

5. »Warum hast du mir denn nicht getraut?
Deine Liebe auf den Sand gebaut,
Sieh den Ring, der mich tagtäglich mahnt
An die Treue, die du gebrochen hast!

6. Nun so trifft mich Wandrer das Geschick
In der Heimat meiner Lieben Blick;
Drum so gib mir, holde Gärtnersfrau
Einen Blumenstrauß von Tränen betaut.

7. Und mit diesem Sträußchen in der Hand
Will ich wandern durch das ganze Land,
Bis der Tod mein müdes Auge bricht;
Lebe wohl, leb wohl, vergiß mein nicht!«

Die Geschichte von einem Heimkehrer, der die verlassene Geliebte als Frau eines anderen vorfindet, wird in verschiedenen Varianten besungen. Als Beispiel noch ein Volkslied aus dem selben Themenkreis:

Falsche Todes-Botschaft

Wenn grün die Eichen stehen auf den Fluren und Alles freuet sich der schönen Zeit, muß Wilhelm fort in fremde Länder reisen, muß Wilhelm fort und fort muß er von hier.

2. Er zog hinaus zum blutigen Gefechte,
Er zog hinaus und kam auch nimmermehr.
In einer Schlacht da fand man seine Leiche:
So laut't die Botschaft, die man trug daher.

3. So stand ich da, für immer nun verlassen,
Auch meine Mutter lebt schon längst nicht mehr,
Mußt Wilhelm fort in fremde Länder reisen,
Er ist nun tot und kehrt auch nimmermehr.

4. Wir liebten uns auf immer und auf ewig,
Wir liebten uns getreu bis in den Tod;
Wir liebten uns, wie sich zwei Kinder lieben,
Sein Herz war mein und ich auf ewig sein.

5. Einstmals saß ich vor meiner Eltern Türe,
War ganz betrübt und weint' gar jammervoll,
Da kam ein schöner Herr daher gegangen
Mein Wilhelm wars, es war sein Wuchs, sein Gang.

6. »O Wilhelm mein, wo bist du denn geblieben?
Hätt'st du geschrieben, wär ich jetzt noch die Dein.
O Wilhelm, warum hast du nicht geschrieben?
Rudolf ist mein und ich auf ewig sein!

Soldatenlieder

Von Schlachten und Soldaten, von Kriegerbraut und Heldentaten

Wer will unter die Soldaten

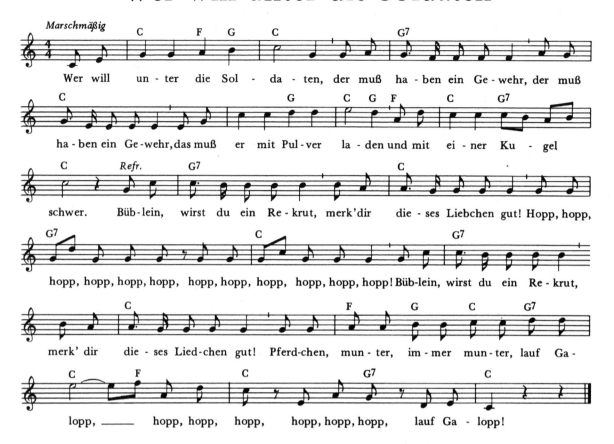

2. Der muß an der linken Seiten
Einen scharfen Säbel han,
Daß er, wenn die Feinde streiten,
Schießen und auch fechten kann.

3. Einen Gaul zum Galoppieren
Und von Silber auch zwei Sporn,
Zaum und Zügel zum Regieren,
Wenn er Sprünge macht im Zorn.

4. Einen Schnurrbart an der Nasen,
Auf dem Kopfe einen Helm:
Sonst, wenn die Trompeten blasen,
Ist er nur ein armer Schelm.

5. Doch vor allem muß Courage
Haben jeder, jeder Held.
Sonst erreicht ihn die Blamage,
Zieht er ohne sie ins Feld.

Text von Friedrich Güll, Melodie von Friedrich Kücken. Eigentlich als Kinderlied gedacht, inzwischen aber auch in Büchern für Soldaten- und Kriegsliedern abgedruckt.

Der Landsknechtsorden

Gott gnad dem großmächtigsten Kaiser fromme,
Maximilian! Bei dem ist aufgekommen
ein Orden in alle Land,
mit Pfeifen und mit Trummen,
Landsknecht sein sie genannt.

2. In Wammes und Halbhosen muß er springe,
Schnee, Regen, Wind alles achten geringe
Und hart liegen für gute Speis,
Mancher wollt gern schwitzen,
Wenn ihm möcht werden heiß.

3. Also muß er sich in dem Land umbkehren
Bis er hört von Krieg und Feindschaft der Herren,
Darnach ist ihm kein Land zu weit,
Darein lauft er mit Ehren,
Bis er auch findt Bescheid.

4. Erstlich muß er ein Weib und Flaschen haben,
Darbei ein Hund und einen Knaben:
Das Weib und Wein erfreut den Mann,
Der Knab und Hund soll spüren,
Was in dem Haus tut stan.

5. Das was der Brauch, Gewohnheit bei den Alten,
Also soll es ein jeder Landsknecht halten.
Würfel und Karten ist ihr Zeitvertreib.
Wo man hat guten Weine,
Sollen sie sitzen bei.

6. Da sollen sie von Stürmen, Schlachten sage,
Des müssen sie warten Nacht und Tage,
Sie sollen reden von Krieges Not
Wie man mit langen Spießen
Den Feind sticht tot.

7. Wenn sie dann in' Kampf wollen gehn
Mit Spieß und Helleparten sieht man sie balde
Zum Fähnlein in die Ordnung stehn
Dann tut der Hauptmann sagen:
»Die Feind wöll wir greifen an!«

8. Darnach hört man groß Geschütz und kleine,
»Her, her!« schreien die Frummen allgemeine.
So hebt sich an das Ritterspiel.
Mit Spießen und Helleparten
Sieht man ihn fechten viel.

9. »Lerman, Lerman!« hört man die Trummen spechte,
Darbei setzens die ihren Rechte;
Ein grüne Heid ists Richters Buch,
Darein schreibt man die Urteil
Bis eim rinnts Blut in d'Schuch.

10. Das ist der Kriegsleut Observanz und Rechte,
Sang Jörg Graff, ein Bruder aller Landsknechte;
Unfall hat ihm sein Freud gewendet,
Wär sunst im Orden blieben
Willig bis an sein End.

Text von dem Landsknecht Jörg Graff, der nach einer Verletzung das Kriegshandwerk aufgab und Volkssänger wurde. Landsknechte waren besoldete Fußtruppen während des 16. Jahrhunderts. Wörtererklärungen: Bescheid – Sold, Lerman – Verballhornung von Alarm, spechte – sprechen, Rechte setzen – sich durch Kampf das Recht erzwingen.

Der arme Schwartenhals

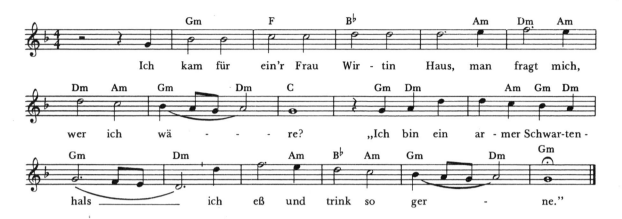

Ich kam für ein'r Frau Wirtin Haus, man fragt mich, wer ich wä - - re? „Ich bin ein ar - mer Schwar-ten- hals ich eß und trink so ger - ne."

2. Man führt mich in die Stuben ein,
Do bot man mir zu trinken,
Mein Augen ließ ich umhergahn,
Den Becher ließ ich sinken.

3. Man setzt mich oben an den Tisch,
Als ich ein Hausherr wäre,
Und do es an ein Zahlen ging,
Da war mein Säckel leere.

4. Do ich zu Nachts wollt schlafen gahn,
Man wies mich in die Scheuer,
Do ward mir armen Schwartenhals
Mein Lachen viel zu teuer.

5. Und do ich in die Scheune kam
Do hub ich an zu nisten,
Do stachen mich die Hagendorn,
Darzu die rauhen Distel.

6. Do ich zu Morgens früh aufstund,
Der Reif lag auf dem Dache,
Do mußt ich armer Schwartenhals
Meins Unglücks selber lachen.

7. Ich nahm mein Schwert wohl in die Hand,
Und gürt es an die Seiten,
Ich armer mußt zu Fußen gahn,
Das macht, ich hett nicht z'reiten.

8. Ich hub mich auf und ging davon,
Und macht mich auf die Straßen,
Mir kam eins reichen Kaufmanns Sohn,
Sein Tasch mußt er mir lassen.

Landsknechtlied, um 1520 entstanden.

Unser liebe Fraue

Landsknechtlied, um 1540 entstanden.

Hinaus in die Ferne

2. Wir halten zusammen, wie treue Brüder tun,
Wenn Tod uns umtobet und wenn die Waffen ruhn:
Uns alle treibet ein reiner, freier Sinn,
Nach einem Ziele streben wir alle hin.

3. Der Hauptmann, er lebe! Er geht uns kühn voran:
Wir folgen ihm mutig auf blutger Siegesbahn.
Er führt uns jetzt zu Kampf und Sieg hinaus,
Er führt uns einst, ihr Brüder, ins Vaterhaus.

4. Wer wollte wohl zittern vor Tod und vor Gefahr?
Vor Feigheit und Schande erbleichet unsre Schar!
Und wer den Tod im heil'gen Kampfe fand,
Ruht auch in fremder Erde im Vaterland.

*1813 von dem Musiker A. Methfessel komponiert
und auch gedichtet.*

Der treue Husar

Es war ein-mal ein treu-er Hu-sar, der liebt sein Mäd-chen ein gan-zes Jahr, ein gan-zes Jahr, und noch viel mehr, die Lie-be nahm kein En-de mehr, ein gan-zes mehr.

2. Der Husar zog in ein fremdes Land,
Unterdessen ward sein Liebchen krank,
Ja krank, ja krank und noch viel mehr,
Die Krankheit nahm kein Ende mehr.

3. Und als der Husar die Botschaft kriegt,
Daß seine Liebste im Sterben liegt,
Verließ er gleich sein Hab und Gut
Und eilt zu seiner Liebsten zu.

4. Und als er zum Schatzliebchen kam,
Ganz leise gab sie ihm die Hand,
Die ganze Hand und noch viel mehr,
Die Liebe nahm kein Ende mehr.

5. »Gut'n Abend, gut'n Abend, Schatzliebchen mein,
Was tust du hier so ganz allein?«
So ganz allein und noch viel mehr,
Die ganze Liebe nahm kein Ende mehr.

6. »Guten Abend, guten Abend, mein feiner Knab.
Mit mir wills gehen ins kühle Grab.«
»Ach nein, ach nein, mein liebes Kind,
Dieweil wir so Verliebte sind.«

7. Drauf schloß er sie in seinen Arm.
Da war sie kalt und nicht mehr warm:
»Ach Mutter, ach Mutter, geschwind ein Licht,
Meine Liebste stirbt, man sieht es nicht.«

8. »Wo kriegen wir sechs Träger her?
Sechs Bauernbuben die sind so schwer,
Sechs brave Husaren die müssen es sein,
Die tragen mein Schatzliebchen heim.«

9. Jetzt muß ich tragen ein schwarzes Kleid,
Das ist für mich ein großes Leid,
Ein großes Leid und noch viel mehr,
Die Trauer nimmt kein Ende mehr.

Der bestrafte Fähnrich

1. Es marschierten drei Regimenter wohl über den Rhein, es marschierten drei Regimenter wohl über den Rhein, ein Regiment zu Fuß, ein Regiment zu Pferd, und auch ein Regiment Dragoner.

2. Bei einer Frau Wirtin da kehrten sie ein,
Die hatt' ein schwarzbrauns Mägdlein,
Die schlief wohl ganz alleine.

3. Und als das schwarzbraun Mädel vom Schlaf erwacht,
Vom Schlaf erwacht und sich bedacht,
Da fing sie an zu weinen.

4. »Ach schönste Madmoiselle, warum weinet sie so sehr?«
»Ein junger Offizier von eurer Compagnie
Hat mir die Ehr genommen!«

5. Der Hauptmann das war gar ein zorniger Mann,
Die Trommel ließ er rühr'n, die Trommel ließ er rühr'n
Den Feldmarsch ließ er schlagen.

6. Er ließ sie aufmarschieren zu Zweien und zu Drein,
Zu Dreien und zu Vieren, zu Vieren und Zwein,
Daß sie ihn sollt erkennen.

7. »Ach schönste Madmoiselle, ach kennt sie ihn nicht?«
»Da vorn tut er reiten, der Dritte in dem Ritt,
Der jetzt die Fahne tut schwenken.«

8. Der Hauptmann der war gar ein zorniger Mann,
Einen Galgen ließ er baun, gar weit zu schaun,
Den Fähnrich dran zu hängen.

9. »Ach liebe Kameraden, um was ich euch noch bitt:
So jemand nach mir fragt, daß ihr ihm sagt,
Ich wär mit Ehr'n erschossen.«

10. Des andern Morgens früh kam Fähnrichs seine Frau:
»Ach Gott, wo ist mein Mann? Ach Gott, wo ist mein Mann?
Wo mag er sein geblieben?«

11. »Ach schönste beste Frau, eur Mann der ist nun tot!
Da draußen vor dem Tor, da draußen vor dem Tor,
Hab'n ihn zwei Spanier erschossen.«

12. So geht es in der Welt, wenn man verheirat' ist,
So geht es in der Welt, so geht es in der Welt,
Muß eins das andre lassen.

Um 1700 entstanden.

Ein Schifflein sah ich fahren

2. Was sollen die Soldaten essen,
Kapitän und Leutenant?
Gebratene Fisch mit Kressen,
Das sollen die Soldaten essen,

3. Was sollen die Soldaten trinken,
Kapitän und Leutenant?
Den besten Wein der zu finden,
Den sollen die Soldaten trinken.

4. Wo sollen die Soldaten schlafen,
Kapitän und Leutenant?
Bei ihren Gewehren und Waffen,
Da sollen die Soldaten schlafen.

5. Wo sollen die Soldaten tanzen,
Kapitän und Leutenant?
Auf ihren Mauern und Schanzen,
Da sollen die Soldaten tanzen.

6. Wie kommen die Soldaten in den Himmel,
Kapitän und Leutenant?
Auf einem weißen Schimmel
Da reiten die Soldaten in den Himmel.

Aus dem preußischen Soldatenliederbuch 1881.

Schlaget auf euer Zelt

Jetzt geht der Marsch ins Feld, da heißts: Sol-da-ten, schla-get auf eu-er Zelt! Früh-mor-gens da müs-sen wir ex-er-zier'n, halb links, halb rechts un-sre Glie-der for-mier'n. So-bald der Tag an-bricht, das Ge-wehr auf der Schul-ter liegt.

2. Da ruft manch braver Soldat:
»O weh, wo bleibt mein lieber Kamerad?
Liegt er auf schöner Heiden,
Gar zu schön wollen wir ihn begleiten.
Mein Kamerad und der ist tot,
Tröst ihn der liebe Gott!«

3. Die Weiber fangen zu weinen an:
»O weh, wo bleibt mein lieber lieber Mann?
Die Kinder schreien allzugleich:
Tröst Gott meinen Vater im Himmelreich!
Mein Vater und der ist tot:
Wer schafft uns Kindern Brot?«

4. Die Mädchen fangen zu weinen an:
»Wo ist, wo bleibt mein Bräutigam?
Er liegt auf grüniger Heide,
Schneeweiß wolln wir ihn bekleiden,
Er ist geschossen zu tot:
Tröst ihn der liebe Gott!

5. Jetzt gehts zum Ziel, zum End:
»Mein Schatz, mein herzallerliebstes Kind!
Bleib du fein ehrlich und getreu,
Bis die Bataille ist vorbei,
Dann komm ich wieder zu dir:
Mein Schatz, das glaub du mir!«

Aus dem Westerwald.

O, du schöner Westerwald

Heu-te wol-len wir mar-schier'n, ei-nen neu-en Marsch pro-biern, in dem schö-nen We-ster-wald, ja da pfeift der Wind so kalt. O, du schö-ner We-ster-wald, ü-ber dei-ne Hö-hen pfeift der Wind so kalt; je-doch der klein-ste Son-nen-schein, dringt tief ins Herz hin-ein.

2. Und die Grete und der Hans
Gehn des Sonntags gern zum Tanz,
Weil das Tanzen Freude macht
Und das Herz im Leibe lacht.

3. Ist das Tanzen dann vorbei,
Gibt es meistens Schlägerei,
Und dem Bursch, den das nicht freut,
Sagt man, er hat keinen Schneid.

Aus dem vorigen Jahrhundert, besonders als Marschlied sehr populär geworden.

Wer entflieht, ist schlecht

Es le-ben die Sol-da-ten so recht von Got-tes Gna-den: der Him-mel ist ihr Zelt, ihr Tisch, das grü-ne Feld. Tra la la la la la. Tra la la la ihr Tisch das grü-ne Feld.

2. Ihr Bette ist der Rasen,
Trompeten müssen blasen
Guten Morgen, gute Nacht,
Daß man mit Lust erwacht.

3. Ihr Wirtsschild ist die Sonne,
Ihr Freund die volle Tonne,
Ihr Schlafbuhl ist der Mond,
Der in der Sternschanz' wohnt.

4. Die Sterne haben Stunden,
Die Sterne haben Runden
Und werden abgelöst:
Drum Schildwach sei getröst!

5. Wir mähen mit dem Schwerte,
Der Leib gehört der Erde,
Die Seel dem Himmelszelt,
Der Rock bleibt in der Welt.

6. Wer fällt, der bleibet liegen,
Wer steht, der kann noch siegen;
Wer übrig bleibt, hat Recht,
Und wer entflieht, ist schlecht.

7. Zum Hassen oder Lieben
Ist alle Welt getrieben,
Es bleibet keine Wahl,
Der Teufel ist neutral.

8. Bedienet uns ein Bauer,
So schmeckt der Wein fast sauer;
Doch ists ein schöner Schatz,
So kriegt sie einen Schmatz.

*Herkunft des Textes
unsicher. Möglicherweise
von Clemens von Brentano.*

Wer Glück hat kommt davon

2. Sein Häuslein ist sehr klein, von Leinwand aufgeschnitten,
Wie euch das Bett allein mit Stroh ist überschüttet,
Der Rock ist meine Deck', worunter ich schlaf ein,
Bis mich der Tambour weckt, dann muß ich munter sein.

3. Wenns heißt: Der Feind rückt an, und die Kartaunen blitzen,
Da freut sich Jedermann, zu Pferd muß alles sitzen;
Man rückt ins weite Feld, und schlägt sich tapfer 'rum,
Der Feind kriegt Schläg' für Geld. Wer's Glück hat kommt davon.

4. Bekomm ich einen Schuß, aus meinem Glied muß sinken,
Hab ich weder Weib noch Kind, die sich um mich bekränken,
Sterb ich nun in dem Feld, sterben ist mein Gewinn,
Sterb ich auf frischer Tat, vorm Feind gestorben bin.

5. Wenn ich gestorben bin, so tut man mich begraben
Mit Trommeln und mit Spiel, wie's die Soldaten haben;
Drei Salven gibt man mir wohl in das Grab hinein,
Das ist Soldaten-Manier, laßt Andre lustig sein!

*Zur selben Melodie wird auch das folgende
Lied gesungen:*

Der gefangene Husar

1. Ein preußischer Husar fiel in Franzosen Hände,
Prinz Clermont sah ihn kaum, so frägt er ihn behende:
»Sag an, mein Freund, wie stark ist deines Königs Macht?«
»Wie Stahl und Eisen!« sprach der Preuße mit Bedacht.

2. »Nein, du verstehst mich nicht,« versetzt Prinz Clermont wieder;
»Ich meine nur die Zahl, die Menge deiner Brüder.«
Drauf stutzte der Husar und sah wohl in die Höh,
Und sprach: »So viel ich Stern' am blauen Himmel seh.«

3. Der Prinz war ganz bestürzt, was dieser Preuße sagte
Und unter andern mehr mit diesen Worten fragte:
»Freund, hat der König mehr dergleichen Leut' wie du?«
»Ja wohl« – sprach der Husar – »viel bess're noch dazu!

4. Ich bin der Schlechteste von seinen Leuten allen,
Sonst wär ich Euch gewiß nicht in die Händ' gefallen.«
Darauf reicht ihm der Prinz wohl einen Louis blank;
Der Preuße nahm ihn an und ging dann seinen Gang.

5. Da sieht er ungefähr ein' Schildwach, die ganz mager
Und im Gesichte fast als wie der Tod so hager;
Derselben gab er flugs den blanken Taler hin,
Und sprach: »Mein guter Freund, so wahr ich Preuße bin:

6. Du brauchst ihn nötiger als ich und meine Brüder,
Drum gebe ich dir das Geld von deinem Prinzen wieder,
Denn unser Friedrich versorgt uns alle gut;
Drum lassen wir für ihn den letzten Tropfen Blut.

7. Ich hab noch Geld genug, für mein Pferd Heu und Hafer
Und wenn ich keins mehr hab', was frag' ich nach dem Taler!
Ich klopf' mir auf die Tasch' und denk mir was dazu,
Und setz' mich auf mein Pferd, reit' meinem König zu.«

Tapfre Bayern sind wir

Marschlied der Grenadiere

Bin ein lust'ger Grenadier, juch-hei-di, juch-hei-da! Niemals ich den Mut verlier, juch-hei-di hei-da! Ich diene meinem König treu, meinem Mädchen auch dabei. Juch-hei-di hei-di hei-da, juch-hei-di, juch-hei-da! Juch-hei-di hei-di, hei-da! Juch-hei-di, hei-da!

2. Morgens wenn ich früh aufsteh
Und zum Exerzieren geh,
Dann beschau ich mir vorher
Meinen Säbel und Gewehr.

3. Der Sergeant tut inspizieren,
Säbel und Gewehr rev'dieren,
Jeden Knopf besieht er sich,
Schimpft dabei ganz fürchterlich.

4. Unser Leutnant spricht sodann:
»Kommt er mir noch' mal so 'ran,
Schlägt, ich schwörs bei Stein und Bein,
Ein Kreuzmillionendonnerwetter drein!«

5. Unser Feldwebel Knickebein
Teilt die Kompagnie dann ein,
Teilt die Züge groß und klein
Auch in Sektionen ein.

6. Unser Hauptmann der ist gut,
Wenn er sein Liesel reiten tut;
Aber wie wirds dann aussehn,
Wenn er muß zu Fuße gehn?

7. Auf dem Marsch ein lustges Lied,
Aus der Flasch' ein tüchtger Hieb,
Der uns durch die Kehle pfeift,
Das macht das Marschieren leicht.

Aus Preußen.

Gebt mir den Sohn heraus!

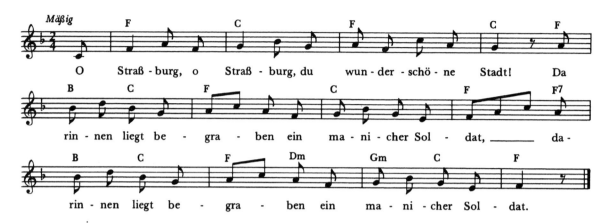

O Straßburg, o Straßburg, du wunderschöne Stadt! Darinnen liegt begraben ein manicher Soldat, darinnen liegt begraben ein manicher Soldat.

2. Ein mancher und schöner,
Auch tapferer Soldat,
Der Vater und lieb Mutter
Böslich verlassen hat,

3. Verlassen, verlassen,
Es kann nicht anders sein.
Zu Straßburg, ja zu Straßburg
Soldaten müssen sein,

4. Die Mutter, die Mutter,
Die ging vor's Hauptmanns Haus:
Ach Hauptmann, lieber Hauptmann,
Gebt mir den Sohn heraus!

5. Und wenn Ihr mir gebet
Selbst noch so vieles Geld;
Muß doch dein Sohn jetzt sterben
In weiter, breiter Welt,

6. In weiter, breiter
Allvorwärts vor den Feind,
Wenn gleich sein schwarzbraun Mädchen
So bitter um ihn weint,

7. Sie weinet, sie greinet,
Sie klaget gar zu sehr.
Gut' Nacht, mein herzig Schätzchen!
Ich seh' dich nimmer mehr!

Aufs Pferd! Aufs Pferd!

Frisch auf! Kameraden, auf's Pferd! Auf's Pferd! In's Feld in die Freiheit gezogen; da tritt kein And'rer für ihn ein, auf sich selber steht er da ganz allein.

im Felde da ist der Mann noch was wert, da wird das Herz noch gewogen:

2. Aus der Welt die Freiheit verschwunden ist,
Man findet nur Herren und Knechte;
Die Falschheit herrscht, die Hinterlist
Bei dem feigen Menschengeschlechte;
Der dem Tod in's Angesicht schauen kann,
Der Soldat allein ist der freie Mann.

3. Des Lebens Ängsten, er wirft sie weg,
Hat nicht mehr zu fürchten, zu sorgen;
Er reitet dem Schicksal entgegen keck,
Trifft's heute nicht, trifft es doch morgen;
Und trifft es morgen, so laßt uns heut'
Noch schlürfen die Neige der köstlichen Zeit.

4. Von dem Himmel fällt ihm sein lustig Los,
Braucht's nicht mit Müh' zu erstreben;
Der Fröhner, der sucht in der Erde Schoß,
Da meint er den Schatz zu erheben;
Er gräbt und schäffelt so lang' er lebt,
Und gräbt, bis er endlich sein Grab sich gräbt.

5. Der Reiter und sein geschwindes Roß,
Sie sind gefürchtete Gäste!
Es flimmern die Lampen im Hochzeitsschloß,
Ungeladen kommt er zum Feste,
Er wirbt nicht lange, er zeigt nicht Gold,
Im Sturm erringt er den Minnesold.

6. Warum weint die Dirn' und zergrämt sich schier?
Laß fahren dahin, laß fahren!
Er hat auf Erden kein bleibend Quartier,
Kann treue Lieb' nicht bewahren.
Das rasche Schicksal, es treibt ihn fort,
Seine Ruhe läßt er an keinem Ort.

7. Drum frisch, Kameraden; den Rappen gezäumt.
Die Brust im Gefechte gelüftet!
Die Jugend brauset, das Leben schäumt:
Frisch auf! eh' der Geist uns verdüftet.
Und setzt ihr nicht das Leben ein,
Nie wird euch das Leben gewonnen sein.

Aus »Wallensteins Lager«, dem ersten Teil
von Friedrich von Schillers Wallenstein-Triologie.
Melodie: Christian Jakob Zahn.

Das Prinz Eugen Lied

Prinz Eugen, der edle Ritter, wollt' dem Kaiser wied'rum kriegen Stadt und Festung Belgerad. Er ließ schlagen einen Brukken, daß man kunnt' hinüber rukken mit d'r Armee wohl für die Stadt.

2. Als der Brucken nun war geschlagen,
Daß man kunnt' mit Stuck und Wagen
Frei passieren den Donaufluß:
Bei Semlin schlug man das Lager,
Alle Türken zu verjagen,
Ihn'n zum Spott und zum Verdruß.

3. Am einundzwanzigsten August so eben
Kam ein Spion bei Sturm und Regen,
Schwur's dem Prinz'n und zeigt's ihm an,
Daß die Türken futragieren,
So viel als man kunnt' versprüren,
An die dreimal hunderttausend Mann.

4. Als Prinz Eugenius dies vernommen,
Ließ er gleich zusammen kommen
Seine General und Feldmarschall;
Er tät sie recht instrugieren,
Wie man sollt' die Truppen führen
Und den Feind recht greifen an.

5. Bei der Parole tät er befehlen,
Daß man sollt' die zwölfe zählen
Bei der Uhr um Mitternacht;
Da sollt' all's zu Pferd aufsitzen,
Mit dem Feinde zu scharmützen,
Was zum Streit nur hätte Kraft.

6. Alles saß auch gleich zu Pferde,
Jeder griff nach seinem Schwerte,
Ganz still ruckt' man aus der Schanz';
Die Musk'tier wie auch die Reiter,
Täten alle tapfer streiten;
'S war fürwahr ein schöner Tanz!

7. »Ihr Konstabler auf der Schanzen,
Spielet auf zu diesem Tanzen
Mit Kartauen groß und klein,
Mit den großen, mit den kleinen
Auf die Türken, auf die Heiden,
Daß sie laufen all' davon.«

8. Prinz Eugenius wohl auf der Rechten
Tät als wie ein Löwe fechten
Als General und Feldmarschall.
Prinz Ludewig ritt auf und nieder:
»Halt't euch brav, ihr deutschen Brüder,
Greift den Feind nur herzhaft an!«

9. Prinz Ludewig, der mußt' aufgeben
Seinen Geist und junges Leben,
Ward getroffen von dem Blei.
Prinz Eugen war sehr betrübet,
Weil er ihn so sehr geliebet;
Ließ ihn bring'n nach Peterwardein.

Prinz Eugen von Savoyen (1663-1736), bedeutendster Feldherr und Staatsmann seiner Zeit, angeblich illegitimer Sohn des »Sonnenkönigs« Ludwig XIV; flüchtete aus seiner französischen Heimat, bewarb sich beim österreichischen Kaiser Leopold I als Offizier, wurde Oberbefehlshaber der kaiserlichen Armee und besiegte mit 70000 Soldaten im August 1717 bei Belgrad eine zum Generalangriff gegen das Abendland aufmarschierte Übermacht von 330000 Türken. Das Lied wurde von einem unbekannten Soldaten umittelbar nach dem Sieg gedichtet und von den »Kaiserlichen« zu einer bereits bestehenden Volksmelodie gesungen.

Das Andreas Hofer Lied

Zu Mantua in Banden der treue Hofer war, in Mantua zum Tode führt' ihn der Feinde Schar; es blutete der Brüder Herz, ganz Deutschland, ach in Schmach und Schmerz! Mit ihm das Land Tirol; mit ihm das Land Tirol! Mit ihm das Land Tirol, mit ihm das Land Tirol!

2. Die Hände auf den Rücken, Andreas Hofer ging
Mit ruhig festen Schritten, ihm schien der Tod gering.
Der Tod, den er so manchesmal
Vom Iselberg geschickt ins Tal
Im heilgen Land Tirol.

3. Doch als aus Kerkers Gittern, im festen Mantua
Die treuen Waffenbrüder die Händ er strecken sah,
Da rief er laut: »Gott sei mit euch,
Mit dem verratnen deutschen Reich,
Und mit dem Land Tirol.«

4. Dem Tambour will der Wirbel nicht unterm Schlegel vor
Als nun Andreas Hofer schritt durch das finstre Tor.
Andreas, noch in Banden frei,
Dort stand er fest auf der Bastei,
Der Mann vom Land Tirol.

5. Dort soll er niederknien; er sprach: »Das tut ich nicht
Will sterben, wie ich stehe, will sterben wie ich stritt,
So wie ich steh auf dieser Schanz`.
Es leb mein guter Kaiser Franz,
Mit ihm sein Land Tirol.«

6. Und von der Hand die Binde nimmt ihm der Korporal,
Andreas Hofer betet allhier zum letztenmal;
Dann ruft er: »Nun so trefft mich recht!
Gebt Feuer! – Ach, wie schießt ihr schlecht!
Ade, mein Land Tirol!«

Text von Julius Mosen, 1831. Die Melodie hat Ludwig Erk 1849 in Anlehnung an eine alte Volksweise geschaffen. Andreas Hofer (1767–1810), Gastwirt aus dem Passeiertal, Anführer der Tiroler Volkserhebung von 1809, kämpfte auch dann noch weiter, als Österreich nach dem Frieden von Schönbrunn das Land Tirol aufgegeben hatte. Nach den Siegen im Eisacktal und am Berg Isel mußte er auf eine Almhütte flüchten, wo er durch Verrat aufgespürt wurde. Hinrichtung in Mantua, Beisetzung in der Innsbrucker Hofkirche. Das Lied ist in ganz Deutschland bekannt.

Fridericus Rex

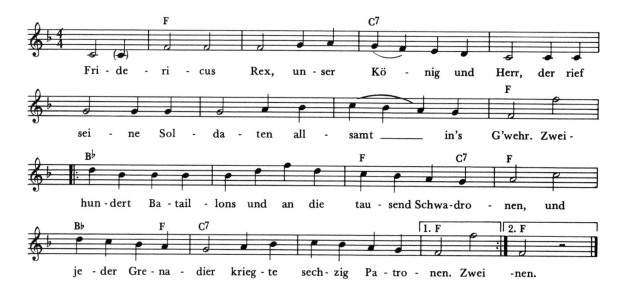

Fri-de-ri-cus Rex, un-ser Kö-nig und Herr, der rief sei-ne Sol-da-ten all-samt in's G'wehr. Zwei-hun-dert Ba-tail-lons und an die tau-send Schwa-dro-nen, und je-der Gre-na-dier krieg-te sech-zig Pa-tro-nen. Zwei-nen.

2. Ihr verfluchten Kerls, (sprach seine Majestät)
Daß jeder in der Bataille seinen Mann mir steht;
Sie gönnen mir nicht Schlesien und die Grafschaft Glatz,
Und die hundert Millionen in meinem Schatz.

3. Die Kaiserin hat sich mit den Franzosen alliiert,
Und das römische Reich gegen mich revoltiert;
Die Russen sind gefallen in Preußen ein;
Auf, laßt uns zeigen, daß wir Preußen sein.

4. Meine Generale Schwerin, und Feldmarschall von Keit
Und der Generalmajor von Zieten, sind all' Mal bereit
Potz Mohren, Blitz und Kreuz Element,
Wer den Fritz und seine Soldaten noch nicht kennt.

5. Nun Adjö Lowise, Lowise wisch' ab dein Gesicht,
Eine jede Kugel trifft ja nicht;
Denn träf jede Kugel apart ihren Mann,
Wo kriegten die Könige Soldaten dann?

6. Die Musketenkugel macht ein kleines Loch,
Die Kanonenkugel ein weit größ'res noch.
Die Kugeln sind alle von Eisen und Blei,
Und manche Kugel geht Manchem vorbei.

7. Uns're Artillerie hat ein vortrefflich Kaliber,
Und von den Preußen geht keiner nicht zum Feinde über.
Die Schweden die haben verflucht schlechtes Geld,
Wer weiß, ob der Öst'reicher besseres hält.

8. Mit Pomade bezahlt den Franzosen sein König,
Wir kriegen's alle Wochen bei Heller und Pfennig.
Potz Mohren, Blitz und Kreuz Sakrament!
Wer kriegt so prompt, wie der Preuß' sein Traktment.

9. Fridericus mein König, den der Lorbeerkranz ziert,
Ach hättest du nur öfters zu plündern permittiert.
Friederieus cex mein König und Held,
Wir schlügen den Teufel für Dich aus der Welt.

Text von Wilhelm Friedrich Häring (Pseudonym: Willibald Alexis). Melodie von G. W. Fink in Anlehnung an eine alte Volksweise.

Lützow's wilde, verwegene Jagd

2. Was zieht dort rasch durch den finsteren Wald,
Und streift von Bergen zu Bergen?
Es legt sich in nächtlichen Hinterhalt,
Das Hurrah jauchzt und die Büchse knallt,
Es fallen die fränkischen Schergen.
Und wenn ihr die schwarzen Jäger fragt:
Das ist, das ist Lützow's wilde, verwegene Jagd.

3. Wo die Reben dort glühen, dort braust der Rhein,
Der Wütrich geborgen sich meinte;
Da naht es schnell mit Gewitterschein,
Und wirft sich mit rüst'gen Armen hinein,
Und springet an's Ufer der Feinde.
Und wenn ihr die schwarzen Schwimmer fragt:
Das ist, das ist Lützow's wilde, verwegene Jagd.

4. Was braust dort im Tale die laute Schlacht,
Was schlagen die Schwerter zusammen?
Wildherzige Reiter schlagen die Schlacht,
Und der Funke der Freiheit ist glühend erwacht,
Und lodert in blutigen Flammen.
Und wenn ihr die schwarzen Reiter fragt:
Das ist, das ist Lützow's wilde, verwegene Jagd.

5. Was scheidet dort röchelnd vom Sonnenlicht,
Unter winselnde Feinde gebettet?
Es zuckt der Tod auf dem Angesicht;
Doch die wackern Herzen erzittern nicht,
Das Vaterland ist ja gerettet.
Und wenn ihr die schwarzen Gefall'nen fragt:
Das ist, das ist Lützow's wilde, verwegene Jagd.

6. Die wilde Jagd und die deutsche Jagd,
Auf Henkersblut und Tyrannen!
Drum, die ihr uns liebt, nicht geweint und geklagt!
Das Land ist ja frei und der Morgen tagt,
Wenn wir's auch nur sterbend gewannen!
Und von Enkel zu Enkel sei's nachgesagt:
Das war, das war Lützow's wilde, verwegene Jagd.

Text: Theodor Körner. Melodie: Carl Maria von Weber. Adolf Freiherr von Lützow (1782–1834) war Führer des 1813 gegründeten preußischen Freicorps, dem auch Theodor Körner angehörte.

Schwertlied

Du Schwert an meiner Linken, was soll dein heit'res Blinken? Schaust mich so freundlich an, hab' meine Freude dran. Hurrah! Hurrah! Hurrah!

2. »Mich trägt ein wackrer Reiter,
Drum blink' ich aus so heiter;
Bin freien Mannes Wahr,
Das freut' dem Schwerte sehr.«

3. »Ja, gutes Schwert, frei bin ich,
Und liebe dich herzinnig,
Als wärst du mir getraut
Als eine liebe Braut.

4. Zur Brautnachtsmorgenröte
Ruft festlich die Trompete;
Wenn die Kanonen schrei'n,
Hol' ich das Liebchen ein.

5. Was klirrst du in der Scheide,
Du helle Eisenfreude,
So wild, so schlachtenfroh?
Mein Schwert, was klirrst du so?«

6. »Wohl klirr' ich in der Scheide,
Ich sehne mich zum Streite,
Recht wild und schlachtenfroh.
Drum, Reiter, klirr' ich so.«

7. »So komm denn aus der Scheide,
Du, Reiters Augenweide.
Heraus, mein Schwert, heraus!
Führ' dich in's Vaterhaus.

8. Wohlauf! Ihr kecken Streiter
Wohlauf, ihr wackren Reiter!
Wird euch das Herz nicht warm?
Nehmt's Liebchen auf den Arm!

9. Drum drückt den liebheißen
Brautlichen Mund von Eisen
An eure Lippen fest!
Fluch! Wer die Braut verläßt!

10. Nun laßt das Liebchen singen,
Daß helle Funken springen!
Der Hochzeitmorgen graut!
Hurrah! Du Eisenbraut!«

Wurde von Theodor Körner im Morgengrauen des 26. August 1813 nach einem Nachtmarsch gedichtet und einigen Soldaten vorgelesen. Wenige Stunden später, um acht Uhr früh, fiel Theodor Körner bei der Schlacht von Gadebusch (nahe von Schwerin). Sein Freund, Graf Dohna, nahm das handgeschriebene Manuskript aus der Uniformtasche des Toten und sorgte dafür, daß es veröffentlicht wurde. Melodie: Carl Maria von Weber.

Morgenrot! Morgenrot!

1. Morgenrot! Morgenrot!
Leuchtest mir zu frühem Tod.
Bald wird die Trompete blasen,
Dann muß ich mein Leben lassen,
Ich und mancher Kamerad.

2. Kaum gedacht, kaum gedacht,
Wird der Lust ein End' gemacht!
Gestern noch auf stolzen Rossen,
Heute durch die Brust geschossen,
Morgen in das kühle Grab.

3. Doch wie bald, doch wie bald
schwindet Schönheit und Gestalt!
Prahlst du gleich mit deinen Wangen,
Die wie Milch und Purpur prangen,
Ach, die Rosen welken all'!

4. Und was ist, und was ist
Aller Männer Freud' und Lust?
Unter Kummer unter Sorgen
Sich bemühen früh am Morgen,
Bis der Tag vorüber ist.

5. Darum still, darum still
Füg' ich mich, wie Gott es will.
Und so will ich wacker streiten,
Und sollt' ich den Tod erleiden,
So stirbt ein braver Reitersmann.

Von Wilhelm Hauff (1802–1827) zur Melodie des schwäbischen Volksliedes »Ach wie bald, ach wie bald« gedichtet. Siehe Seite 100.

Der gute Kamerad

Ich hatt' einen Kameraden, einen bessern find'st du nit. Die Trommel schlug zum Streite, er ging an meiner Seite in gleichem Schritt und Tritt, in gleichem Schritt und Tritt.

2. Eine Kugel kam geflogen:
Gilt's mir oder gilt es dir?
Ihn hat es weggerissen,
Er liegt mir vor den Füßen.
Als wär's ein Stück von mir.

3. Will mir die Hand noch reichen,
Derweil ich eben lad':
»Kann dir die Hand nicht geben,
Bleib' du im ew'gen Leben
Mein guter Kamerad!«

Text von Ludwig Uhland, Melodie von Friedrich Silcher nach einer alten Volksweise.

Jägerlieder

Vom Jäger aus Kurpfalz
vom Wald und von der Heide
vom Gamsbock
und vom armen Häselein

Der Jäger aus Kurpfalz

2. Ich sattle mir mein Pferd,
Sezt' mich auf meinen Mantelsack
Und reite weit umher
Als Jäger aus Kurpfalz.
Ju ja ju ja
Ja lustig ist die Jägerei
Allhier auf grüner Heid'.

3. Hubertus auf der Jagd
Der schoß ein'n Hirsch und einen Has',
Er traf ein Mägdlein an
Und das von achtzehn Jahr'.
Ju ja ju ja
Ja lustig ist die Jägerei
Allhier auf grüner Heid'.

4. Des Jägers seine Lust,
Die hat der Herr noch nicht gewußt,
Wie man das Wildbret schießt,
Schießt's in die Bein' hinein,
Ju ja ju ja
Da muß das Tier getroffen sein
Allhier auf grüner Heid'.

5. Jetzt geh' ich nicht mehr heim,
Bis daß der Kuckuck schreit,
Er schreit die ganze Nacht,
Hab' mich zu mein' Schatz g'macht,
Ju ja ju ja
Und bleib bei ihr die ganze Nacht,
Bis daß der Kuckuck schreit.

Droben im Oberland

2. Schieß mir ein' Gamsbock z'samm,
Fallt er oder fallt er net,
Fallt er net,
So bleibt er stehn;
Zu meinem Madel muß i gehn,
Alle Woch sechs-, siebenmal.

3. Gestern ist Sonntag g'wen,
heut bin i schon wieder da.
Sie hat a Hüterl auf,
Eine wunderschöne Feder drauf,
Sie sah so lieblich aus,
Und ich brachte sie nach Haus.

4. Vor der Tür angelangt,
Ei, da sagte sie zu mir:
»Hast mich nach Haus gebracht,
Hast deine Sache gut gemacht,
Nun denn, so geb ich dir zum Schluß
Einen zuckersüßen Kuß.«

5. Lauter junge hübsche Leut sein mir,
Lauter junge hübsche Leut.
Wenn mir jungen hübschen Leut net wärn,
Wer sollt das viele Geld verzehrn?
Lauter junge hübsche Leut sein mir,
Lauter junge hübsche Leut.

Aus Schwaben.

Der Erzherzog Johann Jodler

2. Wer die Gegend kennt, wo ma's Eisen brennt,
Wo die Gams daher rauscht unt' im Tal,
Und vor lauter Lust schlägt von da die Brust,
Wie so lusti alles überall.

3. Ja, es ist a Freud', meine liebe Leut',
Wenn da Bua schö juchzet weit und breit;
Wenn da Hirsch aufspringt, und wenn die Senn'rin singt,
Daß es schallen tut schön in da Weit'.

4. Ja, i sich mi scho' ganz verzückt und froh
Mit mein'n Herzog auf der Alma gehn;
Mit an frischem Mut in mei'm Steirahut
Offen stolz am Kogel obmat stehn.

5. Auf da Felsenwand, in am Steirag'wand,
Wenn i da mei lieba Herzog sich,
Wenn sei Büchserl knallt und da Gamsbock fallt,
War's a Wunda, wenn i's Heimweh krieg'?

Steirisches Volkslied. Erzherzog Johann (1782–1859), bekannt für seine Jagdleidenschaft, heiratete 1827 zum Schrecken seiner Verwandschaft die Bad Ausseer Posthaltertochter Anna Plochl.

Ein Tiroler wollte jagen

Ein Tiroler wollte jagen einen Gemsbock, Gemsbock silbergrau, doch es wollt ihm nicht gelingen, denn das Tierlein, Tierlein war zu schlau. Holderija ho-holderijaho, holderija rija rija rija ho, holdeho.

2. Und der Gemsenjäger wollte
Zu des Försters Töchterlein.
Doch sie lacht ihm ins Gesichte,
Und sie läßt ihn nicht herein.

3. Mein Mutter will's nicht leiden,
Daß ich einen Jäger lieb',
Denn sie hat schon einen andern,
Einen schmucken Grenadier.

Im Wald und auf der Heide

2. Trag ich in meiner Tasche,
Ein Tränklein in der Flasche,
Zwei Stücke schwarzes Brot,
Zwei Stücke schwarzes Brot,
Brennt lustig meine Pfeife,
Wenn ich den Wald durchstreife,
Da hat es keine Not.

3. Im Walde hingestrecket,
Den Tisch mit Moos mir decket,
Die freundliche Natur,
Die freundliche Natur.
Den treuen Hund zur Seite
Ich mir das Mahl bereite
Auf Gottes freier Flur.

4. Das Huhn im schnellen Fluge,
Die Schnepf' im Zickzackzuge,
Treff ich mit Sicherheit,
Treff ich mit Sicherheit.
Die Sauen, Reh und Hirsche
Erleg' ich auf der Pirsche,
Der Fuchs läßt mir sein Kleid.

5. Und streich' ich durch die Wälder,
Und zieh' ich durch die Felder,
Einsam den ganzen Tag,
Einsam den ganzen Tag,
Doch schwinden mir die Stunden
Gleich flüchtigen Sekunden,
Tracht' ich dem Wilde nach.

6. Wenn sich die Sonne neigent,
Der feuchte Nebel steiget,
Mein Tagwerk ist getan,
Mein Tagwerk ist getan,
Dann zieh' ich von der Heide
Zur häuslich stillen Freude,
Ein froher Jägersmann.

Text: Wilhelm Bornemann (1766–1851). Melodie gilt als Volksweise, stammt jedoch möglicherweise von F. L. Gehrike

Armes Häslein

Gestern Abend ging ich aus, ging wohl in den Wald hinaus;
saß ein Häslein in dem Strauch, guckt mit seinen Äuglein raus.
Armes Häslein, was du sagst und ganz heimlich zu mir klagst!

2. »Was will denn der Waidemann?
Hetzt auf mich die Hündlein an?
Wenn der Jäger mich ertappt
Und das Windspiel mich erschnappt,
Hält er mir die Büchse her,
Als wenn sonst kein Has mehr wär!

3. Bringt der Jäger mich nach Haus,
Zieht 'r mir Pelz und Hosen aus,
Legt mich auf das Küchenbrett,
Spickt mein Buckel brav mit Speck;
Steckt den Spieß von hinten ein,
Wie kann er so grob doch sein!

4. Wenn ich dann gebraten bin,
Trägt man mich zur Tafel hin;
Der Eine schneidt sich ab sein Teil,
Der Andre bricht mir's Bein entzwei,
Der Dritte nimmt sichs Allerbest:
Nehmt vorlieb, ihr lieben Gäst!

5. Nun bin ich tot, ich armer Has,
Geh dem Bauer nicht mehr ins Gras,
Geh dem Bauer nicht mehr ins Kraut,
Habs bezahlt mit meiner Haut.
Wenn ich an mein Schicksal denk,
Es mi recht von Herzen kränkt!

6. Lange Ohren, das Maul ist breit
Und der Kopf sehr ungescheidt,
Stumpfe Zähn, ein langer Bart,
Als wär ich von Katzenart.
Wenn ich an mein Schicksal denk.
Es mi recht von Herzen kränkt!

7. Ein Schwänzlein hab ich, das ist klein,
Wünscht, es möchte größer sein.
Weil es nun nicht größer ist,
Muß es bleiben, wie es ist.
Wenn ich an mein Schicksal denk,
Es mich recht von Herzen kränkt!«

In ganz Deutschland verbreitet, Ursprung vermutlich in Schlesien.

Zwischen Berg und tiefem Tal

2. Als sie sich nun sattgefressen hatten,
Setzten sie sich nieder,
Bis daß der Jäger, Jäger kam
Und schoß sie nieder.

3. Als sie sich nun aufgerappelt hatten
Und sie sich besannen,
Daß sie noch das liebe Leben hatten,
Hupften sie von dannen.

Volkslied aus dem Bergischen. Siehe Fußnote Seite 91.

Hört ihr nicht den Jäger blasen?

2. In den Garten wolln wir gehen,
Wo die schönen Rosen stehen.
Da stehn Rosen, gar zu viel:
Brech mir eine, wo ich will.

3. Wir haben gar oft beisammen gesessen,
Wie ist mein Schatz so treu gewesen!
Hätt' mir nicht gebildet ein,
Daß mein Schatz so falsch könnt' sein.

4. Arm bin ich, das muß ich bekennen,
Darf mich aber reicher nicht nennen,
Wär ich reich und hätte viel Geld,
Liebte mich die ganze Welt.

5. Du brauchst nicht so stolz zu ziehen,
Weil du bist so hoch gestiegen;
Was du bist, das bin auch ich,
Du bleibst für dich und ich für mich.

6. Hört ihr nicht den Jäger blasen
In dem Wald auf grünen Rasen,
Der Jäger mit dem grünen Hut,
Der meinen Schatz verführen tut?

Es blies ein Jäger wohl in sein Horn

Es blies ein Jä-ger wohl in sein Horn, wohl in sein Horn. Und al-les, was er blies, das war ver-lorn. Hus-sas-sa! Tra-ra-ra-ra! Und al-les, was er blies, das war ver-lorn.

2. »Soll den mein Blasen verloren sein?
Viel lieber möcht ich kein Jäger sein.«

3. Er warf sein Netz wohl übern Strauch,
Da sprang ein schwarzbraunes Mädel heraus.

4. »Ach schwarzbraunes Mädel, entspring mir nicht!
Ich habe große Hunde, die holen dich.«

5. »Deine großen Hunde, die fürcht ich nicht,
Sie kennen meine hohen, weiten Sprünge nicht.«

6. »Deine hohen, weiten Sprünge, die kennen sie wohl,
Sie wissen, daß du heute noch sterben sollst.«

7. »Und sterbe ich heute, so bin ich tot,
Begräbt man mich unter Rosen rot.«

8. Er warf ihr das Netz wohl über den Arm,
Da schrie das Mägdelein, daß Gott erbarm.

9. Er warf ihr das Netz wohl um den Fuß,
Daß sie zu Boden fallen muß.

10. Er warf ihr das Netz wohl über den Leib,
Da ward sie des jungfrischen Jägers Weib.

Mit dem Pfeil, dem Bogen

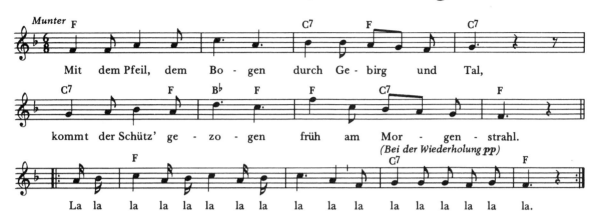

Mit dem Pfeil, dem Bogen durch Gebirg und Tal,
kommt der Schütz' gezogen früh am Morgenstrahl.
(Bei der Wiederholung pp)
La la la la la la la la la la la la la la la la la.

2. Wie im Reich der Lüfte
König ist der Weih,
Durch die Gebirg und Klüfte
Herrscht der Schütze frei.

3. Ihm gehört das Weite,
Was sein Pfeil erreicht:
Das ist seine Beute,
Was da kreucht und fleugt.

Schützenlied aus Friedrich v. Schillers »Wilhelm Tell«. Melodie: Anselm Weber.

Auf, auf zum fröhlichen Jagen

2. Wir rüsten uns zum Streite
Und jagen Paar an Paar;
Die Hoffnung reicher Beute
Versüßet die Gefahr.
Wir weichen nicht zurücke,
Ob gleich ein wilder Bär,
Und noch ein großes Stücke
Nicht ferner von uns wär

3. Will gleich ein wilder Hauer
Mit seinen Waffen dräun,
Fängt man an ohne Schauer
Hussa! Hussa! zu schrein;
Damit das Ungeheuer,
Wenn es die Kugel brennt,
Schon nach empfangnem Feuer
In sein Verderben rennt.

4. Das edle Jägerleben
Vergnüget meine Brust,
Den kühnen Fang zu geben,
Ist meine größte Lust.
Wo Reh und Hirsche springen,
Wo Rohr und Büchse knallt,
Wo Jägerhörner klingen,
Da ist mein Aufenthalt.

5. Frischauf, zum fröhlichen Hetzen,
Fort in das grüne Feld!
Wo man mit Garn und Netzen
Das Wild gefangen hält.
Auf, ladet eure Röhren
Mit Pulver und mit Blei
Und macht der Jagd zu Ehren
Ein fröhlich Jagdgeschrei!

6. Sind unsre matten Glieder
Vom Sonnenglanz erhitzt,
So legen wir uns nieder,
Wo frisches Wasser spritzt,
Wo Zephyrs sanftes Blasen
Der Sonne Glanz besiegt,
Da schläft man auf dem Rasen,
Mit Anmut eingewiegt.

7. Das Gras ist unser Bette,
Der Wald ist unser Haus,
Wir trinken um die Wette
Das klare Wasser aus.
Laßt drum die Faulen liegen,
Gönnt ihnen ihre Ruh:
Wir jagen mit Vergnügen
Dem schönen Walde zu.

8. Ein weibliches Gemüte
Hüllt sich in Federn ein,
Ein tapferes Jagdgeblüte
Muß nicht so träge sein.
Drum laßt die Faulen liegen,
Gönnt ihnen ihre Ruh:
Wir jagen mit Vergnügen
Dem dicken Walde zu.

9. Frisch auf, ihr lieben Brüder
Ergreifet das Geschoß!
Auf, legt die Winde nieder
Und geht aufs Wildpret los!
Erfrischt die matten Hunde
Durch frohen Zuruf an
Und ruft aus vollem Munde
So viel ein jeder kann!

10. Will gleich zu manchen Zeiten
Blitz, Wetter, Sturm und Wind
Einander widerstreiten,
Die uns zuwider sind,
So sind wir ohne Schrecken
Bei allem Ungemach,
Und jagen durch die Hecken
Den schnellen Hirschen nach.

*Text von Benjamin
Hancke 1724 zu einer
alten Volksweise.*

Es ging ein Jäger jagen

2. »Wohin, woher, du Feine?
Wohin, du Mädchen stolz?«
»Ich will zu meinem Vater
Wohl in das Tannenholz«.

3. »Willst du zu deinem Vater
Wohl in das Tannenholz,
Dein' Ehr sollst du lassen
Bei einem Jäger stolz.«

4. »Soll ich mein' Ehre lassen
Bei einem Jäger stolz,
Viel lieber will ich meiden
Das grüne Tannenholz.«

5. Was zog er von sein'm Finger?
Ein goldenes Ringelein:
»Sieh da, du hübsches Mädchen,
Das soll mein Denkmal sein.«

6. »Was soll ich mit dem Ringlein?
Was soll ich damit tun?«
»Du kannst es wohl verwahren
Zu Hause in der Truhn.«

7. »Die Truhen ist verschlossen,
Der Schlüssel ist verlor'n;
Ich hab' in meinem Herzen
Ein' Andren auserkor'n.«

8. »Hast du in dein'm Herzen
Ein Andern auserkor'n,
So mag sich Gott erbarmen,
Daß ich bin ganz verlor'n!«

Kommt gleich ein Has daher

2. Als ich in Wald' nein kam,
Stellt ich mich gleich hinter'n Tannebaum;
Kommt gleich ein Has daher,
Fragt, ob ich der Jäger wär'
In dem grünen Wald?

3. »Oho! du mein lieber Has',
Treib du mit mir keinen Spaß!
Denn ich hab mein eigen G'schütz:
Ein nagelneue Kugelbüchs,
Trifft als wie der Blitz.«

4. Und ich habs geschossen
Und ich habs getroffen:
Ein Has, ein Hirschlein,
Ein Reh, ein wildes Schwein,
Soll verbleiben mein.

5. Hoch oben auf der Felsenspitz
Da hab ich mein eignen Sitz;
Zieh mein Waldhörnlein raus,
Spiel viele Stücklein drauf,
Daß es weithin schallt.

Aus dem Schwarzwald.

Der Jäger in dem grünen Wald

2. Mein Hündlein hab ich stets bei mir
In diesem grünen Waldrevier.
Und mein Hündelein, das jagt, und mein Herz, das lacht,
Meine Augen, meine Augen, meine Augen leuchten hell und klar.

3. Ich sing mein Lied aus voller Brust,
Der Hirsch tut einen Satz vor Lust.
Und der Fink, der pfeift, und der Kuckuck schreit,
Und die Hasen, und die Hasen, und die Hasen kratzen sich am Bart.

4. Und als ich in den Wald 'nein kam,
Traf ich ein schönes Mägdlein an:
»Ei, wie kommst du in den Wald, in den Wald herein,
Du strahlenäugig Mägdelein, ei, wie kommst du, ei, wie kommst du, ei,
wie kommst du in den Wald herein.

5. Du kannst ja gerne bleiben hier
In diesem grünen Waldrevier,
Bleibe du bei mir als Jägerin,
Du strahlenäugig Mägdelein, bleibe du bei mir als meine Braut!«

Verführet wird sie bald

2. Und als sie in den Wald nein kam,
Begegnet ihr's Jägers Knecht:
»Ach Mädchen, scher dich aus dem Wald,
Hier hat mein Herr sein Recht.«

3. Als sie ein Endchen weiter kam,
Begegnet ihr's Jägers Sohn:
»Ach Mädchen, setz dich nieder,
Und pflück dein Körbchen voll!«

4. Was soll ich mit dem Körbchen voll
Mit 'ner Hand voll hab ich gnug.
»Ach wenn der Herr so gütig wär,
Und hülf mirs pflücken doch!»

5. Es dauert kaum ein halbes Jahr,
Die Brombeern wurden groß;
Es dauert kaum drei Vierteljahr,
Trug sie ein Kind auf'm Schoß.

6. Sie sah es mit Verwunderung an:
»Ei, ei, was hab ich getan!
Kommt das denn von den Brombeern her,
Die wir gepflücket han?«

7. Und wer ein ehrlich Mädel will habn,
Der schick sie nicht in Wald;
Er schick sie nicht nach Brombeern aus,
Verführet wird sie bald!

Wie die Gems' auf dem Höhn

Tiroler sind lustig, Tiroler sind froh, bei Wein und beim Tanze, da sieht man sie so. Zur Arbeit steht Bube und Mädel früh auf und Abends da singen und lachen sie drauf.

2. Und kommt dann der Sonntag, so geht es zum Tanz.
Sein Nannerl führt Gotthelf, und Gretel den Hans.
Da sieht man sie wacker im Kreise sich drehn,
Sie hüpfen so flink, wie die Gems' auf den Höhn.

3. Sie treiben ihr Vieh auf der Alme ins Gras,
Und dabei gehts Mädel und stricket sich was
Indessen der Bube die Felsen besteigt,
Und oftmals ein Gemschen zum Braten erschleicht.

4. Und kommt so ein Jäger mit Beute nach Haus,
Dann jauchzet und schmaust man, bis Alles ist aus.
Und hat man's so trinkt man ein Gläschen darauf
Und geht dann frisch wieder zur Alma hinauf.

5. Die Stadt versorgt Nannerl mit Butter und Milch,
Und Gotthelf webt bunte Tischdecken und Zwilch;
Damit geht der Bube in's Reich dann hinaus
Und bringt blanke Taler dafür mit nach Haus.

6. Hat einer ein Schätzerl, so bleibt er dabei;
Er nimmt sie zum Weiberl und liebt sie recht treu.
Dann fängt man die Wirtschaft gemeinschaftlich an
Und liebt sich und herzt sich, so sehr als man kann.

Aus dem Singspiel »Die Tiroler Wastl«, Uraufführung in Wien 1795. Text: Emanuel Schikaneder (1751–1812). Komponist: Jakob Haibl. Ähnlicher Text auch als Kinderlied üblich (Siehe Seite 131).

Matrosenlieder

Von Sturm und Strand
und Sklavenhändlern,
von Seeräubern
und der entführten Braut

Frisch auf, ihr Matrosen!

Frisch auf, ihr Matrosen, wir müssen in die See, drum hebt noch einmal das Gläschen in die Höh'. Wir wollen trinken, ein gutes Glas Wein, und lasset uns segeln in die Elb hinein, juheissa-rassasa, Matrosen sind da. Matrosen sind lustig und rufen hurra.

2. Und segeln wir aus dem Hafen heraus,
So wünscht unser Liebchen uns bald wieder nach Haus.
Der Himmel schenkt uns einen günstigen Wind,
Damit wir sind zur Stelle geschwind.

3. Und kommen wir dann wieder nach Haus,
So gehn wir mit unserem Feinsliebchen aus;
Wir nehmen unser Feinsliebchen in den Arm:
Es schlagen die Herzen so traulich und so warm.

Ein extremes Beispiel dafür, wie Text und Melodie eines Volksliedes aus verschiedenen Gegenden zusammenfinden können. Der Text stammt aus Helgoland, die Melodie ist eine alte Tiroler Volksweise.

Heute an Bord

Heu-te an Bord, mor-gen geht's fort. Schiff auf ho-her See.
Rings um uns her nur Wel-len und Meer, ist al-les, was ich seh.
Hell die Glä-ser klin-gen, ein fro-hes Lied wir sin-gen.
Mä-del, schenke ein, es le-be Lieb und Wein, leb wohl, auf Wie-der-sehn!

2. Verschwunden der Strand, entschwunden das Land, Schiff auf hoher See.
Rings um uns her nur Wellen und Meer, ist alles, was ich seh.
Leis die Wellen wiegen, Möwen heimwärts fliegen,
golden strahlt die Sonn, Herzen voller Wonn, Heimatland ade!

3. Im Kampfe wir sind' mit Wellen und Wind auf dem Ozean.
In Not und Gefahr sind wir immerdar stets ein ganzer Mann.
Im Ernste wie im Scherze am rechten Fleck das Herze,
Unser schönstes Gut: frischer Seemannsmut! Herrscher auf dem Meer!

*Die Melodie zu diesem von Paul Vollrath
gedichteten Text stammt aus Ungarn.*

Hamborger Veermaster

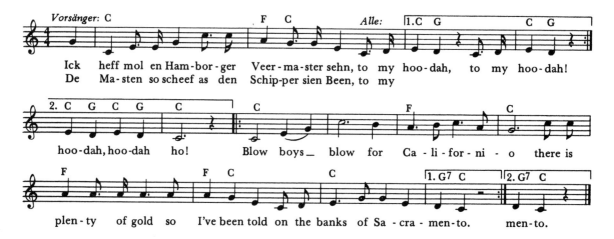

Ick heff mol en Hamborger Veermaster sehn, to my hoo-dah, to my hoo-dah!
De Masten so scheef as den Schipper sien Been, to my hoo-dah, hoo-dah ho! Blow boys— blow for Californio there is plenty of gold so I've been told on the banks of Sacramento.

2. Dat Deck weur vun Isen, vull Schiet und vull Schmeer.
»Rein Schipp« weur den Käpten sein größtet Pläseer.

3. Dat Logis weur vull Wanzen, de Kombüs weur vull Dreck,
De Beschüten, de leupten von sülben all weg.

4. Dat Soltfleesch wur greun, un de Speck weur vull Moden,
Köm gäv dat bloß an Wiehnachtsobend.

5. Un wulln wi mol seiln, ich segg dat jo nur,
Denn leup he dree vorut und veer wedder retur.

6. As dat Schipp weur, so weur ok de Kaptein,
De Lüd for dat Schipp weurn ok blot schanghait.

Aus Schleswig-Holstein. Beschüten = Zwieback.

Das Störtebecker-Lied

Störtebekker und Gödeke Michael, die raubten beide zum gleichen Teil, zu Wasser und auch zu Lande. Bis daß es Gott im Himmel verdroß, des mußten sie leiden grosse Schande.

2. Störtebecker sprach sich allzuhand:
»Die Wester-See ist mir wohl bekannt
Viel Geld will ich uns holen;
Die reichen Kaufleut von Hamburg
Sollen uns das Gelag bezahlen.«

3. Und das erhört ein schneller Bot',
Der was von einem klugen Rat,
Kam gen Hamburg eingelaufen;
Er fragt nach des ältest Bürgermeisters Haus,
Den fand er dann zu Hausen.

4. »Mein' lieben Herren all durch Gott,
Nehmt diese Red' auf ohne Spott,
Die ich euch will verkünden:
Die Feind liegen euch gar nahe hierbei,
Sie liegen am wilden Hafen.«

5. Der älteste Bürgermeister sprach zuhand;
»Gut Gesell, du bist uns unbekannt,
Wobei soll'n wir dir glauben?«
»Das sollt ihr edle Herren tun
Bei meinem Eid und Treuen.

6. Ihr sollt mich setzen aufs Kastell,
So lang bis ihr eure Feinde seht,
Wohl zu diesen Stunden;
Spürt ihr denn einzig Wanken an mir
So senkt mich gar zu dem Grunde.«

7. Die edlen Herren von Hamburg
Gingen zu Segel wohl mit der Flut,
Hin nach dem neuen Werke;
Vor Nebel konnten sie nicht sehen
So dunkel waren die Wolken.

8. Die Sonn brach durch, die Wolken wurden klar,
Sie fuhren fort und kamen dar,
Großen Preis wollten sie erwerben,
Störtebecker und Gödeke Michael
Die sollten darum sterben.

9. Sie brachten die Büchsen wohl an die Bord,
gar viele Schüsse hörte man dort
Sie schlugen sich drei Tag und Nacht
Da sah man so manchen stolzen Held
Der ward nun um sein Leben gebracht.

10. Störtebecker sprach sich bald:
»Ihr Herren von Hamburg tut uns kein Gewalt.
Wir wollen den Kampf aufgeben,
Wöllet ihr uns schenken Leib und Gesund,
Und fristen unser junges Leben.«

11. »Mein Herr«, sprach sie Herr Simon von Utrecht,
»Gebt euch gefangen ganz ohne Recht,
Und laßt euch nit verdrießen,
Ihr habt viel Seeleut ein Leid getan,
Dess' werd't ihr wohl jetzt büßen.«

12. Sie wurden gen Hamburg in die Haft gebracht,
Sie saßen da nicht länger als ein Nacht
Wohl zu denselben Stunden.
Ihr Todesurteil ward sehr beklagt
Von Weibern und Jungfrauen.

13. »Ihr Herren von Hamburg, wir bitten nur ein Bitt,
Die mag euch zwar beschaden nit
Und bringen euch auch kein Schande:
Daß wir mögen zum Scharfrichter hingahn
In unserm besten Gewande.«

14. Die Herrn von Hamburg täten ihn' die Ehr,
Sie ließen ihn' Pfeifen und Trommeln vorgehn,
So wie sie es erkoren;
Wären sie wieder in der Freiheit gewest,
Sie hätten das Leben nit verloren.

15. Der Scharfrichter hieß sich Rosenfeld,
Er hieb so manchen stolzen Held
Mit also freiem Mute;
Er stand in seinen geschnürten Schuh'n
Bis an die Knöchel im Blute.

*Dieses Lied schildert die historisch verbürgte
Verhaftung und Enthauptung der beiden Seeräuber
Klaus Störtebecker und Michael Gödeke im
Jahre 1402. Einer Sage nach, die später entstand,
soll Störtebecker ein Sohn des fliegenden Holländers
gewesen sein. Das hier abgedruckte Lied gehört
zu den bekanntesten und beliebtesten Volks-
und Seefahrerliedern der vergangenen Jahrhunderte.*

Er wird dich gewiß verführen

Ka - thrinchen, trau nur nicht, trau kei'm Ma - tro - sen nicht. Denn er wird dich ver - füh - ren, dei - ne Ehr wirst du ver - lie - ren: glaubs si - cher-lich, glaubs si - cherlich!

2. Matrosen hab ich lieb,
Trotz dem, ders mich abspricht,
Weil es hübsche junge Bursche sein,
Tag und Nacht stets lustig sein,
Drum hab ich sie lieb!

3. Drum ade! Jetzt muß ich fort
Von hier nach ein andern Ort,
Wenn der Steuermann rufet
überall!
Und der Bootsmann greift das
Marsseelsall (Mastsegelseil)
Drum ade, mein Schatz!

4. Drum ade! Zu dem Beschluß,
Weil ich von dir scheiden muß.
Mach Segel los, fallen die Fock,
Hiß die Marsseel in den Topp,
Drum ade, mein Schatz!

Die losgekaufte Geliebte

2. »Ach Schiffmann, du fein gütiger Mann,
Halt nur dein Schiff so lange wie du kannst!
Ich habe eine Mutter, die liebet mich
Und löset wieder mich
Aus diesem schönen Schiff!«
Die Mutter angegangen kam,
Die Tochter sah sie traurig an:
»Ach Mutter, versetz dein braunes Kleid
Und löse wieder mich
Aus diesem schönen Schiff!«
»Mein braunes Kleid versetz ich nicht,
Dein junges Leben rett ich nicht,
Ach Schiffmann, laß nur sinken!
Die schöne Magdalen, die soll ertrinken.«

3. »Ach Schiffmann, du feiner gütiger Mann,
Halt nur das Schiff so lange wie du kannst!
Ich hab einen Liebsten, der liebet mich,
Und löset wieder mich
Aus diesem schönen Schiff.«
Der Liebste angegangen kam,
Die Liebste sah ihn traurig an:
»Ach Liebster, versetz dein blankes Schwert
Und löse wieder mich
Aus diesem schönen Schiff!«
»Mein blankes Schwert versetz ich wohl,
Dein junges Leben rett ich schon.
Ach Schiffmann, komm zu Rande,
Die schöne Magdalen die soll zu Lande!«

*Volkslied aus dem 17. Jahrhundert, besonders
in Küstennähe populär. Es schildert sicherlich
einen authentischen Fall. Früher kam es häufig
vor, daß Seeleute oder Piraten Mädchen raubten
und nur gegen Lösegeld wieder freiließen.*

Ein Seemann leidet große Not

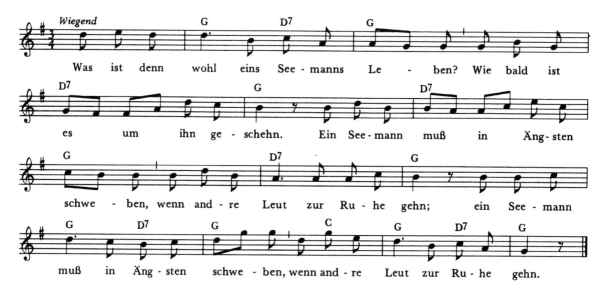

Was ist denn wohl eins Seemanns Leben? Wie bald ist es um ihn geschehn. Ein Seemann muß in Ängsten schweben, wenn andre Leut zur Ruhe gehn; ein Seemann muß in Ängsten schweben, wenn andre Leut zur Ruhe gehn.

2. Bald drohen ihm die hohen Wellen,
Bald Klipp und Sandbank oder Tod.
Durch Sturm und Wind, so auf ihn prellen,
Ein Seemann leidet große Not.

3. Bald drohen ihm die schwarzen Mächte
Den fürchterlichsten Untergang.
Bald drohen ihm des Krieges Mächte,
Viel Unglück bietet ihm die Hand.

4. Bald drohen ihm barbar'sche Räuber,
Ihm all das Seinige zu nehmen;
Bald muß er trostlos und betrübet
Sein Schifflein vor sich sinken sehn.

5. Wie mancher brave Seemann drückt
Gar balde seine Augen zu,
Der schon so früh dahin gerückt,
Und hat im Wasser keine Ruh.

6. Wo ihn die wilden Fisch verzehren
Und teilen seinen Körper sich.
Ich wollte wohl bei Gott beschwören,
Ein Landmann der lebt glücklicher.

7. Der feste Boden ist ja edel,
Da fürchtet man die Stürme nicht,
Da braucht man keine Windspiel-Segel,
Da strand't, ertrinkt und sinkt man nicht.

8. Doch was wär Handel und auch Wandel,
Wenn nicht die edle Schiff-Fahrt wär!
Im Lande wär gewiß viel Mangel.
Wär nicht der Seemann abgeschickt.

9. So nach der blauen See zu schweben
Und durch die Wellen hinzugehen!
Ein Seemann wagt ja nur sein Leben
Bloß für des Landes Wohlergehn.

10. Drum, liebes Mädchen, nicht betrübet
Biet ich zum Abschied dir die Hand.
Ich weiß, daß du mich treulich liebest,
Drum, fürcht' ich weder Sturm noch Strand.

11. Und geh mit meinem Schiff zu segeln
Und setze meinen Fuß aufs Land.
O Himmel, schenk mir deinen Segen
Und knüpf ein festes Liebesband!

12. Bis daß ich wieder zurück gelange
Und setze meinen Fuß aufs Land,
Dann wird mich deine Hand empfangen,
Dann knüpft uns fest das Liebesband.

Aus Helgoland.

Die Stürme, die brausenden Wogen

2. Unser Schiff gleitet stolz
Durch die schäumenden Wogen,
Es strafft der Wind unsre Segel mit Macht.
Seht ihr hoch oben
Die Fahne sich wenden,
Die blutrote Fahne? Ihr Seeleut habt acht!

3. Wir treiben die Beute
Mit fliegenden Segeln,
Wir jagen sie weit auf das endlose Meer.
Wir stürzen an Deck
Und wir kämpfen wie Löwen,
Hei, unser der Sieg, viel Feinde, viel Ehr!

4. Ja, wir sind Piraten
Und fahren zu Meere;
Wir fürchten nicht Tod und den Teufel dazu;
Wir lachen der Feinde
Und aller Gefahren
Am Grunde des Meeres erst finden wir Ruh!

*Von der Nordseeküste. Wird auch heute noch
von der Jugend im ganzen deutschen Sprachraum
gesungen.*

Frißt der Haifisch sein Gebein

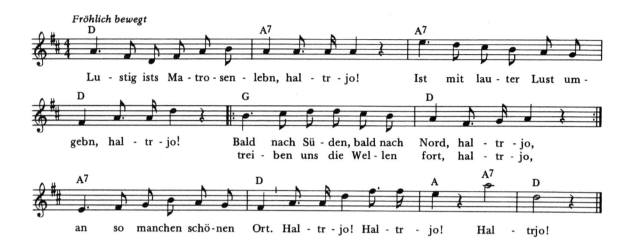

Lu-stig ists Ma-tro-sen-lebn, hal-tr-jo! Ist mit lau-ter Lust um-gebn, hal-tr-jo! Bald nach Sü-den, bald nach Nord, hal-tr-jo, an so manchen schö-nen Ort. Hal-tr-jo! Hal-tr-jo! Hal-trjo!

trei-ben uns die Wel-len fort, hal-tr-jo,

2. Hat das Segel Wind gefaßt,
So besteigen wir den Mast.
Sei zufrieden, Kapitän,
Wind und Wetter werden schön.
Laßt die Fahne lustig wehn!

3. Lustiger Matrosengesang
Tönet von des Meeres Strand,
Bald nach Süden, bald nach Nord
Treiben uns die Wellen fort
An so manchen schönen Ort.

4. Kommen wir nach England,
Ist Matrosen wohlbekannt,
Kehren wir zur Stadt hinein
Wo die schönen Mädchen sein,
Und man führt uns hübsch und fein.

5. Kommen wir nach Amerika,
Schöne Mädchen gibts auch da.
Sie reichen freundlich uns die Hand:
»Seid willkommen im fremden Land
Und gesund am Meeresstrand!«

6. Eins das macht mir viel Verdruß,
Weil ich von der Liebsten muß.
Fischlein schwimmen in dem Bach,
Liebchens Tränen schwimmen nach.
Und zuletzt ein heißes »Ach!«

7. Und wenn dann der Hafen winkt,
Werden Lieder angestimmt,
Und dann küß ich an der Zahl
Nach der Trennung harter Qual
Liebchen hunderttausendmal.

8. Aus ist nun des Schiffmanns Lied,
Er nimmt nun von der Welt Abschied.
Ziert sein Grab kein Leichenstein,
Frißt der Haifisch sein Gebein,
Er wird dennoch selig sein.

Studentenlieder

Von Heidelberg
und alter Burschenherrlichkeit,
von der Lore am Tore
und dem Wirtshaus an der Lahn

Das Wirtshaus an der Lahn

Es steht ein Wirtshaus an der Lahn, da halten alle Fuhrleut an. Die Wirtin sitzt am Ofen, die Gäste sitzen um den Tisch, den Wein will Niemand loben.

2. Frau Wirtin hat auch einen Mann,
Der spannt den Fuhrleut'n selber an;
Er schenkt vom allerbesten
Ulrichsteiner Fruchtbranntwein,
Den setzt er vor den Gästen.

3. Frau Wirtin hat auch einen Knecht,
Und was er tut, das ist ihr recht,
Er tät gern carressiren;
Des Morgens wenn er früh aufsteht,
Kann er kein Glied nicht rühren.

4. Frau Wirtin hat auch eine Magd,
Die sitzt im Garten und pflückt Salat;
Sie kann es kaum erwarten,
Bis daß das Glöcklein zwölfe schlägt,
Da kommen die Soldaten.

5. Als das Glöcklein zwölfe schlug,
Da hatte sie noch nicht genug,
Da fing sie an zu weinen:
Mit ei, ei, ei und ach, ach, ach:
»Nun habe ich wieder Keinen!«

6. Und wer hat wohl dies Lied gemacht?
Zwei Soldaten auf der Wacht,
Ein Tambour und ein Pfeifer,
Und wer das Lied nicht singen kann,
Der fang es an zu pfeifen.

Erste Fassung eines rheinischen Studentenliedes, das später mit unzähligen, meist unanständigen Versen ergänzt wurde.

Noah

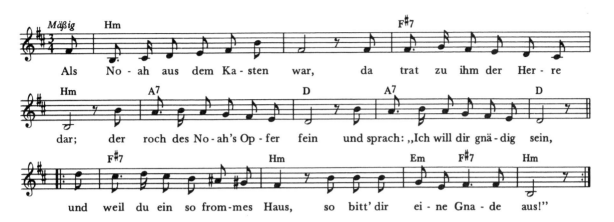

Als No-ah aus dem Ka-sten war, da trat zu ihm der Her-re dar; der roch des No-ah's Op-fer fein und sprach: „Ich will dir gnä-dig sein, und weil du ein so From-mes Haus, so bitt' dir ei-ne Gna-de aus!"

2. Fromm Noah sprach: »Ach lieber Herr,
Das Wasser schmeckt mir gar nicht mehr,
Dieweil darin ersäufet sind
All sündhaft Vieh und Menschenkind:
Drum möcht' ich armer alter Mann,
Ein anderweit Getränke ha'n!«

3. Da griff der Herr ins Paradies
Und gab ihm einen Weinstock süß
Und gab ihm guten Rat und Lehr'
Und sprach: »Den sollst du pflegen sehr.«
Und wies ihm Alles so und so;
Der Noah ward ohn' Maßen froh

4. Und rief zusammen Weib und Kind,
Darzu sein ganzes Hausgesind',
Pflanzt' Weinberg rings um sich herum:
Der Noah war fürwahr nicht dumm!
Baut' Keller dann und preßt' den Wein
Und füllt ihn gar in Fässer ein.

5. Der Noah war ein frommer Mann,
Stach ein Faß nach dem andern an
Und trank es aus zu Gottes Ehr':
Das macht' ihm eben kein Beschwer.
Er trank, nachdem die Sündflut war,
Dreihundert noch und fünfzig Jahr.

6. Ein kluger Mann hieraus ersieht,
Daß Weins Genuß ihm schadet nicht;
Und item, daß ein guter Christ
In Wein niemalen Wasser gießt:
Dieweil darin ersäufet sind
All sündhaft Vieh und Menschenkind.

Text von August Langbein 1810, Melodie von C. G. Reißiger 1824.

Bemooster Bursche

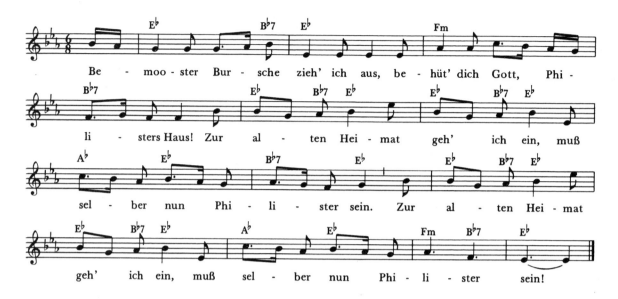

2. Fahrt wohl, ihr Straßen grad' und krumm!
Ich zieh' nicht mehr in euch herum,
Durchtön euch nicht mehr mit Gesang,
Mit Lärm nicht mehr und Sporenklang.

3. Was wollt ihr Kneipen all' von mir?
Mein Bleiben ist nicht mehr allhier.
Winkt nicht mit eurem langen Arm,
Macht mir mein durstig Herz nicht warm.

4. Es grüß' euch Gott, Collegia!
Wie steht ihr in Parade da!
Ihr dumpfen Säle, groß und klein,
Jetzt kriegt ihr mich nicht mehr hinein.

5. Auch du von deinem Giebeldach,
Siehst mir umsonst, o Karzer, nach.
Für schlechte Herberg' Tag und Nacht
Sei dir ein Pereat gebracht!

6. Du aber blüh und schalle noch,
Leb', alter Schlägerboden, hoch!
In dir, du treues Ehrenhaus,
Verfechte sich noch mancher Strauß!

7. Da komm' ich, ach, an Liebchens Haus:
O Kind, schau' noch einmal heraus!
Heraus mit deinen Äuglein klar,
Mit deinem dunkeln Lockenhaar!

8. Und weiter, weiter geht mein Lauf,
Tut euch, ihr alten Tore, auf!
Leicht ist mein Sinn und frei mein Pfad:
Gehab' dich wohl, du Musenstadt!

9. Ihr Brüder, drängt euch um mich her;
Macht mir mein leichtes Herz nicht schwer!
Auf frischem Roß, mit frohem Sang
Geleitet mich den Weg entlang!

10. Im nächsten Dorfe kehret ein,
Trinkt noch mit mir von einem Wein!
Nun denn, ihr Brüder, sei's weil's muß:
Das letzte Glas, den letzten Kuß!

Text von Gustav Schwab 1792–1850. Pereat (lat.): »er gehe zugrunde«, Schimpfwort der Studentensprache. Philister = ein im Berufsleben stehender Alter Herr. (Studentensprache)

Alt Heidelberg

2. Und kommt aus lindem Süden
der Frühling übers Land,
So webt er dir aus Blüten,
Ein schimmernd Brautgewand.
Auch mir stehst du geschrieben
Ins Herz gleich einer Braut,
Es klingt wie junges Lieben,
Dein Name mir so traut.

Und stechen mich die Dornen,
Und wird mir's drauß zu kahl,
Geb' ich dem Roß die Spornen
Und reit' ins Neckartal.

Text: Victor von Scheffel.
Melodie: Anton Zimmermann.

Die Hussiten zogen vor Naumburg

Die Hus-si-ten zo-gen vor Naum-burg ü-ber Je-na her und Kam-burg; auf der gan-zen Vo-gel-wies' sah man nichts als Schwert und Spieß, an die hun-dert-tau-send.

2. Als sie nun vor Naumburg lagen,
War darin ein Schrei'n und Klagen;
Hunger quälte, Durst tat weh,
Und ein einzig Lot Kaffee
Kam auf sechzehn Pfennig.

3. Als die Not nun stieg zum Gipfel,
Faßt' die Hoffnung man beim Zipfel,
Und ein Lehrer von der Schul
Sann auf Rettung und verful
Endlich auf die Kinder.

4. »Kinder«, sprach er, »ihr seid Kinder,
unschuldsvoll und keine Sünder;
Ich führ' euch zum Prokop hin,
Der wird nicht so grausam sin,
Euch zu massakrieren.«

5. Dem Prokopen tät es scheinen,
Kirschen kauft' er für die Kleinen,
Zog darauf sein langes Schwert,
kommandierte: »Rechts um kehrt!«
Hinterwärts von Naumburg.

6. Und zu Ehren der Mirakul
Ist alljährlich ein Spektakul,
Das Naumburger Kirschenfest,
Wo man's Geld in Zelten läßt.
Freiheit und Viktoria.

Hussiten: Anhänger des tschechischen Reformators Johannes Hus 1369–1415. Hussitenkriege von 1419–1436. Text aus dem Jahre 1832, von Karl Seyfert, damals Referendar in Naumburg an der Saale, später Konsistorialrat in Posen. Die Melodie ist eine alte Volksweise, zu der auch das folgende Lied gesungen wird:

Als die Römer frech geworden

1. Als die Römer frech geworden,
Zogen sie nach Deutschlands Norden:
Vorne beim Trompetenschall
Ritt der Gen'ralfeldmarschall,
Herr Quintilius Varus.

2. In dem Teutoburger Walde,
Hui! Wie pfiff der Wind so kalte!
Raben flogen durch die Luft
Und es war ein Moderduft,
Wie von Blut und Leichen.

3. Plötzlich aus des Waldes Duster
Brachen krampfhaft die Cherusker:
Mit Gott für Fürst und Vaterland
Stürzten sie, von Wut entbrannt,
Auf die Legionen.

4. Weh! Das war ein großes Morden.
Sie durchbrachen die Cohorten.
Nur die röm'sche Reiterei
Rettete sich in das Frei',
Denn sie war zu Pferde.

5. O Quiutili! Armer Feldherr,
Wußtest du, daß sie die Welt wär!
Er geriet in einen Sumpf.
Verlor zwei Stiefel und einen Strumpf
Und blieb elend stecken.

6. Da sprach er voll Ärgernussen
Zu Herrn Centurio Titussen:
»Kamerad, zeuch dein Schwert hervor
Und von hinten mich durchbohr,
Weil doch Alles pfutsch ist.«

7. In dem armen römschen Heere
Diente auch als Volontaire
Scaevola, ein Rechtscandidat,
Den man schnöd gefangen hat,
Wie die Andern alle.

8. Diesem ist es schlecht ergangen:
Eh' daß man ihn aufgehangen
Stach man ihn durch Zung und Herz,
Nagelte ihn hinterwärts
Auf sein Corpus Juris.

9. Als das Morden war zu Ende,
Rieb Fürst Hermann sich die Hände,
Und um sich noch mehr zu freun,
Lud er die Cherusker ein
Zu 'nem großen Frühstück.

10. Nur in Rom war man nicht heiter,
Sondern kaufte Trauerkleider.
Grade, als beim Mittagsmahl
August saß im Kaisersaal,
Kam die Trauerbotschaft.

11. Erst blieb ihm vor jähem Schrecken
Ein Stück Pfau im Halse stecken.
Dann geriet er außer sich
Und schrie: »Vare, schäme dich,
Rede Legiones!«

12. Sein deutscher Sklave, Schmidt geheißen,
Dacht', euch soll das Mäusle beißen,
Wenn er je sie wieder kriegt!
Denn wer einmal tot daliegt,
Wird nicht mehr lebendig.

Text von Viktor von Scheffel.

Studentenlob

Aus dem Anfang des 16. Jahrhunderts.

Die Lore am Tore

2. Und kommt sie getrippelt das Gäßchen herab,
So wird mir ganz schwül vor den Augen;
Und hör' ich von Weitem ihr leises Klippklapp,
Kein' Niet oder Band will mehr taugen.
Die Damen bei Hofe, so sehr sie sich zier'n,
Sie gleichen doch nicht meiner Lore.

3. Und kommet die liebe Weihnacht heran,
Und strotzt mir das Geld in der Westen,
Das Geld, das die Mutter zum Rock mir gesandt:
Ich geb's ihr, bei ihr ist's am besten.
Und würden mir Schätze vom Teufel gebracht,
Ich trüge sie alle zur Lore.

4. Und kommet nun endlich auch Pfingsten heran,
Nach Handwerksgebrauch müßt' ich wandern;
Dann werd' ich jedoch für mein eigenes Geld
Hier Bürger und Meister trotz andern.
Dann werde ich Meister in dieser Stadt:
Frau Meisterin wird meine Lore;
Dann geht es Juchheissa! bei Tag und bei Nacht,
Doch nicht mehr im Winkel am Tore.

Ursprünglich ein Handwerks-Lied, wurde jedoch in Commersbüchern abgedruckt und gehört zu den klassischen Studentenliedern.

Oh alte Burschenherrlichkeit

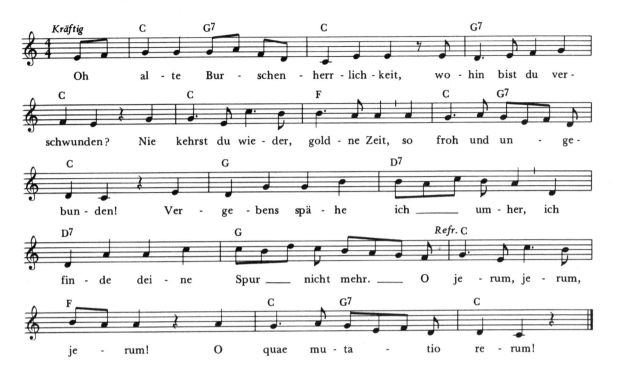

Oh al-te Bur-schen-herr-lich-keit, wo-hin bist du ver-schwunden? Nie kehrst du wie-der, gold-ne Zeit, so froh und un-ge-bun-den! Ver-ge-bens spä-he ich um-her, ich fin-de dei-ne Spur nicht mehr. O je-rum, je-rum, je-rum! O quae mu-ta-tio re-rum!

2. Den Burschenhut bedeckt der Staub,
Es sank der Flaus in Trümmer;
Der Schläger ward des Rostes Raub,
Erblichen ist sein Schimmer,
Verklungen der Commersgesang
Verhallt Rapier- und Sporenklang.

3. Wo sind sie, die vom breiten Stein
Nicht wankten und nicht wichen,
Die ohne Moos bei Scherz und Wein
Den Herrn der Erde glichen?
Sie zogen mit gesenktem Blick
In das Philisterland zurück:

4. Da schreibt mit finsterm Amtsgesicht
Der eine Relationen,
Der andre seufzt beim Unterricht,
Und der macht Rezensionen;
Der schilt die sünd'ge Seele aus
Und der flickt ihr verfallnes Haus:

5. Allein das rechte Burschenherz
Kann nimmermehr erkalten.
Im Ernste wird, wie hier im Scherz,
Der rechte Sinn stets walten;
Die alte Schale nur ist fern,
Geblieben ist uns doch der Kern,
Und den laßt fest uns halten.

6. Drum Freunde, reichet euch die Hand,
Damit es sich erneue,
Der alten Freundschaft heil'ges Band,
Das alte Band der Treue.
Klingt an und hebt die Gläser hoch:
Die alten Burschen leben noch,
Noch lebt die alte Treue!

Der Refrain des ersten Verses gilt auch für die 2., 3. und 4. Strophe und wird im 5. und 6. Vers durch Wiederholung der jeweils 7. Zeile ersetzt.

Studio auf einer Reis'

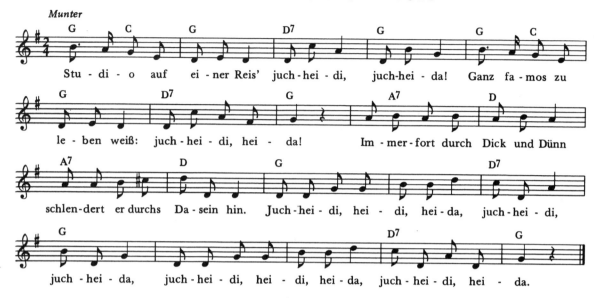

Studio auf einer Reis' juch-hei-di, juch-hei-da! Ganz famos zu leben weiß: juch-hei-di, hei-da! Immerfort durch Dick und Dünn schlendert er durchs Dasein hin. Juch-hei-di, hei-di, hei-da, juch-hei-di, juch-hei-da, juch-hei-di, hei-di, hei-da, juch-hei-di, hei-da.

2. Kehr'n wir in ein Wirtshaus ein,
Trinken wir stets Bier statt Wein;
Alle Mädel für uns glühn,
Denn wir trag'n braun, blau und grün.

3. Bayrisch Bier und Leberwurst,
Und ein Kind mit runder Brust,
Und ein Glas Krambambuli,
Donnerwetter Paraplui!

Die Melodie dieses Studentenliedes erfreute sich später allgemeiner Beliebtheit, als sie mit dem Text »Schön ist ein Zylinderhut« (Siehe Seite 236) unterlegt wurde.
Aus: »Deutsches Liederbuch, hauptsächlich zum Gebrauch der Studenten«, Nürnberg 1852.
»Krambambuli« ist die polnische Bezeichnung für das Danziger Kirschwasser und wurde von Studenten als Ausdruck für alkoholische Getränke schlechthin verwendet. Schon im Jahre 1745 schrieb Hofrat Wittekind aus Danzig ein Gedicht über den »Krambambuli«. Seine Verse wurden von einem unbekannten Komponisten vertont und von unbekannten Studenten mit neuen Strophen angereichert. »Krambambuli« ist eines der bekanntesten Studentenlieder geworden. Auf der folgenden Seite finden sich populäre und in Vergessenheit geratene Verse des »Krambambuli«-Liedes:

Krambambuli

Kram-bam-bu-li, das ist der Ti-tel des Tranks der sich bei uns be-währt. Des A-bends spät, des Mor-gens früh trink' ich ein Glas Kram-bam-bu-li, Kram-bim-bam-bam-bu-li, Kram-bam-bu-li.

Er ist ein ganz pro-ba-tes Mit-tel, wenn uns was Bö-ses wi-der-fährt.

2. Braust mir's im Kopf, reißt mich's im Magen,
Hab' ich zum Essen keine Lust;
Wenn mich die bösen Schnupfen plagen,
Hab' ich Katarrh auf meiner Brust:
Was kümmern mich die Medici?
Ich trink ein Glas Krambambuli.

3. Dein Regiment ist sehr gelinde
Und führt keine Bitterkeit;
Du hängst den Mantel nach dem Winde
Und schickst dich in die böse Zeit;
Darum, ihr Herrn Politici,
Rat' ich euch zum Krambambuli.

4. Du wärmst das Hirn, erfrischt die Sinnen,
Stärkst das Gedächtnis, schärfst den Witz;
Bei dir kann Faulheit nichts gewinnen,
Der Fleiß behauptet seinen Sitz;
Ist einer nur kein menschlich Vieh
So hilft ihm der Krambambuli.

5. Ist mir der Wechsel ausgeblieben,
Hat mich das Spiel auch arm gemacht,
Hat meine Doris nicht geschrieben,
Wird mir ein Trauerbrief gebracht,
Vertreib' ich die Melancholie
Mir durch ein Glas Krambambuli.

6. Soll ich die Jungfern caressiren
Und ein beredter Schmeichler sein,
Die Tänzerin manierlich führen,
So schenk' ich erst ein Schnäpschen ein;
Alsdann so gehts ohn' alle Müh;
Das tut der Geist Krambambuli.

7. Trinkt Wasser, wie die Bürstenbinder,
Reist nach Pyrmont und Schwalbach zu:
Mein Danziger treibt viel gelinder,
Befördert Dauung, Schlaf und Ruh':
Was soll die mineral'sche Brüh?
Gesünder ist Krambambuli.

8. Wär' Aesculapius noch vorhanden
Hippocrates und Trismegist,
Du machtest ihre Kunst zu Schanden
Nebst Paracelsens feiner List.
Gicht, Kolik, Stein, Hypochondrie
Verschwinden im Krambambuli.

9. Schlüg Eisenbart, der Krankheitsstürmer,
Noch jetzo seine Bühnen auf,
Du wärst sein mächtigster Beschirmer,
Halb Deutschland brächtest du in Lauf:
Ich wett – er rief cum emphasi,
Ihr Leut', kauft Krambambuli.

Doktor Eisenbart

Ich bin der Doktor Ei-sen-bart, val-le-ral-le-ri, juch-he!
ku-rier' die Leut nach mei-ner Art.
Kann ma-chen, daß die Blin-den gehn, val-le-ral-le-ri, juch-hei-sa-sa, und
daß die Lah-men wie-der sehn, val-le-ral-le-ri, juch-he!

2. In Wimphen accouchirte ich
Ein Kind zur Welt gar meisterlich
Dem Kind zerbrach ich sanft das G'nick,
Die Mutter starb zum guten Glück.

3. In Potsdam trepanierte ich
Den Koch des großen Friederich:
Ich schlug ihm mit dem Beil vor'n Kopf,
Gestorben ist der arme Tropf.

4. Zu Ulm kuriert' ich einen Mann,
Daß ihm das Blut vom Beine rann:
Er wollte gern gekuhpockt sein,
Ich impft' ihn mit dem Bratspieß ein.

5. Des Küsters Sohn in Dideldum,
Dem gab ich zehn Pfund Opium;
Drauf schlief er Jahre, Tag und Nacht,
Und ist bis jetzt noch nicht erwacht.

6. Sodann dem Hauptmann von der Lust
Nahm ich drei Bomben aus der Brust;
Die Schmerzen waren ihm zu groß:
Wohl ihm! er ist die Bomben los.

7. Es hatt' ein Mann in Langesalz
Ein'n zentnerschweren Kropf am Hals,
Den schnürt' ich mit dem Heuseil zu:
Probatum est, er hat jetzt Ruh':

8. Zu Prag da nahm ich einem Weib
Zehn Fuder Steine aus dem Leib;
Der letzte war ihr Leichenstein:
Sie wird wohl jetzt kurieret sein.

9. Das ist die Art, wie ich kurier`.
Sie ist probat, ich bürg dafür;
Daß jedes Mittel Wirkung tut,
Schwör' ich bei meinem Doktorhut.

Johann Andreas Eisenbart (1661–1727) erlernte als Lehrling eines Chirurgen das Handwerk des »Steinschneiders« und »Starstechers«, zog mit einem Troß von Gauklern, Bärentreibern, Seiltänzern und Musikanten von Jahrmarkt zu Jahrmarkt und bot marktschreierisch seine Künste an. Die Wissenschaft hat erst in jüngster Zeit festgestellt, daß er keinesfalls der in diesem Studentenlied spöttisch besungene Quacksalber war, sondern einer der besten Chirurgen seiner Zeit, der den gelehrten Medizinern viele Anregungen gab. Obwohl er keinen Doktor-Titel tragen durfte, war er »Königlich Großbritannischer und Kurfürstlich Braunschweigisch-Lüneburgischer privilegierter Landarzt«, »Königlich Preussischer Rat« und »Hofoculist von Magdeburg«. Die Deutsche Bundespost ließ 1977 anläßlich seines 250. Todestages eine Gedenkbriefmarke drucken.

Gaudeamus igitur

Gau-de-a-mus i-gi-tur, ju-ve-nes dum su-mus;
post jo-cun-dam ju-ven-tu-tem, post mo-le-stam se-nec-tu-tem
nos ha-be-bit hu-mus, nos ha-be-bit hu-mus.

2. Ubi sunt, qui ante nos
In mundo fuere?
Vadite ad superos,
Transite ad inferos,
Ubi jam fuere.

3. Vita nostra brevis est,
Brevi finietur,
Venit mors velociter,
Rapit nos atrociter,
Nemini parcetur.

4. Vivat academia,
Vivant professores,
Vivat membrum quodlibet,
Vivant membra quaelibet,
Semper sint in flore!

5. Vivant omnes virgines
Faciles, formosae,
Vivant et mulieres,
Vivant et mulieres
Bonae, laboriosae!

6. Vivat et respublica
Et qui illam regit,
Vivat nostra civitas,
Maecenatum caritas,
Quae nos hic protegit!

7. Pereat tristitia,
Pereant osores,
Pereat diabolus,
Quivis antiburschius,
Atque irrisores!

Das älteste Studentenlied überhaupt. War schon im 13. Jahrhundert das Lied der fahrenden Schüler. Der lateinische Text wurde vielfach umgedichtet. Die hier abgedruckte Fassung stammt aus dem 18. Jahrhundert. Die älteste dichterische Übersetzung ins Deutsche schuf Johann Christian Günther (1695–1723). Seine Version hat sechs Strophen; die jeweils 3. und 4. Zeilen werden zur Melodie der 1. und 2. Zeile wiederholt:

Brüder, laßt uns lustig sein

1. Brüder, laßt uns lustig sein,
Weil der Frühling währet,
Und der Jugend Sonnenschein
Unser Land verkläret:
Grab und Bahre warten nicht;
Wer die Rosen jetzo bricht,
Dem ist der Kranz bescheret.

2. Wo sind diese, sagt es mir,
Die vor wenig Jahren
Eben also gleich wie wir
Jung und fröhlich waren?
Ihre Leiber deckt der Sand,
Sie sind in ein ander Land
Aus dieser Welt gefahren.

3. Unsers Lebens schnelle Flucht
Leidet keinen Zügel,
Und des Schicksals Eifersucht
Macht ihr stetig Flügel:
Zeit und Jahre fliehn davon,
Und vielleicht schnitzt man schon
An unsers Grabes Riegel.

4. Wer nach unsern Vätern forscht,
Mag den Kirchhof fragen:
Ihr Gebein, so längst vermorscht,
Wird ihm Antwort sagen.
Kann uns doch der Himmel bald,
Eh die Morgenglocke schallt,
In unsre Gräber tragen.

5. Unterdessen seid vergnügt,
Laßt den Himmel walten!
Trinkt, bis euch das Bier besiegt,
Nach Manier der Alten!
Fort mir wässert schon das Maul,
Und ihr Andern seid nicht faul,
Die Mode zu erhalten.

6. Dieses Gläschen bring ich dir,
Daß die Liebste lebe,
Und der Nachwelt bald von dir
Einen Abriß gebe!
Setzt ihr Andern gleichfalls an,
Und wenn dieses ist getan,
So leb der edle Rebe!

*Der lateinische Text
wurde auch in das folgende
deutsche Volkslied eingebaut:*

Goldene Burschenzeit entflog

Als ich schlummernd lag heut' nacht, lockten süße Träume,
schimmernd in der Jugend Pracht, mich in ferne Räume.
Krasses Füchslein saß ich schlank in der Kneipe wieder, und in vollem
Chore klang laut das Lied der Lieder: Gaudeamus igitur,
iuvenes dum sumus. Post iucundam iuventutem,
post molestam senectutem
nos habebit humus, nos habebit humus.

2. Tabakswolkenduft umkreist,
Bläulich, Rheinweinbecher;
Desto heller flammt der Geist
In dem Haupt der Zecher,
Füchslein fühlt im Weltenrund
Sich der Schöpfung Krone;
Und er singt mit keckem Mund
Und mit keckem Tone:
Ubi sunt...

3. Jäh erwacht' ich. Glockenklar
Tönt mir's in den Ohren:
Heut' sind's runde siebzig Jahr',
Seit du wardst geboren.
Heut' schon liegen hinter dir
Der Semester hundert!
Hell rieb ich die Augen mir,
Summte still verwundert:
Vita nostra brevis est...

4. Schnell vom Lager sprang ich auf,
Rief: Mir hat das Leben
Viel in seinem kurzen Lauf,
Leid und Lust, gegeben.
Sei vergessen, was gedrückt
Mich mit Sorg' und Plage;
Heut' ein Hoch dem, was beglückt'
Meine jungen Tage:
Vivat academica...

5. Goldne Burschenzeit entflog
Schnell – daß Gott erbarme!
Ledern Philisterium zog
Mich in dürre Arme.
Doch philistern lernt' ich nicht,
Hoch, auf goldnen Schwingen,
Trug mich Lieb' zum Himmelslicht,
Jubelnd durft' ich singen:
Vivant omnes virgines...

6. Weib und Kinder an der Hand,
Freut' ich mich des Lebens;
Nützlich sein dem Vaterland,
Ward das Ziel des Strebens,
Konnte sich's zum Paradies
Auch nicht ganz gestalten.
Treue, die ich ihm erwies,
Hat's mir doch gehalten.
Vivat et respublica...

7. Im latein'schen Liede sang
heut' ich alter Knabe
Meines Lebens ganzen Gang
Von der Wieg' zum Grabe;
Komme, wann du willst, Freund Hein,
Mich zur Ruh' zu bringen;
Doch, wie einst als Füchslein,
Will der Greis noch singen:
Pereat tristitia...

Bier her!

Bier her! Bier her! O-der ich fall' um, juchhe! um! Soll das Bier im Kel-ler lie-gen,
und ich hier die Ohnmacht kriegen?

2. Bier her! Bier her! Oder ich fall' um, juchhe!
Wenn ich nicht gleich Bier bekumm',
Schmeiß' ich die ganze Kneipe um!

Trinklieder

Von der Liebe
und vom Wein,
von Säuferlust
und des Trinkers Testament

Mein Lebenslauf ist Lieb und Lust

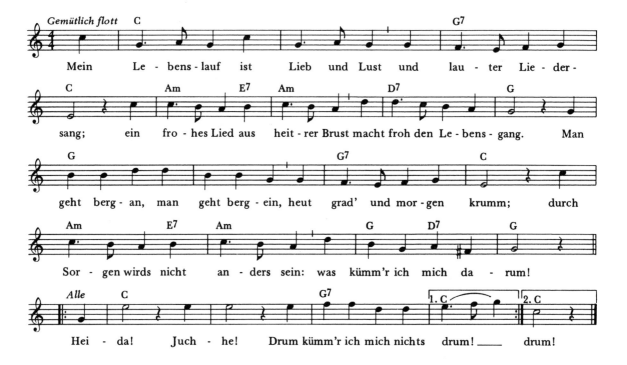

2. Es wird ja auch der junge Most
Gekeltert und gepreßt:
Doch braust er auf, wird Götterkost,
Bereitet manches Fest;
Was wundr' ich mich? Mir geht es just
Nicht anders wie dem Wein:
Drum braus' ich auch in Lieb' und Lust,
Das wird das Beste sein.

3. Die Zeit ist schlecht. Mit Sorgen trägt
Sich mancher ohne Mut;
Doch wo ein Herz voll Freude schlägt,
Da ist die Zeit noch gut.
Herein, herein du lieber Gast,
Du Freude komm zum Mahl!
Würz' uns, was du bescheret hast,
Kredenze den Pokal!

Der versoffene Fahnenschmied

Das neue Lied, das neue Lied
Von dem versoffnen Fahnenschmied
Und wer das neue Lied nicht kann,
Der fang es heut zu lernen an!
Und wer das Lied nicht weiter kann,
Der fange es von vorne an!

*Aus Berlin. Fahnenschmied ist eine Verballhornung
von Pfannenschmied. Wird zur Melodie von
»O Tannenbaum« gesungen (siehe Seite 314).*

Wer niemals einen Rausch gehabt

Wer niemals einen Rausch gehabt, das ist kein rechter Mann, das ist kein rechter Mann. Da dreht sich Alles um und um in unserm Capitolium, in unserm Capitolium!

Wer seinen Durst mit Seideln labt, fang' lieber gar nicht an, fang' lieber gar nicht an!

2. Doch zu viel trinken ist nicht gut,
Drei Quart sind eben recht:
Da steht auf einm Ohr der Hut,
Ist nur der Wein auch echt.
Trinkt unser einer zuviel doch,
So find't er nicht das Schlüsselloch.

3. Ein jeder Trinker, lebe hoch,
Der bei dem vollen Glas
Schon oft der Arbeit hartes Joch,
Des Lebens Müh' vergaß.
Der dich verschmäht, du edler Wein
Der ist nicht wert, ein Mensch zu sein.

4. Wenn rein wie Gold das Rebenblut
In unsern Gläsern blinkt,
Sich jeder Zecher wohlgemut
Ein kleines Räuschchen trinkt,
Dann scheint die Welt mit ihrer Pracht
Für muntre Trinker nur gemacht.

5. Drum trink' ich, weil ich trinken kann
Und mir das Weinchen schmeckt,
So lange, bis der Sensenmann
Ins kühle Grab mich streckt.
Denn endet sich mein Lebenslauf,
So hört von selbst das Trinken auf.

Aus dem Singspiel »Das neue Sonntagskind«
von Joachim Perinet (Text) und Wenzel Müller
(Melodie). Uraufführung in Wien 1794.

Werft den Wirt zum Fenster raus

Wer-den wir so trau-rig sein, gebt uns ein größ-res Glas! Al-le mei-ne
Hol-la! Wirth, den be-sten Wein, geht vor das größ-te Faß!
Le-be-tag und im-mer so da-her, a-ber-mal und im-mer so da-her. Job!

2. Holla Herren streichet auf!
Das Spiel gehört zum Wein;
Wagt ein Tausend Saiten drauf
Und laßt uns lustig sein!

3. Lustig in dem alten Haus,
Kehrt Tisch und Bänk herum!
Werft den Wirt zum Fenster raus
Da kugelt er herum!

4. Bruder bring mir eines zu!
Auf alter Weiber Heil!
Bring es her auf Du und Du,
Es gilt dem halben Teil.

Bringt mir Blut der edlen Reben

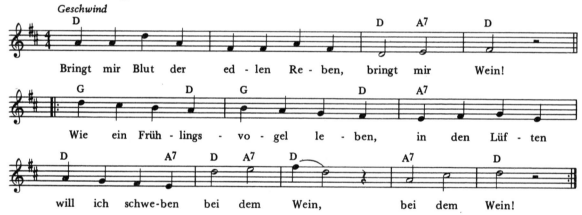

Bringt mir Blut der ed-len Re-ben, bringt mir Wein!
Wie ein Früh-lings-vo-gel le-ben, in den Lüf-ten
will ich schwe-ben bei dem Wein, bei dem Wein!

2. Bringt mir Mägdlein, hold und mundlich,
Zu dem Wein
Rollt die Stunde glatt und rundlich,
Greif' ich mir die Lust sekundlich,
In dem Wein.

3. Heil dir, Quell der süßen Wonne
In dem Wein!
Ach, schon seh' ich Frühlingssonne,
Mond und Sternlein in der Tonne,
In dem Wein.

4. Heil dir, Quell der süßen Liebe,
In dem Wein!
Sorgen schleichen weg wie Diebe
Und wie Helden glühn die Triebe
Durch den Wein.

5. Und dies Letzt', wem soll ichs bringen
In dem Wein?
Süßestes von allen Dingen
Dir, o Freiheit, will ichs bringen
In dem Wein.

Text und Melodie von Ernst Moritz Arndt
(1769–1860)

Im Krug zum grünen Kranze

Im Krug zum grü-nen Kran-ze, da kehrt' ich dur-stig ein; da saß ein Wand-rer drin-nen, drin-nen am Tisch beim küh-len Wein.

2. Ein Glas ward eingegossen,
Das wurde nimmer leer,
Sein Haupt ruht auf dem Bündel,
Als wär`s ihm viel zu schwer.

3. Ich tät mich zu ihm setzen,
Ich sah ihm ins Gesicht,
Das schien mir gar befreundet,
Und dennoch kannt` ich`s nicht.

4. Da sah auch mir ins Auge
Der fremde Wandersmann,
Und füllte meinen Becher
Und sah mich wieder an.

5. Hei! Wie die Gläser klangen,
Wie brannte Hand in Hand:
Es lebe die Liebste deine,
Herzbruder, im Vaterland!

Text von Wilhelm Müller zu einer alten Volksweise.

Im tiefen Keller sitz ich hier

2. Mich plagt ein Dämon, Durst genannt;
Doch um ihn zu verscheuchen,
Nehm' ich mein Deckelglas zur Hand
Und laß mir Rheinwein reichen.
Die ganze Welt erscheint mir nun
In rosenroter Schminke;
Ich könnte niemand Leides tun,
Ich trinke, trinke, trinke.

3. Allein mein Durst vermehrt sich nur
Bei jedem vollen Becher;
Dies ist die leidige Natur
Der ächten Rheinweinzecher!
Doch tröst' ich mich, wenn ich zuletzt
Vom Faß zu Boden sinke;
Ich habe keine Pflicht verletzt:
Denn ich trinke, trinke, trinke.

Aus dem 19. Jahrhundert
Text: Karl Müchler
Melodie: Ludwig Fischer.

Die versoffenen Kleider

2. Der erste war ein Müller,
Der zweite ein Edelmann,
Und der dritte war ein Soldate,
Nahm das Mädchen bei der Hand.

3. Er nahm sie, er führt' sie,
In das Wirtshaus hinein,
Und das Mädchen hat schöne Kleider,
Versoffen soll'n sie sein!

4. Versoffen sind die Kleider,
Kein Geld ist mehr da:
Ei so muß ja das arme Mädchen
Bei der Nacht nach Hause gehn.

5. Nach Hause, nach Hause
In das teure Heimatland:
»Ei so wollt ich, daß ich all mein Leben lang
Kein Soldate hätt' gekannt!«

Trink, Bruder, trink

1. Trink, Bruder, trink
Und halt dich wacker und flink!
Morgen kommt der Engelländer,
Bringt den Beutel mit dem Gelde.
Trink, Bruder, trink,
Und halt dich wacker und flink!

2. Trink, Bruder, trink
Und halt dich wacker und flink!
Morgen kommt der Störzenbecher
Bringt ein Sack voll Schreckenberger.
Trink, Bruder, trink
Und halt dich wacker und flink!

3. Trink, Bruder, trink
Und halt dich wacker und flink!
Morgen kommt der Mann vom Rhein
Bringt den rechten guten Wein.
Trink, Bruder, trink
Und halt dich wacker und flink!

Wird zur Melodie »Zieh, Schimmel, zieh« gesungen (siehe Seite 278).

Drohend sprach das Furchtgerippe

Ge - stern, Brü - der, könnt ihrs glau - ben? Ge - stern bei dem Saft der Trau - ben, stellt euch mein Ent - set - zen für: ge - stern kam der Tod zu mir.

2. Drohend schwang er seine Hippe,
Drohend sprach das Furchtgerippe:
»Fort, du teurer Bacchusknecht!
Fort, du hast genug gezecht!«

3. »Lieber Tod«, sprach ich mit Tränen,
»Solltest du nach mir dich sehnen?
Sieh, da steht Wein für dich!
Lieber Tod, verschone mich!«

4. Lächelnd greift er nach dem Glase,
Lächelnd macht' er's auf der Base,
Auf der Pest Gesundheit leer;
Lächelnd setzt er's wieder her.

5. Fröhlich glaub' ich mich befreit,
Bis er schnell sein Drohn erneuet:
»Narr, für einen Tropfen Wein,
Denkst du, spricht er, los zu sein?«

6. »Tod« – bat ich – »ich möcht' auf Erden
Gern ein Mediziner werden.
Laß mich, ich verspreche dir
Meine Kranken halb dafür!«

7. »Gut, wenn das ist, magst du leben!«
Ruft er, »nur sei mir ergeben!
Lebe, bis du satt geküßt
Und des Trinkens müde bist!«

8. »O wie schön klingt dies den Ohren!
Tod, du hast mich neu geboren.
Dieses Glas voll Rebensaft,
Tod, auf gute Brüderschaft!

9. Ewig muß ich also leben,
Ewig denn, beim Glas der Reben!
Ewig soll mich Lieb' und Wein,
Ewig Wein und Lieb' erfreun!«

*Von Gotthold Ephraim Lessing (1729–1781)
zu einer Melodie unbekannter Herkunft.*

Stirb, oder entsage dem Wein

Einst hat mir mein Leibarzt geboten: Stirb, oder entsage dem Wein, dem weißen sowohl als dem roten, sonst wird es dein Untergang sein, sonst wird es dein Untergang sein!

2. Ich hab' ihm es heilig versprochen,
Auf etliche Jahre zwar nur,
Doch nach zwei so schrecklichen Wochen
Vergaß ich den albernen Schwur.

3. Wie trefflich bekam mir die Speise,
Wie schlief ich so ruhig die Nacht,
Wie war ich so munter, so weise,
So fröhlich zum Sterben gemacht.

4. Tod, höre, man hat mir befohlen:
»Stirb, oder entsage dem Wein!«
Sieh, wenn du willst, kannst du mich holen
Hier sitz' ich und schenke mir ein!

Trinkers Testament

Ihr Brü - der, wenn ich nicht mehr trin - ke und matt von Gicht und Po - da - gra hier auf das Kran - ken - la - ger sin - ke, so glaubt, es ist mein En - de da. Vi - val - le - ral - le - ra, vi - val - le - ral - le - ra, vi - val - le - ral - le - ra, vi - val - le - ra.

2. Sterb' ich nun heute oder morgen,
So ist mein Testament gemacht;
Für das Begräbnis müßt ihr sorgen,
Doch ohne Glanz und ohne Pracht.

3. Beim Sarge laßt es nur bewenden,
Legt mich nur in ein rheinisch Faß;
Statt der Zitrone in den Händen,
Reicht mir ein volles Deckelglas.

4. Im Keller sollt ihr mich begraben,
Wo ich so manches Faß geleert,
Den Kopf muß ich beim Zapfen haben,
Die Füße nach der Wand gekehrt.

5. Und wollt ihr mich zum Grab' geleiten,
So folget alle Mann für Mann;
Um Gotteswillen laßt das Läuten
Stoßt wacker mit den Gläsern an.

6. Auf meinen Grabstein setzt die Worte:
»Er ward geboren, wuchs und trank;
Jetzt ruht er hier an diesem Orte,
Wo er gezecht sein lebelang.«

Spiel, Scherz und Schnaderhüpferl

Von Zigeunerweisheit
und vom Zylinderhut,
vom lieben Augustin
und von de schwäb'sche Eisebahne

Auf de schwäb'sche Eisebahne

2. Auf de schwäb'sche Eisebahne
Gibt es viele Restauratione,
Wo ma esse, trinke ka,
Alles, was der Mage ma.

3. Auf de schwäb'sche Eisebahne
Braucht ma keine Postillione.
Was uns sonst das Posthorn blies,
Pfeift jetzt die Lokomitiv.

4. Auf de schwäb'sche Eisebahne
könne Kuh und Ochse fahre,
D' Studente fahre erste Klass',
Sie mache das halt nur zum Spaß.

5. Auf de schwäb'sche Eisebahne
Wollt amal a Bäurle fahre,
Geht an Schalter, lüpft de Hut:
»Oi Billettle, seid so gut!«

6. Eine Geiß hat er sich kaufet
Und daß die ihm nit entlaufet,
Bindet sie de gute Ma
Hinte an de Wage a.

7. »Böckli, tu nur woidle springe,
'S Futter werd i dir scho bringe.«
Setzt si zu seim Weible na
Und brennt's Tabakpfeifle a.

8. Auf de nächste Statione,
Wo er will sei Böckle hole,
Find't er nur no Kopf und Soil
An dem hintre Wagetoil.

9. Do kriegt er en große Zorn,
Nimmt de Kopf mitsamt dem Horne,
Schmeißt en, was er schmeiße ka,
Den Konduktör an Schädel na:

10. »So, du kannst de Schade zahle,
Warum bis d' so schnell gefahre!
Du alloin bis schuld dara,
Daß i d'Goiß verlaure ha!«

11. So, jetzt wär das Lied gesunge,
'S hätt' euch wohl in d'Ohre geklunge,
Wer 's no nit begreife ka,
Fangs no mal von vorne a!

Schwäbisches Volkslied.

Alleweil kann mer net lustig sein!

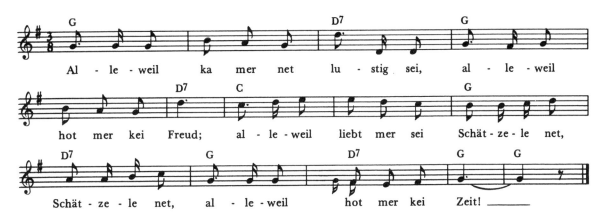

2. Alle Tag, woni di gsehe han,
Han i mei Freud ghet an dir;
Wenn i en Tag lang di gar net sich, gar net sich,
Kommest mer no schöner du für.

3. Äugele hot se in ihrem Kopf,
Grad wie von weitem zwei Stern,
Wie der Karfunkel im Ofe glitzt, Ofe glitzt,
Wie na Licht in der Latern.

Schwäbisches Schnaderhüpferl

Der liebe Augustin

2. O, du lieber Augustin, Augustin, Augustin,
O, du lieber Augustin, alles ist hin!
Stock ist weg, Rock ist weg, Augustin liegt im Dreck,
O, du lieber Augustin, alles ist hin.

*Augustin war ein fahrender Spielmann des
17. Jahrhunderts, der – Sage oder Wirklichkeit? –
ungeachtet der Ansteckungsgefahren die Pestkranken
mit seinem Gesang unterhielt.*

Sie bezahlen nicht gern

Die heil-gen drei Kö-nig mit ih-rem Stern, sie es-sen, sie trin-ken und be-zah-len nicht gern; sie es-sen gern, sie trin-ken gern, sie es-sen, trin-ken und be-zah-len nicht gern.

2. Die heil'gen drei König' sind kommen allhier,
Es sind ihrer drei und sind nicht ihrer vier.
Und wenn zu dreien der vierte wär'.
So wär' ein heiliger drei König mehr.

3. Ich erster bin der weiß' und auch der schön',
Bei Tage solltet ihr erst mich sehn!
Doch ach mit allen Specerein
Werd' ich sein Tag kein Mädchen mehr erfreu'n.

4. Ich aber bin der braun' und bin der lang',
Bekannt bei Weibern wohl und bei Gesang.
Ich bringe Gold statt Specerein,
Da werd' ich überall willkommen sein.

5. Ich endlich bin der schwarz' und bin der klein'
Und mag auch wohl einmal recht lustig sein.
Ich esse gern, ich trinke gern,
Ich esse, trinke und bedanke mich gern.

6. Die heil'gen drei König' sind wohlgesinnt,
Sie suchen die Mutter und das Kind:
Der Joseph fromm sitzt auch dabei,
Der Ochs und Esel liegen auf der Streu.

7. Wir bringen Myrrhen, wir bringen Gold,
Dem Weihrauch sind die Damen hold;
Und haben wir Wein von gutem Gewächs,
So trinken wir drei so gut als ihrer sechs.

8. Da wir nun hier schöne Herrn und Frau'n,
Aber keine Ochsen und Esel scheu'n,
So sind wir nicht am rechten Ort,
Und ziehen unseres Weges weiter fort.

Spottlied von Johann Wolfgang Goethe in Anlehnung an das Kinderlied »Die heiligen drei Könige«. (Siehe Seite 124) Melodie von Karl Friedrich Zelter.

Schön ist ein Zylinderhut

1. Schön ist ein Zylinderhut,
Wenn man ihn besitzen tut,
Doch von ganz besondrer Güte
Sind stets zwei Zylinderhüte.

2. Hat man der Zylinder drei,
Hat man einen mehr als zwei;
Vier Zylinder, das sind grad
Zwei Zylinder zum Quadrat.

3. Fünf Zylinder sind genau
Für drei Kinder, Mann und Frau;
Sechs Zylinder, das ist toll,
Mach'n das halbe Dutzend voll.

4. Sieben Zylinder sind genug,
Für 'nen kleinen Leichenzug,
Hat man der Zylinder acht,
Wird der Pastor auch bedacht.

5. Hat man der Zylinder neun,
Kriegt der Küster auch noch ein'n;
Zehn Zylinder sind bequem
Für das Dezimalsystem.

6. Elf Zylinder, o wie fein,
Sind zwölf Zylinder minus ein'n;
Zwölf Zylinder, o wie schön,
Würden den Aposteln stehn.

Wird zur Melodie »Studio auf einer Reis'« gesungen (Siehe Seite 216).

Grün, grün, grün

Grün, grün, grün sind al-le mei-ne Klei-der; grün, grün, grün ist al-les, was ich hab.
Da-rum lieb ich al-les, was grün ist, weil mein Schatz ein Jä-ger ist.

2. Rot, rot, rot sind alle meine Kleider,
Rot, rot, rot ist alles was ich hab,
Darum lieb ich alles, was rot ist,
Weil mein Schatz ein Reiter ist.

3. Blau, blau, blau sind alle meine Kleider,
Blau, blau, blau ist alles was ich hab.
Darum lieb ich alles, was blau ist,
Weil mein Schatz ein Matrose ist.

4. Schwarz, schwarz, schwarz sind alle meine Kleider,
Schwarz, schwarz, schwarz ist alles was ich hab.
Darum lieb ich alles, was schwarz ist,
Weil mein Schatz ein Schornsteinfeger ist.

5. Weiß, weiß, weiß sind alle meine Kleider,
Weiß, weiß, weiß ist alles was ich hab,
Darum lieb ich alles, was weiß ist,
Weil mein Schatz ein Müller ist.

6. Bunt, bunt, bunt sind alle meine Kleider,
Bunt, bunt, bunt ist alles was ich hab,
Darum lieb ich alles, was bunt ist,
Weil mein Schatz ein Maler ist.

Das A B C

A B C D, wenn ich dich seh', dich, meine süße Lust,
klopft die bewegte Brust, wird mir so wohl, so weh, wenn ich dich seh'.

2. E F G H, Wärst du doch da!
Drückte mein treuer Arm.
Holde, dich, liebewarm!
Schätzchen, ach wärst du da,
Wärst du mir nah'!

3. I K und L, Äuglein so hell
Glänzen in Liebespracht
Mir aus der Wimpern Nacht,
Trafen mich blitzesschnell,
Äuglein so hell!

4. M N O P, Gleich einer Fee
Fesselst du Herz und Sinn,
Grübchen in Wang' und Kinn,
Rosenglut, Liebesschnee,
Reizende Fee!

5. Q R S T, Scheiden tut weh;
Halte mein Herz und Mund
Treu an dem Liebesbund!
Sag' du mir nie Ade!
Scheiden tut weh.

6. U V W X, Mach' einen Knix,
Drückt dir ein junger Fant
Zärtlich die Schwanenhand;
Aber nur ernsten Blicks
Mach' einen Knix!

7. Ypsilon Z, Nun geh zu Bett.
Bricht doch die Nacht schon ein,
Kann ja nicht bei dir sein,
Wenn ich auch Flügel hätt'.
Nun geh zu Bett!

Im Jahre 1820 entstanden.
Text: Wilhelm Gerhard,
Melodie: August Pohlenz.

Vo Luzern auf Wäggis zue

Vo Luzern auf Wäggis zue, holladiho, holladiho,
brucht me weder Strümpf noch Schueh, holladihiaho, hia-holladiho, holladiho,
holladiho, hia-holladiho, holladihiaho.

2. Fahr im Schiffli übern See,
Um die schönen Maidli z'seh.

3. »Hansli, trink mer nit zu viel,
'S Galdi mueß verdienet si.«

4. »Maidli, laß das Gambele goh,
'S Gambele wird dir scho vergoh.«

Aus der Gegend des Bodensees

Schnaderhüpferl

Drei Wo-chen vor O-stern, da geht der Schnee weg, da hei-rat mein Schätz-chen, da hab ich 'nen Dreck.

Treu hab ich geliebet
Was hab ich davon?
Mein Schätzchen betrübet,
Das hab ich zum Lohn.

Drei Rosen im Garten
Drei Vöglein im Wald:
Im Sommer ists lieblich.
Im Winter ists kalt.

Wie hoch ist der Himmel,
Wie leuchten die Stern:
Wie haben die Buben
Die Mädchen so gern.

Ein altes Paar Ochsen
Eine schwarzbraune Kuh,
Die gibt mir mein Vater
Wenn ich heiraten tu.

Gibt er sie mir nicht,
So heirat ich nicht,
So bleib ich beim Schätzchen
Und sag es ihm nicht.

Du lüderlich Bürschchen
Wann wirst du gescheidt?
Wanns Buttermilch regnet,
Und Sauerkraut schneit.

Was braucht denn ein Jäger?
Ein Jäger braucht nix
Als ein schwarzäugig Dirndl
A Hund und a Büchs.

Mein Vater hat gar nichts
Als e buntscheckige Kuh,
E Hasperl und e Spinnrad
Und a Bettstatt dazu.

*Typische Schnaderhüpferl
aus Süddeutschland.*

Drei Ochsen, vier Kühe
Sind sieben Stück Viehe,
Die Hörner sind krumm:
Und die Leute sind dumm.

Auf der Lüneburger Heide
Da steht ein Karoussell:
Da tanzen sechs Schneider
Um ein Wasserboutell.

Dort oben auf dem Berge
Da steht ein Franzos,
Hats Mädel im Arme
Und küsset drauf los.

Dort unten im Teiche
Da schwimmt ein Fisch:
Und mein Schatz ist mir lieber
Als das Geld auf dem Tisch.

Der Bauer schickt den Jockel aus

2. Der Bauer schickt den Knecht hinaus,
Er sollt den Jockel holen.
Der Knecht, der wollt nicht Jockel holen,
Jockel wollt nicht Haber schneiden.

3. Der Bauer schickt den Hund hinaus,
Er sollt den Knecht beißen.
Der Hund wollt den Knecht nicht beißen,
Der Knecht wollt nicht den Jockel holen*

* Ab hier werden am Ende jeder Strophe die jeweils letzten Zeilen der vorherigen Verse in der Reihenfolge von unten nach oben angefügt.

4. Der Bauer schickt den Klippel naus,
Er soll den Hund schlagen,
Der Klippel wollt den Hund nicht schlagen,
Der Hund, der wollt den Knecht nicht beißen ...

5. Der Bauer schickt das Feuer naus,
Es soll den Klippel brennen.
Das Feuer wollt den Klippel nicht brennen,
Der Klippel wollt den Hund nicht schlagen ...

6. Der Bauer schickt das Wasser naus,
Es sollt das Feuer löschen.
Das Wasser wollt nicht Feuer löschen,
Das Feuer wollt nicht Klippel brennen ...

7. Der Bauer schickt den Ochsen naus,
Er sollt das Wasser saufen.
Der Ochs, der wollt nicht Wasser saufen,
Das Wasser wollt nicht Feuer löschen ...

8. Der Bauer schickt den Fleischer naus,
Er sollt den Ochsen schlachten,
Der Fleischer wollt den Ochs nicht schlachten,
Der Ochse wollt nicht Wasser saufen ...

9. Der Bauer schickt den Geier naus,
Er sollt den Fleischer holen.
Der Geier wollt nicht Fleischer holen,
Der Fleischer wollt den Ochs nicht schlachten ...

10. Der Bauer schickt die Hexe naus,
Sie sollt den Geier bannen.
Die Hexe wollt nicht Geier bannen,
Der Geier wollt nicht Fleischer holen ...

11. Der Bauer schickt den Henker naus,
Er sollt die Hexe verbrennen.
Der Henker wollt nicht Hexe verbrennen,
Die Hexe wollt nicht Geier bannen ...

12. Der Bauer schickt den Vater naus,
Er soll den Henker töten.
Eh ich mich will töten lassen, will ich die Hexe verbrennen.
Eh ich mich will verbrennen lassen, will ich den Geier bannen.
Eh ich mich will bannen lassen, will ich den Fleischer holen.
Eh ich mich will holen lassen, will ich den Ochsen schlachten.
Eh ich mich will schlachten lassen, will ich das Wasser saufen.
Eh ich mich will saufen lassen, will ich das Feuer löschen.
Eh ich mich will löschen lassen, will ich den Klippel brennen.
Eh ich mich will brennen lassen, will ich den Hund schlagen.
Eh ich mich will schlagen lassen, will ich den Knecht beißen.
Eh ich mich will beißen lassen, will ich den Jockel holen.
Eh ich mich will holen lassen, will ich den Haber schneiden.

Typisches Beispiel einer Zählgeschichte, die zur Unterhaltung bei gemeinsamen Arbeiten gesungen wurde, beispielsweise beim Spinnen, Nähen oder Stricken.

Zigeunerweisheit

Gib, blanker Bruder, gib uns Wein, und laß' die Hand besehn, so wollen wir dir prophezein, was sicher wird geschehn, was sicher wird geschehn.

2. Merk' auf, es ist ein hohes Wort
Und liegt viel Wahrheit drin:
Sind vierundzwanzig Stunden fort,
So ist ein Tag dahin.

3. Sobald es Nacht geworden ist,
Sind alle Katzen grau,
Und wenn der Mann sein' Gattin küßt,
So küßt er seine Frau.

4. Ein jedes Paar, das taufen ließ,
Kennt sich neun Monden schon;
Und wen man nach dem Vater hieß,
Der war des Vaters Sohn.

5. So oft man viele Trauben liest,
Gerät die Lese gut;
Und wer der Frau Pantoffel küßt,
Der hat nicht mehr den Hut.

6. Der dich um eine Wohltat bat,
Der war ein armer Tropf;
Und wer den ganzen Ochsen hat,
Hat auch den Ochsenkopf.

7. Wer vor der Nadelspitze flieht,
Bleibt nicht vor Degen stehn,
Und wer dem Affen ähnlich sieht,
Ist nie besonders schön.

8. Wer Heu genug im Stalle hat,
Dem wird die Kuh nicht mager,
Und wer 'ne schöne Schwester hat,
Der kriegt bald einen Schwager.

9. Wenn du zum Spiegel dich bemühst,
Zeigt sich der erste Tor:
Der zweite, der nicht sichtbar ist,
Steht mehrenteils davor.

Text von Ludwig Gericke. Melodie von Ludwig Seidel

Lustig ist es im grünen Wald

Lu-stig ist Zi-geu-ner-le-ben, fa-ri-a fa-ri-a ho,
braucht dem Kai-ser kein Zins zu ge-ben, fa-ri-a fa-ri-a ho.
Lus-tig ist's im grü-nen Wald wo sich der schwarz Zi-geu-ner auf-halt,
fa-ri-a fa-ri-a fa-ri-a fa-ri-a fa-ri-a fa-ri-a ho.

2. Wenn uns Hunger gleich tut plagen,
So tun wir auch ein Häslein jagen,
Kommt der Jäger aber nicht,
So fürchten wir auch sein Hündlein nicht.

3. Mädchen, willst du Tabak rauchen,
So mußt du dir's ein Pfeifchen kaufen,
Dort in meinem Mantelsack
Steckt ein Pfeif und Rauchtabak.

4. Mädchen willst du Kaffee trinken,
So mußt du dir's die Schale schwenken;
Schwenkst du dir Schale nicht,
So trinken wir auch den Kaffee nicht.

Aus dem Elsaß.

Das verschweigt des Sängers Höflichkeit

Als der liebe Gott die Welt geschaffen, schuf er Fisch und Vögel, Rinder, Affen; in der Mitte dieser großen Welt hat er auch den Adam hingestellt. Als nun dieser ist allein geblieben, folglich keinen Handel hat getrieben, sagt, womit vertrieb er sich die Zeit? Das verschweigt des Sängers Höflichkeit, das verschweigt des Sängers Höflichkeit.

2. Als die Langeweil den Adam plagte,
Kam der liebe Gott und sagte:
»Es ist nicht gut, der Mensch sei so allein,
Sprich, kann eine Gattin dich erfreun?«
»Eine Gattin? ei nun meinetwegen,
Wenn ihr wollt, könnt ihr mir eine geben.«
Sagt, ob sich der Schelm darauf gefreut?
Das verschweigt des Sängers Höflichkeit.

3. Als nun Adam schlief, ist Gott gekommen,
Hat ihm eine Rippe ausgenommen,
Und nachdem er hin und her gedacht,
Ihm ein schmuckes Weib daraus gemacht.
Als der alte Adam nun erwachte,
Und die Eva freundlich ihn anlachte,
Sagt, ob seine Ripp' ihn noch gefreut?
Das verschweigt des Sängers Höflichkeit.

4. Als der liebe Gott den Adam fragte:
Ob ihm seine Eva auch behagte?
Sprach er: »Nehmt mir alle Rippen aus,
Herr, und macht mir lauter Weibchen draus!«
Ob der liebe Gott ihm das verdachte,
Da ihn eine schon so glücklich machte,
Sagt mir, welcher Meinung ihr wohl seid?
Dies verschweigt des Sängers Höflichkeit.

5. Beide konnten sich im Glück nicht finden,
Denn da draußen standen alle Sünden,
Adam selbst verdarb den ganzen Spaß,
Als er von verbotnen Früchten aß.
Drum ihr Freunde, folget meinen Lehren,
Laß von keiner Schönen euch betören!
Selbst wenn die Schönst' euch einen Apfel beut,
So schlagt ihn aus, aus lauter Höflichkeit.

Vermutlich aus der Niederlausitz. Texte ähnlicher Art in ganz Deutschland verbreitet.

Die Medikamente

Glaubt mir's doch, ihr lieben Herzen, ihr sehts und erfahrets ja,
Was für Jammer und für Schmerzen bringt das böse Podagra.
Hier sind Mittel vorgeschlagen, die probat und wohl bewährt,
brauchet sie nur nach Belieben, jedes ist zehn Taler wert.

2. Erstens nehmt zwei Marmorsteine,
Schneidet ihre Lebern raus,
Einem Floh zwei Vorderbeine
Und die Milz von einer Laus.
Alles dörrt, dann wirds gestoßet,
Nehmt es samt dem Löffel ein:
Eh dreiviertel Stund vergehen,
Werdet ihr befreiet sein.

3. Zweitens an dem Spieß gebraten
Zwei Maß Milch von einer Gans,
Dazu sechs Lot kühlen Schatten
Und drei Ellen Hasenschwanz.
Laßts drei Tage wohl zudecken,
Schmiert alsdann den Fuß mit ein,
Laßt es einen Wolf ablecken:
Wird fürwahr nichts Bessres sein.

4. Auch drei Schenkel von der Zwiebel
Und ein Achtel Eselswitz,
Kochet man in einem Stiefel
Und rührts mit der Nadelspitz,
Mehr Gedanken von Jungfrauen
Und noch fünf Pfund Weiberlist
Hilft genug, doch muß man schauen,
Obs genug gesotten ist.

5. Sechs Lot Krachen von den Büchsen,
Gleichviel Schein von Mitternacht,
Zwölf Lot Schlaues von den Füchsen
Wird zum Pflaster angebracht.
Wollt' dies alles nicht verfangen,
Liebster Freund so folget mir:
Schluckt hinab zwei Hopfenstangen:
Das hilft ganz gewiß dafür.

Vermutlich im 18. Jahrhundert entstanden.
Podagra = Fußgicht. Typisches »Lied der unmöglichen Dinge«. Ein weiteres Beispiel:

Die Donau ist ins Wasser g'falln

Die Donau ist ins Wasser g'falln, der Rheinstrom ist verbrannt, ju ja, der Rheinstrom ist verbrannt, ju ja, der Rheinstrom ist verbrannt.

2. In Frankfurt ist ein Spaß passiert,
Der Geisbock hats erzählt:
Sie hab'n ein' toten Schneidergesell'n
Zum Bürgermeister erwählt.

3. Wer mit Katzen ackern will,
Der spann die Mäus' voran,
Dann gehts die ganz Furch hinauf
Die Hetz, die Hetz, die Hetz!

4. Der Stiefel und der Stiefelknecht,
Die führten ein' Prozeß,
Der Esel fährt im Luftballon,
Der Ochse fährt Kalesch.

5. Das Kräuterweib von Luxemburg,
Das handelt mit Spinat:
Jetzt wird der alte Stephansturm
In Wien sogar Soldat.

Ein sogenanntes »Lügenlied«. Entstanden um 1780 in der Lahngegend.

Wenn jemand eine Reise tut

2. Zuerst ging's nach dem Nordpol hin;
Da war es kalt, auf Ehre!
Da dacht' ich denn in meinem Sinn,
Daß es hier besser wäre.

3. In Grönland freuten sie sich sehr
Mich ihres Ort's zu sehen,
Und setzten mir den Trankrug her,
Den ließ ich aber stehen.

4. Die Eskimos sind wild und groß,
Zu allem Guten träge,
Da schalt ich Einen einen Kloß,
Und kriegte viele Schläge.

5. Nun war ich in Amerika,
Da sagt' ich zu mir: Lieber!
Nordwestpassage ist doch da;
Mach' dich ein Mal darüber!

6. Flugs ich an Bord und aus in's Meer,
Den Tubus fest gebunden,
Und suchte sie die Kreuz und Quer,
Und hab' sie nicht gefunden.

7. Von hier ging ich nach Mexico,
Ist weiter, als nach Bremen;
Da, dacht' ich, liegt das Gold wie Stroh,
Du sollst einen Sack voll nehmen.

8. Allein, allein, allein, allein,
Wie kann der Mensch sich trügen!
Ich fand da nichts als Sand und Stein,
Und ließ den Sack da liegen.

9. Drauf kauft' ich etwas kalte Kost,
Und Kieler Sprott und Kuchen,
Und setzte mich auf Extrapost,
Land Asia zu suchen.

10. Der Mogul ist ein großer Mann,
Und gnädig über Maßen,
Und klug; er war jetzt eben dran,
Einen Zahn ausziehn zu lassen.

11. Hm! dacht' ich, der hat Zähnepein
Bei aller Größ' und Gaben!
Was hilft's denn auch noch, Mogul sein!
Die kann man so wohl haben.

12. Ich gab dem Wirt mein Ehrenwort
Ihn nächstens zu bezahlen.
Und damit reist' ich weiter fort
Nach China und Bengalen.

13. Nach Japan und nach Otaheit,
Nach Afrika nicht minder;
Und sah bei der Gelegenheit
Viel Städt' und Menschenkinder.

14. Und fand es überall wie hier,
Fand überall ein'n Sparren,
Die Menschen grade so wie wir,
Und eben solche Narren!
Da hat er übel, übel d'ran getan;
Verzähl' er nicht weiter, Herr Urian!

Text von Matthias Claudius (1740–1815).
Melodie von Karl Friedrich Zelter

Ein Mann, der sich Kolumbus nannt

Ein Mann, der sich Ko - lum - bus nannt, wi - de - wi - de - witt, bum, bum.
war in der Schiff-fahrt wohl be - kannt, wi - de - wi - de - witt, bum, bum.
Es drück - ten ihn die Sor - gen schwer, er such - te neu - es Land im Meer.
Glo - ri - a, Vik - to - ri - a, wi - de - wi - de - witt, juch - hei - ras - sa, - witt, bum, bum.

2. Als er den Morgenkaffee trank,
Da rief er fröhlich: »Gott sei Dank!«
Denn schnell kam mit der ersten Tram
Der span'sche König bei ihm an.

3. »Kolumbus«, sprach er, »lieber Mann,
Du hast schon manche Tat getan!
Eins fehlt noch unsrer Gloria:
Entdecke mir Amerika!«

4. Gesagt, getan, ein Mann, ein Wort,
Am selben Tag fuhr er noch fort.
Und eines Morgens schrie er: »Land!
Wie deucht mir alles so bekannt!«

5. Das Volk am Land stand stumm und zag,
Da sagt Kolumbus: »Guten Tag!
Ist hier vielleicht Amerika?«
Da schrien alle Wilden: »Ja!«

6. Die Wilden waren sehr erschreckt
Und schrien all: »Wir sind entdeckt!«
Der Häuptling rief ihm: »Lieber Mann,
Alsdann bist du Kolumbus dann!«

Juxlied aus dem 18. Jahrhundert. Wird auch zur Melodie »Ich bin der Doktor Eisenbart« gesungen. (Siehe Seite 218).

Laß doch der Jugend ihren Lauf

Laß doch der Jugend, der Jugend, der Jugend ihren Lauf! Laß doch der Jugend, der Jugend, ihren Lauf! Hübsche Mädel wachsen immer wieder auf; laß doch der Jugend ihren Lauf! Tanz mit der Dorl, walz mit der Dorl, bis nach Schweinau mit der Dorl, tanz mit der Dorl, walz mit der Dorl bis nach Schweinau!

2. Warum solln wir uns des Lebens,
des Lebens nicht erfreun?
Warum solln wir uns des Lebens
nicht freun?
Bei Tanz und Flötenspiel
Hat man der Freuden viel.

3. Nur noch ein Walzer, ein Walzer
Zu guter, guter Letzt.
Nur noch ein Walzer, ein Walzer
zuletzt.
Seht nur, wie allerliebst und nett
'S Mädel die Füße setzt.

Aus Franken und Hessen.

Berufe und Zünfte

Vom Scherenschleifer
und vom Grindelfest
von Schneiders Höllenfahrt
und der Leineweber Zunft

Des Schneiders Höllenfahrt

Es wollt ein Schneider wandern am Montag in der Fruh', begegnet ihm der Teufel, hat weder Strümpf noch Schuh. He he du Schneiders-g'sell. Du mußt mit mir in d'Höll, du mußt uns Teufel kleiden, es gehe wie es wöll.

2. Sobald der Schneider in die Höll' neinkam,
Nahm er sein' Ellenstab,
Er schlug den Teufeln die Buckel voll,
Die Höll wohl auf und ab.
»Hehe, du Schneiderg'sell!
Mußt wieder aus der Höll!
Wir brauchen nicht das Messen,
Es gehe wie es wöll.«

3. Nachdem er all' gemessen hatt'
Nahm er sein' lange Scher
Und stutzt den Teufeln d' Schwänzeln ab,
Sie hupften hin und her.
»Hehe, du Schneiderg'sell,
Pack dich nur aus der Höll!
Wir brauchen nicht das Stutzen,
Es gehe wie es wöll.«

4. Da zog er's Bügeleisen 'raus
Und warf's ins Höllenfeuer;
Er strich den Teufeln die Falt'n aus,
Sie schrien ungeheu'r:
»Hehe, du Schneiderg'sell,
Geh du nur aus der Höll!
Wir brauchen nicht das Bügeln,
Es geh' halt wie es wöll.«

5. Er nahm den Pfriemen aus dem Sack
Und stach sie in die Köpf,
Er sagt: Halt't still, ich bin schon da!
So setzt man bei uns die Knöpf.
»Hehe, du Schneiderg'sell,
Geh einmal aus der Höll:
Wir brauchen keine Kleider,
Es gehe wie es wöll.«

6. Drauf nahm er Nadel und Fingerhut
Und fing zu stechen an;
Er näht den Teufeln die Nasen zu,
So eng er immer kann,
»Hehe, du Schneiderg'sell,
Pack dich nur aus der Höll!
Wir können nimmer schnaufen,
Es geh' nun wie es wöll.«

7. Darauf fängt er zu schneiden an,
Das Ding hat ziemlich brennt,
Er hat den Teufeln mit Gewalt
Die Ohren abgetrennt,
»Hehe, du Schneiderg'sell,
Marschier nur aus der Höll!
Sonst brauchen wir den Bader,
Es geh nun wie es wöll.«

8. Nach diesem kam der Lucifer
Und sagt: »Es ist ein Graus!
Kein Teufel hat kein' Wedel mehr,
Jagt ihn zur Höll hinaus!
Hehe, du Schneiderg'sell,
Pack dich nur aus der Höll!
Wir brauchen keine Kleider,
Es geh' halt wie es wöll.«

9. Nachdem er nun hat aufgepackt,
Da ward ihm erst recht wohl,
Er hüpft und springet unverzagt,
Lacht sich den Buckel voll:
Ging eilends aus der Höll
Und blieb ein Schneiderg'sell.
Drum holt der Teufel kein Schneider mehr,
Er stehl' so viel er wöll.

Das Grindelfest

Die Schnei-der hiel-ten's Grin-del-fest am Tag Sankt Bar-thol-mä; da wa-ren ih-rer neun-zig, neun-mal neun und neun-zig ver-sam-melt auf der Höh.

2. und als die Schneider versammelt warn,
Da hielt'n sie einen Rat,
Da saßen ihrer neunzig,
Neunmal neunundneunzig
Auf einem Kartenblatt.

3. Und als sie auf der Herberg war'n,
Da hielt'n sie einen Schmaus,
Da fraßen ihrer neunzig,
Neunmal neunundneunzig
Von ein'r gebratnen Maus.

4. Und als das Mahl verzehret war,
Da hatten sie auch Durst,
Da tranken ihrer neunzig,
Neunmal neunundneunzig
Aus einem Fingerhut.

5. Und als die Schneider lustig warn,
Da hielten sie auch Tanz,
Da tanzten ihrer neunzig,
Neunmal neunundneunzig
Auf einem Geißenschwanz.

6. Und als ein Schnee gefallen war,
Da hielten sie Schlittenfahrt:
Da fuhren ihrer neunzig,
Neunmal neunundneunzig
Auf einem Geißenbart.

7. Und als die Schneid'r nach Hause woll'n,
Da hab'n sie keinen Bock,
Da ritten ihrer neunzig,
Neunmal neunundneunzig
Auf einem Haselstock.

8. Und als sie nun nach Hause kam'n,
Da konnten sie nicht herein,
Da schlüpften ihrer neunzig,
Neunmal neunundneunzig,
Zum Schlüsselloch hinein.

9. Und als die Schneider nach Hause kam'n,
Da saßen sie nieder beim Wein,
Da tranken ihrer neunzig,
Neunmal neunundneunzig
Ein ganzes Schöppelein.

10. Und als sie nun besoffen war'n,
Da sah man sie nicht mehr,
Da krochen ihrer neunzig,
Neunmal neunundneunzig
In eine Lichtputzscher.

11. Und als sie da geschlafen hatt'n,
Da konnten sie nicht hinaus.
Da wirft sie alle neunzig,
Neunmal neunundneunzig
Der Wirt zum Fenster hinaus.

12. Und als sie vor das Fenster kam'n,
Da fallen sie alle um;
Da kommen ihrer neunzig,
Neunmal neunundneunzig
In einem Rinnstein um.

Ich hoble hin und her

Ich bin ein Schreiner, hob-le glatt, ich hob-le hin und her; ich hob-le rund und hob-le glatt, als ob's ge-glät-tet wär'. Ich schnei-de, stem-me, boh-re so, daß al-les wohl sich fügt; drum bin ich im-mer le-bens-froh und sin-ge ganz ver-gnügt: hei-di, hei-da, zum tra-la-tra-la-la. Hei-la.

2. So mache ich aus rohem Brett
An meiner Hobelbank
Bald Tisch und Stuhl und Ruhebett,
Bald Kasten, Schrein und Schrank.
Ich mach' es schnell und immer so,
Daß alles wohl sich fügt;
Drum bin ich immer lebensfroh
Und singe ganz vergnügt: Heidi, heida, ...

3. Und wird ein neues Haus gebaut,
So bin ich auch dabei;
Was fein ist, wird mir anvertraut,
Die Tür und mancherlei.
Ich mach' es schnell und immer so,
Daß alles wohl sich fügt;
Drum bin ich immer lebensfroh
Und singe ganz vergnügt: Heidi, heida, ...

4. So schaff' und wirk' ich in der Welt
So gut und viel ich kann
Und nütze, weil es Gott gefällt,
Mir selbst und jedermann,
Und wenn nur niemals irgendwo
Ein Kunde mich betrügt,
So bin ich immer lebensfroh
Und singe ganz vergnügt: Heidi, heida, ...

Aus der Wetzlarer Gegend.

Die Wochentage

2. Am Montag, am Montag, da schlaf ich bis um viere,
Da kommt ein lustger Spießgesell, da gehen wir zu Biere.

3. Am Dienstag, am Dienstag, da schlaf ich bis um zehne,
Und wenn mich dann der Meister weckt, dreh ich mich um und gähne.

4. Am Mittwoch, am Mittwoch, da ist die Mitt' der Wochen,
Da hat der Meisters 's Fleisch verzehrt, behalt er auch die Knochen.

5. Am Donnerstag, am Donnerstag, da ist es gut zu spassen,
Da nehm ich's schwarzbraun Mägdelein und geh mit auf der Gassen.

6. Am Freitag, am Freitag, da kommts Gewerk zusammen,
Da eß ich drin zum Abendbrot die schönste Butterbamme.

7. Am Sonnab'nd, am Sonnab'nd, da ist die Woch' zu Ende,
Da geh ich zur Frau Meisterin und hol mir 'n reines Hemde.

Aus Pommern.

Der Steiger kommt

2. Hat's angezündt, das gibt ein Schein,
Und damit fahren wir bei der Nacht,
Ins Bergwerk nein, ins Bergwerk nein.

3. Die Bergleute sein sehr hübsch und fein
Und sie graben das Silber und das Gold bei der Nacht,
Aus Felsenstein, aus Felsenstein.

4. Der eine gräbt das Silber, der andere das Gold.
Und den schwarzbraunen Mägdelein bei der Nacht
Den sein sie hold, den sein sie hold.

5. »Ade, nun ade! Lieb Schätzelein!
Und da drunten in dem tiefen Schacht bei der Nacht,
Da denk ich dein, da denk ich dein.«

6. »Und kehr ich heim zum Schätzelein,
So erschallt des Bergmanns Ruf bei der Nacht,
Glückauf, Glückauf.«

Das bekannteste Bergmann-Lied.

Silber, Gold und Erzelein

2. Feste Knauer, Flöz und Stein,
Wie sie sein,
Können wir zersprengen fein
Mit dem Pulver und dem Feuer,
Wenn es springt,
Daß es klingt ungeheuer.

3. Wenn es nun zersprenget ist,
Man da liest schönes Erz
Zu jeder Frist,
Alsdann wird's von uns versuchet
Und geführt vor die Mühl,
Allda gepochet.

4. Alsdann es geschmelzet wird
In der Hütt,
Nach dem rechten Brauch und Sitt;
Da denn tut das Silber blicken,
Und ist gut,
Wenn man's tut in Zehnten schicken.

5. Drum Bergleute,
Freie Leut, die ihr seid,
Preiset Gottes Gütigkeit!
Lobet Gott mit Herz und Munde,
Mit Gesang,
Ton und Klag zu aller Stunde!

Aus Franken, etwa um 1850.

Das Nachtwächterlied

Choral: 1603. Nürnb. Gesangb. 1731

Hört ihr Herrn und laßt euch sagen, unsre Glock hat Zehn geschlagen: zehn Gebote setzt Gott ein, daß wir sollen glücklich sein.

Menschen wachen kann nichts nützen, Gott wird wachen, Gott wird schützen. Herr, durch deine Güt' und Macht, schenk uns eine gute Nacht!

2. Hört, ihr Herrn und laßt euch sagen,
Unsre Glock hat Elf geschlagen:
Elf der Jünger blieben treu,
Gib, daß nun kein Abfall sei!

3. Hört, ihr Herrn und laßt euch sagen,
Unsre Glock hat Zwölf geschlagen:
Zwölf das ist das Ziel der Zeit;
Mensch bedenk die Ewigkeit.

4. Hört, ihr Herrn und laßt euch sagen,
Unsre Glock hat Eins geschlagen:
Eins ist allein der einige Gott,
Der uns trägt aus aller Not.

5. Hört, ihr Herrn und laßt euch sagen,
Unsre Glock hat Zwei geschlagen:
Zwei Wege hat der Mensch vor sich,
Herr, den rechten führe mich!

6. Hört, ihr Herrn und laßt euch sagen,
Unsre Glock hat Drei geschlagen:
Dreifach ist, was heilig heißt,
Vater, Sohn und heiliger Geist.

7. Hört, ihr Herrn und laßt euch sagen,
Unsre Glock hat Vier geschlagen:
Vierfach ist das Ackerfeld;
Mensch, wie ist dein Herz bestellt?
Alle Sternlein müssen schwinden
Und der Tag wird sich einfinden,
Herr, durch deine Güt und Macht,
Gib uns eine gute Nacht!

In ganz Deutschland verbreitet.

Die Leineweber

Die Leineweber haben eine saubere Zunft,
Mittfasten halten sie Zusammenkunft,
harum di-dscharum, di schrum, schrum, schrum.
Aschegrau-e, dunkelblau-e,
Mir ein Viertel, dir ein Viertel,
schrum, schrum, schrum! Fein oder grob, gegessen wern se
doch mit der Julle, mit der Spule, mit der schrum, schrum, schrum!

2. Die Leineweber haben sich ein Haus gebaut,
Von Buttermilch und Sauerkraut.

3. Die Leineweber schlachten alle Jahr zwei Schwein,
Das eine ist gestohlen, und das andere ist nicht sein.

4. Die Leineweber nehmen keine Lehrjungen an,
Der nicht sechs Wochen lang fasten kann.

5. Die Leineweber haben ein Schifflein klein,
Da setzen sie die Wanzen und die Flöhe hinein.

6. Die Leineweber machen eine saubere Musik,
Als führen zwölf Müllerwagen über die Brück.

Aus Hessen und der Rhöngegend.

Wir alle sind Brüder

Frisch, lustig und fröhlich, ihr Handwerksgesellen!
Und tut euch mit ängstlichen Sorgen nicht quälen!
Denn nicht Reichtum macht glücklich, Zufriedenheit macht reich;
wir alle sind Brüder, wir alle sind gleich.

2. Wir haben schon Kaiser und Könige gesehen,
Sie tragen goldne Kronen und müssen vergehen;

3. Der Reiche lebt herrlich in großen Palasten,
Der Arme der muß ja oft hungern und fasten.

Aus Schlesien.

Der Fuhrknecht

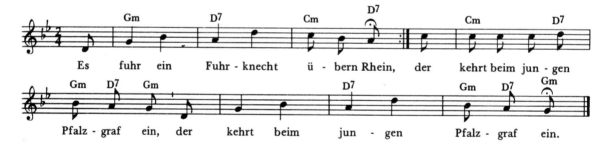

Es fuhr ein Fuhrknecht übern Rhein, der kehrt beim jungen Pfalzgraf ein, der kehrt beim jungen Pfalzgraf ein.

2. Er fuhr ein schönes Faß voll Wein,
Der Pfalzgraf schenkt ihm selber ein.

3. Es leb der Fürst, es leb der Knecht!
Ein jeder tu das Seine recht.

4. So trank der Fürst, so trank der Knecht,
Und Wein und Treue waren echt.

Das Buchdruckerlied

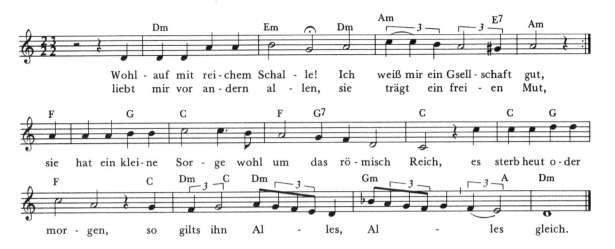

2. Der Papierer sprach behende:
»So frischlich zu der Fahrt!
Mir kleben so sehr die Hände
Wohl von dem Leimen zart,
Das ich jetzt hab getrieben
Auf das Papier so gut:
Wohlauf, ihr Drucker, alle,
Wolln hab'n ein freien Mut!«

3. Der Drucker sprach behende:
»Ich will mit auf die Fahrt!
Mir schwitzen so die Lenden,
Ich hab gezogen so hart,
Ich muß jetzt wahrlich trinken,
Sunst kann ich drucken nit.«
Der Setzer tat ihm winken:
»Ich geh gewißlich mit!«

4. »Mein Form die klebt so harte,
Macht: Sie ist nit genetzt;
Drum ich der Gsellschaft warte
Die's tapfer hineinsetzt.«
»So will ich, sprach der Gießer,
Allein nit bleiben hie;
Mein Zeug das will nit fließen
Ich hab getrunken nie.«

5. »Soll ich Gesellschaft meiden,«
Sprach der Formenschneider drauf,
Hör ich jetzt auf zu schneiden,
Wenn ich auch gerne sauf,
Und spar nit dran mein Rachen,
Tragt ihr nur auf mit Schall,
Will trinken, daß es soll krachen,
Gott geb, wers G'log bezahl!«

6. »So will ich so sehr zechen,
Als euer Keiner nicht,«
Tat der Korrektor sprechen,
Wenn ihr habt so naß G'sicht:
Wenn ich ein' tu anblicken
So dürstet mich so sehr,
Daß ich wohl möcht ersticken,
Wenn nichts zu trinken wär.«

7. Da sprachen die Buchbinder kecke
Aus frischem freien Mut:
»Buchbinden will uns nit schmecken,
Wir wissen ein Wirtin gut,
Sie bringt uns Hühner und Fische,
Dazu den kühlen Wein,
Und sitzt zu uns am Tische,
Und schenkt uns tapfer ein.

8. Wir wöllen trauren lassen,
Wer Lust zu trauren hat,
Uns kleiner Trünklein maßen,
Es sei früh oder spat;
Haben wir nit allzeit Pfennig,
So achten wirs gering:
Wir haben ihr viel oder wenig,
So seind wir guter Ding.

9. Wir müssen allzeit netzen,
Welches unser Orden hält;
Im Drucken und im Setzen
Netzt man, daß nichts umfällt.
Drum soll sichs Niemand wundern,
Daß wir uns halten naß,
Der Orden hält besunder
Zechen ohn Unterlaß!

10. Und der uns dieses Liedlein g'macht,
Der gönnt den Druckern Guts.
Er wünscht allen ein gute Nacht,
Er ist so gern guts Muts;
Ist ihm etwan mißlungen,
So komm ihm Glück zu Rat.
Das hat Jörg Busch gesungen
Zu Nürnberg in der Stadt.

Das Scherenschleiferlied

Es kam ein frem-der Schlei-fer da-her, er schleift die Mes-ser und die Scher.

Refr. Fi-de-fi-de-ral-la-la, ri-o-la-la, schleift die Mes-ser und die Scher.

2. Den Jungfraun schleif ich sie umsunst,
Mit meiner schönen Schleiferkunst.

3. Ich hab im Sinn, nach München zu fahrn,
Mit meinem schönen Schleiferskarrn.

4. In München sind auch große Herrn,
Die mir was zu verdienen gebn.

5. Nur eines steht mir sehr wohl an:
Ich kann des Hoffmanns Lisl han.

6. Zu Haus hab ich ein gar faules Weib,
Drum hab ich auch kein Hemd am Leib.

7. Sie kocht mir selten die Suppe warm,
Das Gmüs ist geschmelzt daß 's Gott erbarm.

8. Ach! Scherenschleifer, schleif nur zu
Denn schöne Mädchen gibts genu.

Lieder vom Lande

Vom Knechte und vom Hirtenknab, vom Bauer, der drei Töchter hatt'

Ich bin vom Berg der Hirtenknab

Ich bin vom Berg der Hirtenknab', seh' auf die Schlösser all' herab. Die Sonne strahlt am ersten hier, am längsten weilet sie bei mir; ich bin der Knab' vom Berge.

2. Hier ist des Stromes Mutterhaus,
Ich trink' ihn frisch vom Stein heraus;
Er braust vom Fels in wildem Lauf,
Ich fang' ihn mit den Armen auf.
Ich bin der Knab' vom Berge!

3. Der Berg, der ist mein Eigentum,
Da ziehn die Stürme rings herum,
Und heulen sie von Nord und Süd,
So überschallt sie doch mein Lied:
Ich bin der Knab' vom Berge!

4. Sind Blitz und Donner unter mir,
So steh' ich hoch im Blauen hier;
Ich kenne sie und rufe zu:
Laßt meines Vaters Haus in Ruh'!
Ich bin der Knab' vom Berge!

5. Und wenn die Sturmglock' einst erschallt,
Manch Feuer auf den Bergen wallt,
Dann steig' ich nieder, tret' in's Glied,
Und schwing' mein Schwert, und sing mein Lied
Ich bin der Knab' vom Berge!

Von Ludwig Uhland.

Da droben auf jenem Berge

Da dro-ben auf je-nem Ber-ge da steh' ich tau-send-mal,
an mei-nem Sta-be ge-bo-gen, und schau-e hin-ab in das Tal.

2. Dann folg' ich der weidenden Herde,
Mein Hündchen bewahret mir sie;
Ich bin herunter gekommen
Und weiß doch selber nicht wie.

3. Da stehet von schönen Blumen
Die ganze Wiese so voll;
Ich breche sie, ohne zu wissen,
Wem ich sie geben soll.

4. Und Regen, Sturm und Gewitter
Verpass' ich unter dem Baum.
Die Türe dort bleibet verschlossen;
Doch alles ist leider ein Traum.

5. Es stehet ein Regenbogen
Wohl über jenem Haus!
Sie aber ist weggezogen,
Und weit in das Land hinaus.

6. Hinaus in das Land und weiter,
Vielleicht gar über die See,
Vorüber, ihr Schafe, vorüber!
Dem Schäfer ist gar so weh.

*Von Johann Wolfgang
von Goethe zu einer
alten Volksweise.*

Der Schäfer und die schönen Kleider

Es trieb ein Schäfer den Berg hin-an, der E-del-mann ihm ent-ge-gen kam, bei di-del-dum da, bei hop-sa-sa-sa! Der E-delmann ihm ent-ge-gen kam.

2. Der Edelmann nahm den Hut wohl ab
Und bot dem Schäfer ein schönen gut'n Tag.

3. »Ach, Edelmann, laß dein Hütchen stohn,
Ich bin ein armer Schäferssohn.«

4. »Bist du ein armer Schäferssohn,
Wie kannst du denn Edelmanns Kleider tragn?«

5. »Ei, Edelmanns Kleider die kann ich tragn,
Dieweil sie mein Vater bezahlen kann.«

6. »Kann sie dein Vater mit Geld bezahl'n,
So sollst du meine jüngste Tochter heirat'n.«

7. »Ach wär deine Tochter ehrlich und fromm,
So freit sie nicht ein Schäferssohn.«

8. Der Edelmann faßt ein grimmigen Zorn
Und warf den Schäfer in tiefsten Turm.

9. Und als der Vater das wurde gewahr,
Setzt er sich auf und fuhr alldar:

10. »Ach, Edelmann, schenk meinem Sohn das Leben,
Dreihundert Taler, die will ich dir gebn.«

11. »Dreihundert Taler ist mir kein Geld,
Der Schäfer muß sterben, wenns mir gefällt!«

12. Und als die Mutter das wurde gewahr,
Setzt sie sich auf und fuhr alldar:

13. »Ach, Edelmann, schenk meinem Sohn das Lebn,
Sechshundert Taler, die will ich dir gebn.«

14. »Sechshundert Taler ist mir kein Geld,
Der Schäfer muß sterben, wenns mir gefällt!«

15. Und als die Schwester das wurde gewahr,
Setzt sie sich auf und fuhr alldar:

16. »Ach Edelmann, schenk meinem Bruder das Lebn,
Eine Tonne Goldes will ich dir gebn.«

17. »Eine Tonne Goldes ist mir kein Geld,
Der Schäfer muß sterben, wenns mir gefällt!«

18. Und als sein Liebste das wurde gewahr,
Setzt sie sich auf und fuhr alldar:

19. »Ach, Edelmann, schenk meinem Liebsten das Leben,
Eine Perlenkron, die will ich dir gebn.«

20. Eine Perlenkron, die wär schon gut,
Der Schäfer zog hin mit frischem Mut.

Aus Brandenburg.

Der Knecht und die adelige Maid

Es ging ein wohl-ge-zog-ner Knecht wohl ü-ber ein brei-te Au-e, da sach er ei-nen schö-nen Tanz von Man-nen und von Frau-en, den Tanz den wollt er schau-en.

2. Do sprach der wohlgezogen Knecht:
»Gott grüß euch, Jungfrau, alle!«
Do sprach die adelige Maid:
»Das dir ein Ohr abfalle,
Mit Nasen und mit alle!«

3. Do sprach der wohlgezogen Knecht:
»Ihr seid ein grobe Maide!«
Do sprach die Maid vom Rosental:
»Wie machst du's nur so raide
In deinem groben Kleide!«

Der Bauer hatt' drei Töchter

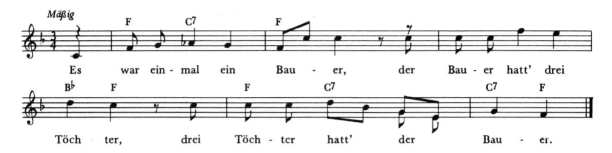

Es war einmal ein Bauer, der Bauer hatt' drei Töchter, drei Töchter hatt' der Bauer.

2. Die erste nahm sich 'en Edelmann,
Die zweite nahm sich 'en Spielemann,
Die dritte nahm sich 'en Bauer.

3. Da sprach die älteste Schwester,
Da sprach die älteste Schwester:
»Meiner ist der Beste.

4. Wenn ich morgens früh aufsteh
Und in meine Stube geh,
Da hör ich Jäger blasen.

5. Und was weiter noch dabei?
Und was weiter noch dabei?
Schöne Hündlein bellen!«

6. Da sprach die zweite Schwester,
Da sprach die zweite Schwester:
»Meiner ist der Beste!

7. Wenn ich morgens früh aufsteh
Und in meine Stube geh,
Da seh ich Geiglein hängen.

8. Und was weiter noch dabei?
Und was weiter noch dabei:
Schöne rote Bändlein.«

9. Da sprach die dritte Schwester
Da sprach die dritte Schwester,
»Meiner ist der Beste!

10. Wenn ich morgens früh aufsteh
Und in meine Scheuer geh,
Da seh ich dreschen meinen.

11. Und was weiter noch dabei?
Und was weiter noch dabei?
Schönes Geld im Kasten.«

12. Und wie es kam um die Fastenzeit,
Und wie es kam um die Fastenzeit,
Da schlacht' der Bauer einen Ochsen.

13. Er lud sich den hungrigen Edelmann
Und den armen Spielemann
Zu sich 'nauf zu Gaste.

14. Da spielt' der arme Spielemann,
Da tanzt der hungrige Edelmann,
Da saß der Bauer und lachte.

Aus der Breslauer Gegend.

Im Märzen der Bauer die Rößlein einspannt

Im Märzen der Bauer die Rößlein einspannt; Er akkert, er
er pflanzt und beschneidet die Bäume im Land.

egget, er pflüget und sät und regt seine Hände gar früh und noch spät.

2. Den Rechen, den Spaten, den nimmt er zur Hand
Und ebnet die Äcker und Wiesen im Land.
Auch pfropft er die Bäume mit edlerem Reis
Und spart weder Arbeit noch Mühe noch Fleiß.

3. Die Knechte und Mägde und all sein Gesind,
Es regt und bewegt sich wie er so geschwind;
Sie singen manch munteres, fröhliches Lied,
Und freu'n sich von Herzen, wenn alles schön blüht.

4. Und ist dann der Frühling und Sommer vorbei,
Dann füllt sich die Scheuer im Herbst wieder neu;
Es füllt sich der Keller, der Stall und das Haus,
Da gibt es im Winter manch' fröhlichen Schmaus.

Aus Mähren.

Wollt Ihr mein Buhle sein?

Es wollt ein Maidlein Wasser holn bei einem kühlen Brunnen,
was fand sie an dem Wege stan? Ein Knäblein, das war junge.
Es setzt sein Krüglein neben sich und fraget, wer er wäre. Er
sprach: „Wollt ihr mein Buhle sein?" „Sie sprach: „Von Herzen gere! Kommt here, kommt here!"

2. Die Mutter zu dem Töchterlein sprach:
»Wo warst du nächt so lange?«
»Ei du liebes Mütterlein
Ich stund bei dreien Manne,
Der eine pfiff mir also wohl,
Daß ich mit ihm mußt tanze,
Der ander wollt mein Buhle sein,
Der dritte hat mich dann verführt
Beim Tanze, beim Tanze.«

3. »So schau, mein liebes Töchterlein
Daß es dich nit gereue!«
»Ach nein, du liebes Mütterlein,
Er gab mir seine Treue.
Hätt er mir sein Treu nicht gegeben
Es wär ihm nicht geraten
Er hat der gulden Pfennig viel,
Die woll'n wir von ihm haben
Schweig stille, schweig stille.«

4. Und der uns dieses Liedlein sang,
Von neuem hat gesungen,
Das hat getan ein Landsknecht gut,
Ihm ist nit wohl gelungen.
Er singt uns das und noch viel mehr,
Er hat's so frei gesungen,
Er hat kein Geld im Säckel mehr:
Der Würfel hats ihm gnummen
Beim Brunnen, beim Brunnen.

Auf einem Nürnberger Flugblatt aus dem Jahre 1530 erhalten:
»Es wollt ein Maydlein Wasser holen
Bei einem kühlen prunnen ...«
Ins Deutsche unserer Zeit übertragen von Franz Magnus Böhme.

Tierlieder

Vom Kuckuck
und vom Käterlein,
vom armen Schimmel
und vom Specht

Kimmt a Vogerl geflogen

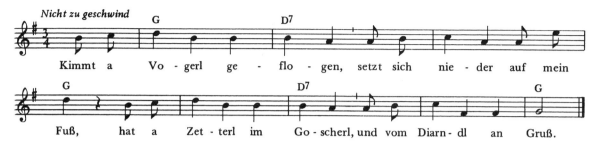

Kimmt a Vogerl geflogen, setzt sich nieder auf mein Fuß, hat a Zetterl im Goscherl, und vom Diarndl an Gruß.

2. Hast mi allweil vertröstet
Uf die Summerizeit,
Und der Sommer is kumma
Und mein Schatzerl is weit.

3. Daderheim is mein Schatzerl,
In der Fremd bin i hier,
Und es fragt halt kein Katzerl,
Kein Hunderl nach mir.

4. Liebes Vogerl, flieg weiter,
Nimm an Gruß mit, an Kuß!
Und i kann di nit b`glaita,
Weil i hier blaib`n muß.

Aus Niederösterreich.

Alle Vögel sind schon da

Alle Vögel sind schon da, alle Vögel alle! Welch ein Singen, Musiziern, Pfeifen, Zwitschern, Tirilliern; Frühling will nun einmarschieren, kommt mit Sang und Schalle.

2. Wie sie alle lustig sind,
Flink und froh sich regen!
Amsel, Drossel, Fink und Star
Und die ganze Vogelschar
Wünschen dir ein frohes Jahr,
Lauter Heil und Segen.

3. Was sie uns verkündet nun,
Nehmen wir zu Herzen.
Wir auch wollen lustig sein,
Lustig wie die Vögelein,
Hier und dort, feldaus, feldein,
Singen, springen, scherzen.

Text: Hoffmann von Fallersleben. Die Melodie stammt vermutlich aus dem 16. Jahrhundert und ist auch außerhalb Deutschlands weit verbreitet.

Traut keinem Junggesellen

Ich ging durch einen grasgrünen Wald, da hört ich die Vögelein singen; sie sangen so jung, sie sangen so alt, die kleinen Vögelein in dem Wald, die hör ich so gerne wohl singen.

2. Stimm an, stimm an, Frau Nachtigall!
Sing mir von meinem Feinsliebchen,
Sing mir es so hübsch, sing mir es so fein:
Zu Abend da will ich bei ihr sein,
Will schlafen in ihren Armen.

3. Der Tag verging, die Nacht brach an,
Feinsliebchen das kam gegangen;
Es klopfte so leise mit seinem Ring:
»Mach auf, mach auf, herzliebstes Kind,
Ich hab es schon lange gestanden!«

4. »So lange gestanden das hast du nicht,
Ich hab ja noch nicht geschlafen;
Hab immer gedacht in meinem Sinn:
Wo ist mein allerliebst Schätzchen hin
Wo bist du so lange geblieben?«

5. »Wo ich so lange gewesen bin,
Das kann ich dir Schätzchen wohl sagen:
Wohl bei dem Bier, wohl bei dem Wein,
Allwo die schönen Mädercher sein,
Da bin ich auch jederzeit gerne.«

6. Ihr Jungfern nehmt euch wohl in acht,
Und traut keinem Junggesellen!
Sie versprechen euch viel und haltens nicht,
Sie führen euch alle nur hinter das Licht
Und tun sich nur immer verstellen.

Wenn ich ein Vöglein wär

2. Bin ich gleich weit von dir,
Bin ich doch im Schlaf bei dir
Und red mit dir;
Wenn ich erwachen tu,
Wenn ich erwachen tu,
Bin ich allein.

3. Es vergeht kein' Stund in der Nacht,
Da nicht mein Herz erwacht
Und an dich gedenkt,
Daß du mir viel tausendmal
Daß du mir viel tausendmal,
Dein Herz geschenkt.

In ganz Deutschland verbreitet.

Wär' ich ein Vögelein

2. Wär' ich ein Röschen klein,
Wollt' ich recht duftend sein,
Atmen um dich!
Nimmer mich wehren wollt',
Dörnchen nicht stechen sollt!,
Pflückest du mich.

3. Wär' ich ein Brünnlein klar,
Böt' ich dir Kühlung dar,
Frischen Genuß!
Nahte dein Mund sich mir,
Quöll' ich zur Lippe dir,
Weich wie ein Kuß.

Aus dem Anfang des 19. Jahrhunderts, Text von Johann Konrad Nänny.

Die Schäferin und der Kuckuck

Schmerzhaft

Ein Schä-fer-mäd-chen wei-de-te zwei Läm-mer an der Hand
Auf ei-ner Flur, wo fet-ter Klee und Gän-se-blüm-chen stand;
da hör-te sie wohl in dem Hain den Vo-gel Kuk-kuck!
lu-stig schrei'n: Kuk-kuck! Kuk-kuck! Kuk-kuck! Kuk-kuck! Kuk-kuck!

2. Sie setzte sich ins weiche Gras
Und sprach gedankenvoll:
Ich will doch einmal sehn zum Spaß.
Wie lang ich leben soll!
Wohl bis zu hundert zählte sie,
Allein der Kuckuck immer schrie:
Kuckuck! Kuckuck! Kuckuck!
Kuckuck! Kuckuck!

3. Da ward das Schäfermädchen toll
Sprang auf aus grünem Gras,
Nahm ihren Stab und lief voll Groll
Hin, wo der Kuckuck saß.
Herr Kuckuck merkts und zog zum Glück
Sich schreiend in den Wald zurück.
Kuckuck! Kuckuck! Kuckuck! Kuckuck! Kuckuck!

4. Sie jagt ihn immer vor sich her,
Tief in den Wald hinein.
Doch wenn sie rückwärts kehrt, kam er
Mit Schreien hinterdrein.
Sie jagt ihn und verfolgt ihn weit,
Indes der Kuckuck immer schreit:
Kuckuck! Kuckuck! Kuckuck! Kuckuck! Kuckuck!

5. Sie lief in tiefsten Wald hinein:
Da ward sie müd und sprach:
Nun, meinetwegen magst du schrein!
Ich geh nicht weiter nach.
Sie will zurück, da springt hervor
Ihr Schäfer und ruft ihr ins Ohr:
Kuckuck! Kuckuck! Kuckuck! Kuckuck! Kuckuck!

Kuckuck, Kuckuck

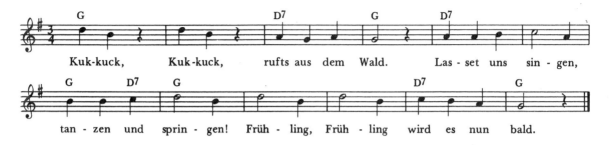

2. Kuckuck, Kuckuck, läßt nicht sein Schrein:
Kommt in die Felder, Wiesen und Wälder!
Frühling, Frühling, stelle dich ein!

3. Kuckuck, Kuckuck, trefflicher Held!
Was du gesungen, ist dir gelungen:
Winter, Winter räumet das Feld.

*Text von Hoffmann von Fallersleben. Melodie:
Alte Volksweise.*

Der Kuckuck ist ein kluger Mann

2. Die dritte kocht den Haferbrei,
Die vierte trägt die Butter herbei,
Der fünften schmeckt es gar zu gut,
Die sechste kriegt den Zuckerhut.

3. Die siebent' macht das Bette warm,
Die achte schläft in Kuckucks Arm.
Die neunte deckt das Bettchen zu,
Die zehnte wünscht ihm gute Ruh.

Der Star verriet da ihre Schand

Herr Kon-rad war ein mü-der Mann, er band sein Roß am Wirts-haus an, Fi-di-ral-la-la, Fi-di-ral-la-la, Fi-di-ral-la-la-la-la.

2. Das Mägdlein sprach: »Steig ab, steig ab!«
Ihr Äuglein schwankten auf und ab.

3. »Ach Jungfrau, liebste Jungfrau mein,
Schenk mir ein Becher kühlen Wein!«

4. »Ach Herre, lieber Herre mein!
Ich bring ein Becher kühlen Wein.«

5. »Trink ab, trink ab, du roter Mund,
Trink aus den Becher auf den Grund!«

6. »Frau Wirtin, liebe Frau Wirtin mein,
Ist dies fürwahr euer Töchterlein?«

7. »Mein Töchterlein ist sie nicht fürwahr,
Sie ist mein Magd für immerdar.«

8. »Wollt ihr sie mir leihen auf eine Nacht,
So will ich euch geben des Goldes Macht.«

9. »Wollt ihr mir geben des Goldes Macht,
Will ich sie euch leihen auf eine Nacht.«

10. »Nun richt dem Herrn ein Fußbad an
Mit Rosmarin und Majoran!«

11. Sie ging im Garten und brach das Kraut,
Da sprach der Star: »O weh, du Braut!

12. In dem Badewännlein ist sie hergetragen,
Darin muß sie ihm die Füße zwagen (waschen).

13. Der Vater starb in Leid und Not,
Die Mutter grämt sich schier zu Tod.

14. O weh, du Braut, du Findelkind!
Weißt nicht, wo Vater und Mutter sind.«

15. Da trug sie das Badewännelein
Wohl in des Herrn Schlafkämmerlein.

16. Sie fühlt hinein, obs nit zu warm,
Und weint dazu, daß Gott erbarm!

17. »Ach, meine Braut, was weinst du dann?
Bin ich dir nicht gut für einen Mann?«

18. »Du bist mir gut für einen Mann,
Ich wein über was der Star mir sang.

19. Ich war im Garten und brach das Kraut,
Da sang der Star: O weh, du Braut!

20. In dem Badewännelin ist sie hergetragen,
Darin muß sie ihm die Füße zwagen.

21. Der Vater starb in Leid und Not,
Die Mutter grämt sich schier zu Tod.

22. O weh, du Braut, du Findelkind,
Weißt nicht, wo Vater und Mutter sind!«

23. Da sah der Herr das Badewännelein an,
Da war das burgundische Wappen dran.

24. »Das ist meines Herrn Vater Schild allein;
Wie kommt dies Wännlein ins Wirtshaus hinein?«

25. Da sang der Vogel am Fensterladen:
»In dem Badewännelein ist sie hergetragen.

26. O weh, du Braut, du Findelkind,
Weißt nicht wo Vater und Mutter sind.«

27. Herr Konrad sah an ihren Hals,
Da hatte sie ein Muttermal.

28. »Grüß Gott, grüß Gott, mein Schwesterlein!
Dein Vater ist der König am Rhein.

29. Christina heißt deine Mutter,
Konrad dein Zwillingsbruder.«

30. Da knieten sie nieder auf ihre Knie,
Und dankten Gott bis Morgens früh.

31. Daß er sie hielt von Sünden rein
Durch den Star und das Badewännelein.

32. Und als zu Morgen kräht der Hahn,
Frau Wirtin fängt zu rufen an:

33. »Steh, steh auf, du junge Braut,
Kehr deiner Frau die Stube aus!«

34. »Sie ist fürwahr keine junge Braut,
Sie kehrt der Wirtin die Stube nicht aus.

35. Herein, Frau Wirtin, nur herein,
Nun bring uns einen Morgenwein!«

36. Und als die Wirtin zur Stube eintrat,
Herr Konrad sie gefraget hat:

37. »Woher habt ihr das Jungfräulein?
Sie ist eines Königs Töchterlein.«

38. Die Wirtin ward bleich als die Wand
Der Star verriet da ihre Schand:

39. »In einem Lustgarten im grünen Gras
Das Kind in dem Badewännelein saß;

40. Da hat die böse Wirtin
Gestohlen das zarte Kindelein.«

41. Herr Konrad war so gar entrüst,
Sein Schwert er durch ihre Ohren spießt.

42. Er bat sein Schwesterlein um einen Kuß,
Ihr Mündlein reicht sie ihm mit Lust.

43. Er führt sie bei der schneeweißen Hand
Und hob sie auf den Sattel bald.

44. Das Wännlein trug sie auf dem Schoß,
Da ritt er vor der Frau Mutter Schloß.

45. Und als er in das Tor eintritt,
Die Mutter ihm entgegenschritt.

46. »Ach Sohne, liebster Sohne mein,
Was bringst du für eine Braut herein?

47. Sie führt das Wännlein ja zur Hand,
Als ob sie mit einem Kinde gang.«

48. »Es ist fürwahr keine junge Braut
Es ist eure Tochter Gertraut.«

49. Und als sie von dem Sattel sprang,
Die Mutter in ein Ohnmacht sank.

50. Und als sie wieder zu Sinnen kam,
Ihr' Tochter sie in die Arme nahm:

51. »Laß sie sichs eine Freude sein,
Ich bin Gertraut, ihr Töchterlein!

52. Heut ist es fürwahr achtzehn Jahr,
Daß ich der Frau Mutter gestohlen war.

53. Und ward getragen übern Rhein
In diesem kleinen Badwännelein.«

54. Und als sie sprach, da kam der Star,
Und sang die Sach ganz offenbar.

55. Und sang: »O weh, mein Ohr tut weh!
Man soll keine Kinder stehlen mehr.«

56. »Ach Goldschmied, lieber Goldschmied mein,
Nun schmiede mir ein Käfiglein.

57. Schmied' mir's wohl vor das Badwännlein!
Das soll des Staren Wohnung sein.«

*Die in deutschen Volksliedern häufig wiederkehrende
Geschichte von der wiedergefundenen Königstochter
wird hier als Tierfabel abgewandelt. Das
Lied stammt aus Hessen.*

Die Vögel wollten Hochzeit machen

2. Der Stieglitz war der Bräutigam,
Er singt zu Gottes Gloriam.

3. Die Amsel war die Braute,
Trug einen Kranz von Raute.

4. Der Sperber, der Sperber,
Der war der Hochzeitswerber.

5. Die Lerche, die Lerche,
Die führt die Braut zur Kerche.

6. Der Auerhahn, der Auerhahn,
Das war der würd'ge Herr Kaplan.

7. Die Meise, die Meise,
Die singt das Kyrieleise.

8. Der Seidenschwanz, der Seidenschwanz,
Der bracht der Braut den Hochzeitskranz.

9. Die Anten, die Anten,
Das war'n die Musikanten.

10. Der Pfau mit seinem bunten Schwanz,
Macht mit der Braut den ersten Tanz.

11. Die Puten, die Puten,
Die machten breite Schnuten.

12. Die Taube, die Taube,
Die bracht der Braut die Haube.

13. Brautmutter war die Eule,
Nahm Abschied mit Geheule.

14. Das Finkelein, das Finkelein,
Das führt das Paar zur Kammer rein.

15. Der Uhu, der Uhu,
Der macht die Fensterläden zu.

16. Die Fledermaus, die Fledermaus,
Die zieht der Braut die Strümpfe aus.

17. Frau Kratzefuß, Frau Kratzefuß,
Gibt allen einen Abschiedskuß.

18. Der Hahn, der krähet: »Gute Nacht«,
Jetzt wird die Kammer zugemacht.

19. Nun ist die Vogelhochzeit aus,
Und alle ziehn vergnügt nach Haus.

Das Schäfchen

Auf dem grünen Rasen, wo die Veilchen blühn,
geht mein Schäfchen grasen in dem jungen Grün.

2. Auf der grünen Weide
Froh mein Schäflein springt,
Fühlt wie ich die Freude,
Die der Frühling bringt.

3. Wo die Blümchen blinken
An der Quelle Saum,
Geht mein Schäfchen trinken,
Schläft dann unter'm Baum.

4. Immer, Schäfchen, freue
Dich der Herrlichkeit.
Denn des Himmels Bläue
Währt oft kurze Zeit!

*Text und Melodie um
1814 von E. Anschütz.*

Zieh, Schimmel, zieh

Zieh, Schimmel, zieh! In Dreck bis an die Knie.
Schieb dich fein in diesen Karren: Zieh, Schimmel zieh!
wir wolln nach dem Neckar fahren.

2. Mein lieber Schimmel mein,
Dort lad ich lauter Wein.
Mein Schimmel geht die Weinstraß'
gern,
Hat's Zieh'n g'wiß von seinem
Herrn.

3. Adelig ist sein' Natur,
Er ist kein Bauern-Tier
Ist früher auch im Krieg gwesen,
Und ist auf ihm mein Hauptmann
g'sessen;

4. Mein Schimmel ist kein Narr,
Wußt wohl, wie alt er war.
Wär er nit längst davon geflogen
So hätt man ihm den Pelz
abgezogen,

5. Jetzt wird er allgemach
Ein kleines Rößlein schwach;
Er kann kein' Offizier mehr tragen,
Doch ist er recht vor meinem
Wagen,

6. Er ist nicht wohlgestalt',
Und ist auch wohl recht alt,
Er ist mit meinem Weib geboren,
Hat schon den zehnten Zahn
verloren.

7. Das Hüftbein steht hervor,
Es hängt ihm 'rab das Ohr,
Ich kann ihn bei demselben lenken
Und den Hut an die Rippen
henken.

8. Wart nur, mein Schimmel, wart!
Das Stroh ist dir zu hart,
Morgen wolln wir Hafer dreschen,
Hat mein Schimmel Futter
z'fressen.

9. So hast du's alle Tag
So lang ich es vermag.
So lang du wirst ein Ader rühren,
Laß ich dich nicht zum Schinder
führen.

*Vom Volksmund weiterentwickeltes Lied
aus dem 17. Jahrhundert.*

Blumen und Bäume

Vom Röslein
auf der Heide,
vom Lindenbaum
und vom grünen Wald

Sah ein Knab' ein Röslein stehen

Sah ein Knab ein Rös-lein stehn, Rös-lein auf der Hei-den, war so jung und mor-gen-schön; lief er schnell es nah zu sehn, sah's mit vie-len Freu-den. Rös-lein, Rös-lein, Rös-lein rot, Rös-lein auf der Hei-den.

2. Knabe sprach: »Ich breche dich
Röslein auf der Heiden!«
Röslein sprach: »Ich steche dich,
Daß du ewig denkst an mich.
Und ich will's nicht leiden.«

3. Und der wilde Knabe brach
'S Röslein auf der Heiden;
Röslein wehrte sich und stach,
Half ihm doch kein Weh und Ach.
Mußt' es eben leiden.

*Von Johann Wolfgang von Goethe gedichtet.
Eine ähnliche Fassung ist von Johann Gottfried
von Herder erhalten. Die Gelehrten streiten
sich darüber, ob Goethes Gedicht Herder angeregt
hat, oder ob Goethe sich von Herder hat inspirieren
lassen, oder ob beide unabhängig voneinander
ein Volkslied als Quelle benützt haben. Hier
die Fassung Herders:*

Es sah ein Knab' ein Röslein stehn

1. Es sah ein Knab ein Röslein stehn,
Röslein auf der Heiden.
Sah, es war so frisch und schön,
Und blieb stehn, es anzusehn,
Und stand in süßen Freuden.
Röslein, Röslein, Röslein rot,
Röslein auf der Heiden.

2. Der Knabe sprach: »Ich breche dich,
Röslein auf der Heiden!«
Röslein sprach: »Ich steche dich,
Daß du ewig denkst an mich,
Daß ichs nicht will leiden.«

3. Doch der wilde Knabe brach
Das Röslein auf der Heiden;
Röslein wehrte sich und stach,
Aber es vergaß danach
Beim Genuß das Leiden.

Drei Röselein

Ich ging zum küh-len Wein, ich trank ihn a-ber nicht, ich such-te mir mein' al-ler-schönsten Schatz, ich fand ihn a-ber nicht.

2. Ich setze mich da nieder
Ins grüne, grüne Gras:
Da fielen mir drei Röselein
Grad auf meinen Fuß.

3. Und die drei Röselein,
Die waren rosenrot:
»Lebt denn noch mein allerschönster Schatz,
Oder ist er tot?«

4. Ich ließ mein Äugelein
All ringsum, ringsum gehn:
Und so sah ich mein'n allerschönsten Schatz
Bei einer Andern stehn.

5. Bei einer Andern zu stehn,
Bringt mir auch keinen Trost.
»Drum ade, mein allerschönster Schatz!
Jetzund geh ich fort!«

6. »Wenn du fortgehn willst,
So hat es ja noch Zeit«
Drum ade, mein allerschönster Schatz,
Meine Wege sind weit.

Rosestock, Holderblüt

Rosestock, Holderblüt, wenn i mein Dirnderl sieh, lacht mer vor lauter Freud s'Herzerl im Leib. La la la, la la la, la la la, la la la la la, la.

2. G'sichterl wie Milch und Blut,
'S Dirnderl ist gar so gut,
Um und um dockerlnett,
Wenn i 'S no hätt'!

3. Armerl so kugelrund,
Lippe so frisch und g'sund,
Füßerl, so hurtig g'schwind,
Tanzt wie der Wind.

4. Wenn i ins dunkelblau
Funkelhell Äugerl schau,
Mein i, i schau in mein
Himmelreich 'nei.

Schwäbisches Volkslied.

Blaublümelein

Es fiel ein Reif in Frühlingsnacht, es fiel ein Reif in Frühlingsnacht wohl über die schönen Blaublümelein: sie sind verwelket, verdörret.

2. Ein Knabe hatt' ein Mädchen lieb,
Sie liefen heimlich vom Hause fort,
Es wußt's nicht Vater noch Mutter.

3. Sie liefen weit ins fremde Land,
Sie hatten weder Glück noch Stern,
Sie sind verdorben, gestorben.

4. Auf ihrem Grab Blaublümchen blühn,
Umschlingen sich treu wie sie im Grab,
Der Reif sie nicht welket, nicht dörret.

Weiß mir ein Blümlein blaue

2. Das Blümlein, das ich meine
Ist braun, steht auf dem Ried,
Von Art ist es so kleine,
Es heißt: Nun hab mich lieb!
Das ist mir abgemähet
Wohl in dem Herzen mein.
Mein Lieb hat mich verschmähet,
Wie mag ich fröhlich sein?

3. Mein Herz, das liegt in Kummer,
Daß mein vergessen ist,
So hoff ich auf den Summer
Und auf des Maien Frist.
Der Reif ist nun vergangen,
Und auch der kalte Schnee,
Mein Lieb hat mich umfangen,
Nun, Winter, heißt's ade!

Aus dem 16. Jahrhundert

Das Veilchen

Ein Veilchen auf der Wiese stand, gebückt in sich und unbekannt; es war ein herzigs Veilchen. Da kam eine junge Schäferin mit leichtem Schritt und munterm Sinn daher, daher die Wiese her, und sang.

2. Ach! denkt das Veilchen, wär` ich nur
Die schönste Blume der Natur,
Ach, nur ein kleines Weilchen,
Bis mich das Liebchen abgepflückt,
Und an dem Busen matt gedrückt!
Ach nur, ach nur ein Viertelstündchen lang.

3. Ach! aber ach! das Mädchen kam
Und nicht in Acht das Veilchen nahm;
Zertrat das arme Veilchen.
Es sank und starb und freut` sich noch:
»Und sterb ich denn, so sterb` ich doch
Durch sie, durch sie, zu ihren Füßen doch.«

Text: Johann Wolfgang von Goethe. Melodie:
Friedrich Reichardt.

Der Traum vom Blumenhaus

In mei-nes Va-ters Gar-ten da lag ich und ich schlief, da träum-te mir ein Träu-me-lein, als schneit es ü-ber mich, mich.

2. Und da ich nun erwachte,
Da war es aber nichts:
Es waren die roten Rosen,
Sie blühten über mir.

3. Ich brach mir ab ein Zweiglein,
Ich band mir einen Kranz,
Ich gab ihn meiner Herzliebsten,
Auf daß sie mit mir tanzt.

4. Und wie der Tanz am besten war,
So war das Geigen aus:
Wir wollten beide heimgehn,
Wir hatten keins kein Haus.

5. Da baut ich mir ein Häuselein
Von Petersilie grün,
Mit gelben Lilien deckt ichs mir,
Mit roten Röslein schön.

6. Und wenn ichs nun werd fertig han,
Bescher' mir Gott was 'nein,
Daß ich zu Jahr kann sprechen,
Das Häuslein das ist mein.

Schlesisches Gebirgshirtenlied.

... und blüht so fort

Ich ging im Walde so für mich hin, und nichts zu suchen, und nichts zu suchen, das war mein Sinn, das war mein Sinn.

2. Im Schatten sah ich ein Blümchen stehn,
Wie Sterne leuchtend, wie Äuglein schön.

3. Ich wollt' es brechen, da sagt' es fein:
»Soll ich zum Welken gebrochen sein?«

4. Ich grub's mit allen den Würzlein aus,
Zum Garten trug ich's am hübschen Haus.

5. Und pflanzt' es wieder am stillen Ort;
Nun zweigt es immer und blüht so fort.

Von Johann Wolfgang von Goethe.

Was mag der Traum bedeuten?

Ich hab die Nacht geträumet wohl einen schweren Traum, es wuchs in meinem Garten ein Rosmarienbaum.

2. Ein Kirchhof war der Garten,
Ein Blumenbeet das Grab,
Und von dem grünen Baume,
Fiel Kron und Blüte ab.

3. Die Blätter tät ich sammeln
In einen goldnen Krug,
Der fiel mir aus den Händen,
Daß er in Stücken schlug.

4. Draus sah ich Perlen rinnen
Und Tröpflein rosenrot:
Was mag der Traum bedeuten?
Ach Liebster, bist du tot?

*Im Volksglauben ist
Rosmarin ein Symbol
für Trauer.*

Drei Lilien

Drei Lilien, drei Lilien, die pflanzt ich auf mein Grab. Da kam ein stolzer Reiter und brach sie ab. Ju-vi-vallerallera, ju-vi-vallerallera. Da kam ein stolzer Reiter und brach sie ab.

2. Ach, Reitersmann, ach, Reitersmann, laß doch die Lilien stehn!
Die soll ja mein Feinsliebchen noch einmal sehn.

3. Was schert mich denn dein Liebchen, was schert mich denn dein Grab;
Ich bin ein stolzer Reiter und brech sie ab.

4. Und sterbe ich noch heute, so bin ich morgen tot!
Dann begraben mich die Leute ums Morgenrot.

Die Linde im Tal

Es stand ei-ne Lind' im tie-fen Tal, war o-ben breit und un-ten schmal, war o-ben breit und un-ten schmal.

2. Worunter zwei Verliebte saß'n,
Und die vor Lieb ihr Leid vergaß'n.

3. »Feinslieb, wir müssen von einander,
Ich muß noch sieben Jahre wandern.«

4. »Mußt du noch sieben Jahre wandern,
Heirat ich doch keinen Andern!«

5. Und als die sieben Jahre umme war'n,
Sie meint, ihr Liebchen käme bald.

6. Sie ging wohl in den Garten,
Ihr Feinslieb zu erwarten.

7. Sie ging wohl in das grüne Holz,
Da kam ein Reiter geritten stolz.

8. »Gott grüß dich, du Hübsche, du Feine!
Was machst du hier alleine?

9. Ist dir dein Vater und Mutter gram,
Oder hast du heimlich einen Mann?«

10. »Mein Vater und Mutter sind mir nicht gram,
Ich hab auch heimlich keinen Mann.

11. Heut sinds drei Wochen und sieben Jahr,
Daß mein Feinslieb gewandert war.«

12. Gestern bin ich geritten durch eine Stadt,
Da dein Feinslieb Hochzeit gehabt;

13. Was tust du ihm denn wünschen an,
Daß er seine Treue nicht gehalten hat?«

14. »Ich wünsch ihm all das Beste
So viel der Baum hat Äste.

15. Ich wünsch ihm so viel gute Zeit,
So viel als Stern am Himmel sein.

16. Ich wünsch ihm so viel Glück und Segen,
Als Tröpflein von dem Himmel regnen.«

17. Was zog er von dem Finger sein?
Einen Ring von roten Golde fein.

18. Er warf den Ring in ihren Schoß,
Sie weinte, daß das Ringlein floß.

19. Was zog er aus seiner Taschen?
Ein Tuch, schneeweiß gewaschen.

20. »Trock'n ab, trock'n ab, dein Äugelein:
Du sollst fürwahr mein eigen sein!

21. Ich tät dich ja nur versuchen,
Ob du würdest schwören oder fluchen.

22. Hättst du mir einen Fluch oder Schwur getan,
So wär ich gleich geritten davon.«

Am Brunnen vor dem Tore

2. Ich mußt' auch heute wandern vorbei in tiefer Nacht;
Da hab' ich noch im Dunkeln die Augen zugemacht.
Und seine Zweige rauschten, als riefen sie mir zu:
»Komm' her zu mir, Geselle! Hier find'st du deine Ruh!«

3. Die kalten Winde bliesen mir grad' in's Angesicht;
Der Hut flog mir vom Kopfe, ich wendete mich nicht.
Nun bin ich manche Stunde entfernt von jenem Ort,
Und immer hör' ich's rauschen: »Du fändest Ruhe dort!«

1822 entstanden. Text: Wilhelm Müller, Melodie: Franz Schubert.

Die Hasel am Wege

Es wollt ein Mädl zum Tanze gehn, sie schmückt sich wunderschöne. Was fand sie an dem Wege stehn? Ein' Hasel die war grüne.

2. »Guten Tag, guten Tag, Frau Haselin!
Von was bist du so grüne?«
»Schön Dank, schön Dank, feins Mägdelein!
Von was bist du so schöne?«

3. »Von was das ich so schöne bin,
Das kann ich dir wohl sagen:
Ich esse Semmel und trinke Wein,
Davon bin ich so schöne.«

4. »Von was daß ich so grüne bin,
Das kann ich dir wohl sagen:
Frühmorgens fällt der Tau auf mich,
Davon bin ich so grüne.

5. Und'n Mädel die wille Ehre habn,
Zu Hause muß sie bleiben,
Sie muß sich zeitig schlafen leg'n
Mit ihrem zarten Leibe.

6. Zum Tanzen kann sie dennoch gehn
In Züchten und in Ehren,
Bei Sonnenschein dann wieder heim:
Das kann ihr Niemand wehren.

7. Bei Mondenschein und finstrer Nacht
Ist keine Ehr vorhanden,
Es gibt der falschen Knaben viel,
Die setzen dich in Schande.«

8. »Schön Dank, schön Dank, Frau Haselin,
Für deine gute Lehre!
Ich wollt zu meinem Schatz hingehn,
Jetzt aber will ich umkehren.«

9. »Kehrst du gleich um und wieder um,
Du hast bei Einem geschlafen,
Du hast dein Rosenkränzelein
Auf seinem Haupt gelassen.«

10. »Schweig still, schweig still, Frau Haselin,
Und tu dich bald umschauen:
Ich hab der stolzen Brüder zwei,
Die werden dich umhauen.«

11. »Und haun sie mich im Winter ab,
Im Sommer grün ich wieder;
Ein Mädel die ihr Ehr verliert,
Die kriegt sie nimmer wieder.«

Aus Schlesien. Die Hasel = Haselnußstaude.

Schwarzbraun ist die Haselnuß

Schwarzbraun ist die Ha-sel-nuß, schwarz-braun bin auch ich, bin auch ich; schwarzbraun muß mein Schätz-le sein, ge-ra-de so wie ich. So wie du, so wie, so wie du, ha, ha, ha! So wie du, so wie, so wie du! du!

2. 'S Madl hat mir a Busserl geben,
Hat mich schwer gekränkt,
Hab ihrs aber wiedergeben,
Mag ja nichts geschenkt.

3. 'S Madl hat nicht Hof noch Haus,
'S Madl hat kein Geld.
Doch ich geb es nicht heraus
Für alles in der Welt.

4. Schwarzbraun ist die Haselnuß,
Schwarzbraun bin auch ich,
Wenn ich eine hiraten tu,
So muß sie sein wie ich.

Aus dem 18. Jahrhundert.

Die Lieb tut selten gut

Ich wollt ein Bäumlein steigen, das nicht zu steigen war; da brachen alle Ästichen, da brachen alle Ästichen, und ich fiel in das Gras, und ich fiel in das Gras.

2. Ach wenn das doch mein Schätzchen wüßt,
Daß ich gefallen wär,
Es tät so manchen weiten Schritt,
Bis daß es bei mir wär.

3. Die Blätter von den Bäumelein,
Die fielen all auf mich,
Daß mich mein Schatz verlassen hat,
Das kränket mich ja nicht.

4. Daß mich mein Schatz verlassen hat,
das ist noch so und so.
Er wird bald wieder kommen,
Von Herzen bin ich froh.

5. Und kömmt er dann nicht wieder,
So bleibt er weg von mir;
Heirat ich einen andern,
Was frag ich denn nach dir?

6. Es ist kein Apfel so rosenrot,
Es steckt ein Wurm darin.
Es ist kein Bürschchen auf der Welt,
Es führt ein' falschen Sinn.

7. Ein falscher Sinn, ein froher Mut
Verführt das junge Blut.
Ich hab's gehört von Alten:
Die Lieb tut selten gut.

Aus der Harzgegend, um 1840. Brechende Äste sind im Volksglauben symbolisch für Treulosigkeit.

Jahreszeitenlieder

Von Maienduft
und Frühlingsnacht,
vom Schnee
und grünen Hoffnungsklee

So sei gegrüßt vieltausendmal

So sei ge-grüßt viel tau-send-mal, hol-der, hol-der Früh-ling! Will-kom-men hier in un-serm Tal, hol-der, hol-der Früh-ling! Hol-der Früh-ling, ü-ber-all grü-ßen wir dich froh mit Sang und Schall, mit Sang und Schall.

2. Du kommst, und froh ist alle Welt,
Es freut sich Wiese, Wald und Feld,
Jubel tönt dir überall,
Dich begrüßet Lerch und Nachtigall!

3. So sei gegrüßt vieltausendmal,
O bleib recht lang in unserm Tal,
Kehr in alle Herzen ein,
Laß doch alle mit uns fröhlich sein!

Text von Hoffmann von Fallersleben.
Melodie von Robert Schumann.

Es blühn die Blumen auf dem Feld

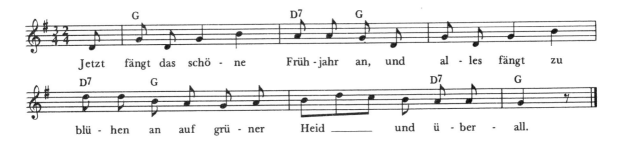

2. Es blühn die Blumen auf dem Feld,
Sie blühen blau, weiß, rot und gelb,
So wie es meinem Schatz gefällt.

3. Jetzt leg ich mich in'n grünen Klee,
Da singt das Vöglein auf der Höh,
Weil ich zu mein'm Feinsliebchen geh.

4. Jetzt geh ich über Berg und Tal,
Da hört man schon die Nachtigall
Auf grüner Heid und überall.

5. Jetzt geh ich in den grünen Wald,
Da such ich meinen Aufenthalt,
Weil mir mein Schatz nicht mehr gefällt.

Aus dem Rheinland.

Grüß Gott

2. Die kalten Wind' verstummen,
Der Himmel ist gar blau,
Die lieben Bienlein summen
Daher auf grüner Au.
O holde Lust im Maien,
Da alles neu erblüht,
Du kannst mir sehr erfreuen
Mein Herz und mein Gemüt.

Aus dem 16. Jahrhundert.

Der Mai ist gekommen

Der Mai ist ge-kom-men, die Bäu-me schla-gen aus,
da blei-be, wer Lust hat, mit Sor-gen zu Haus.
Wie die Wol-ken dort wan-dern am himm-li-schen Zelt,
so steht auch mir der Sinn in die wei-te, wei-te Welt.

2. Herr Vater, Frau Mutter,
Daß Gott euch behüt!
Wer weiß, wo in der Ferne
Mein Glück mir noch blüht.
Es gibt so manche Straße,
Da nimmer ich marschiert,
Es gibt so manchen Wein,
Den ich nimmer noch probiert.

3. Frisch auf drum, frisch auf drum
Im hellen Sonnenstrahl,
Wohl über die Berge,
Wohl durch das tiefe Tal!
Die Quellen erklingen,
Die Bäume rauschen all;
Mein Herz ist wie 'ne Lerchee
Und stimmet ein mit Schall.

4. Und abends im Städtchen,
Da kehr ich durstig ein.
»Herr Wirt, mein Herr Wirt,
Eine Kanne blanken Wein!
Ergreife die Fiedel,
Du lust'ger Spielmann, du!
Von meinem Schatz das Liedel,
Das singe ich dazu.«

5. Und find ich keine Herberg,
So lieg ich zur Nacht
Wohl unterm blauen Himmel,
Die Sterne halten Wacht;
Im Winde die Linde,
Die rauscht mich ein gemach,
Es küsset in der Frühe
Das Morgenrot mich wach.

6. O Wandern, o Wandern,
Du freie Burschenlust!
Da wehet Gottes Odem
So frisch in der Brust;
Da singet und jauchzet
Das Herz zum Himmelszelt:
Wie bist du doch so schön,
O du weite, weite Welt!

Text: Emanuel Geibel (1815–1884), Melodie von Wilhelm Lyra in Anlehnung an eine böhmische Volksweise.

Alles neu macht der Mai

Al-les neu macht der Mai, macht die See-le frisch und frei. Laßt das Haus,
kommt hin-aus! Win-det ei-nen Strauß! Rings er-glän-zet Son-nen-schein,
duf-tend pran-gen Flur und Hain: Vö-gel-sang, Hör-ner-klang tönt den Wald ent-lang.

2. Wir durchziehen Saaten grün,
Haine, die ergötzend blüh'n,
Waldespracht, neu gemacht
Nach des Winters Nacht.
Dort im Schatten an dem Quell
Rieselnd munter silberhell
Klein und Groß ruht im Moos,
Wie im weichen Schoß.

3. Hier und dort, fort und fort,
Wo wir ziehen, Ort für Ort,
Alles freut sich der Zeit,
Die verschönt erneut.
Widerschein der Schöpfung blüht
Uns erneuend im Gemüt.
Alles neu, frisch und frei
Macht der holde Mai.

1818 entstanden. Text von H. von Kamp zu einer alten Volksweise.

Komm lieber Mai

2. Zwar Wintertage haben wohl auch der Freuden viel:
Man kann im Schnee eins traben und treibt manch' Abendspiel.
Baut Häuserchen von Karten, spielt Blindekuh und Pfand:
Auch gibt's wohl Schlittenfahrten auf's liebe freie Land;

3. Doch wenn die Vöglein singen und wir dann froh und flink
Auf grünem Rasen springen, das ist ein ander Ding!
Jetzt muß mein Steckenpferdchen dort in dem Winkel stehn,
Denn draußen in dem Gärtchen kann man vor Schmutz nicht gehn.

4. Am meisten aber dauert mich Lottchens Herzeleid:
Das arme Mädchen lauert recht auf die Blumenzeit;
Umsonst hol' ich ihr Spielchen zum Zeitvertreib herbei;
Sie sitzt auf ihrem Stühlchen wie's Hühnchen auf dem Ei.

Wie schön blüht uns der Maien

Wie schön blüht uns der Mai - en, der Som - mer fährt da - hin.
Mir ist ein schön Jung - fräu - lein ge - fal - len in mei - nen Sinn.
Bei ihr, da ist mir wohl, wenn ich an
Sie ge - den - ke, mein Herz ist freu - de - voll.

2. Bei ihr, da wär ich gerne,
Bei ihr, da wär mir's wohl;
Sie ist mein Morgensterne,
Strahlt mir ins Herz so voll.
Sie hat ein' roten Mund;
Sollt' ich sie darauf küssen,
Mein Herz würd' mir gesund.

3. Wollt' Gott, ich fänd' im Garten
Drei Rosen auf einem Zweig,
Ich wollt auf sie warten,
Ein Zeichen wär mir's gleich.
Das Morgenrot ist weit,
Es streut schon seine Rosen;
Ade, mein schöne Maid!

Text aus dem Anfang des 16. Jahrhunderts.
Melodie aus einem Lautenbuch, das 1619 gedruckt wurde.

Der Sommer, der ist da!

Tra-ri-ra, der Sommer der ist da! Wir woll'n hinaus in Garten und woll'n des Sommers warten: ja, ja, ja, der Sommer der ist da!

2. Trarira, der Sommer der ist da!
Wir wollen zu den Hecken
Und woll'n den Sommer wecken;
Ja, ja, ja, der Sommer der ist da!

3. Trarira, der Sommer der ist da!
Der Sommer hat gewonnen,
Der Winter hat verloren.
Ja, ja, ja, der Sommer der ist da!

Aus der Pfalz. Melodie von Carl Maria von Weber

Oh, wie ist es kalt geworden

Oh, wie ist es kalt geworden und so traurig öd' und leer! Rauhe Winde wehn von Norden und die Sonne scheint nicht mehr.

2. Auf die Berge möcht' ich fliegen,
Möchte sehn ein grünes Tal;
Möcht' in Gras und Blumen liegen
Und mich freun am Sonnenstrahl.

3. Möchte hören die Schalmeien
Und der Herden Glockenklang;
Möchte freuen mich im Freien
An der Vögel süßem Sang.

4. Schöner Frühling, komm' doch wieder!
Lieber Frühling, komm' doch bald!
Bring' uns Blumen, Laub und Lieder,
Schmücke wieder Feld und Wald.

Text und Melodie von Hoffmann von Fallersleben.

Ein rechter Mann

Der Win-ter ist ein rech-ter Mann, kern-fest und auf der Dau-er, sein Fleisch fühlt sich wie Ei-sen an und scheut nicht süß und sau-er.

2. Er zieht sein Hemd im Freien an
Und läßts vorher nicht wärmen
Und spottet über Fluß im Zahn
Und Grimmen in Gedärmen.

3. Aus Blumen und aus Vogelsang
Weiß er sich nichts zu machen.
Haßt warmen Trank und warmen Klang
Und alle warmen Sachen.

4. Doch wenn die Füchse bellen sehr,
Wenns Holz im Ofen knittert,
Und um den Ofen Knecht und Herr
Die Hände reibt und zittert;

5. Wenn Stein und Bein von Frost zerbricht
Und Teich und Seen krachen;
Das klingt ihm gut, das haßt er nicht,
Dann will er tot sich lachen.

6. Sein Schloß von Eis liegt ganz hinaus
Beim Nordpol an dem Strande,
Doch hat er auch ein Sommerhaus
Im lieben Schweizerlande.

7. Da ist er denn bald dort, bald hier,
Gut Regiment zu führen,
Und wenn er durchzieht, stehen wir
Und sehn ihn an und frieren.

Text von Matthias Claudius, Melodie von Friedrich Reichardt.

Der Weg ist verschneit

Es ist ein Schnee gefallen, wann es ist noch nit Zeit; ich wollt zu meinem Buhlen gan, der Weg ist mir verschneit, -schneit.

2. Es gingen drei Gesellen
Spazieren um das Haus;
Das Maidlein war behende,
Es lugt zum Laden aus.

3. Der ein der war ein Reiter
Der ander ein Edelmann,
Der dritt ein stolzer Schreiber,
Denselben wollt es han.

4. Er tät dem Maidlein kromen
Von Seiden ein Haarschnur;
Er gab demselben Maidlein:
»Bind du dein Haar mit zu!«

5. »Ich will mein Haar nit binden,
Ich will es hangen lan,
Ich will wohl diesen Sommer lang
Fröhlich zum Tanze gan.«

Aus dem 16. Jahrhundert.

So treiben wir den Winter aus

So treiben wir den Winter aus durch unsre Stadt zum Tor hinaus und jagen ihn zu Schanden, hinweg aus unsern Landen.

2. Wir stürzen ihn von Berg und Tal,
Damit er sich zu Tode fall
Und uns nicht mehr betrüge
Durch seine späten Züge.

3. Nun haben den Winter wir ausgetrieben,
So bringen wir den Sommer herwieder,
Den Sommer und den Maien,
Die Blümlein mancherleien.

Aus dem 16. Jahrhundert.

Winter ade!

Win - ter, a - de! Schei - den tut weh. A - ber dein Schei - den macht,
daß mir das Her - ze lacht. Win - ter, a - de! Schei - den tut weh.

2. Winter, ade! Scheiden tut weh.
Gerne vergess' ich dein,
Kannst immer ferne sein.
Winter, ade! Scheiden tut weh.

3. Winter, ade! Scheiden tut weh!
Gehst du nicht bald nach Haus,
Lacht dich der Kuckuck aus.
Winter, ade! Scheiden tut weh!

Von Hoffmann von Fallersleben.

Mond und Sterne

Von Dämmerung
und Abendwolken,
vom guten Mond,
der am Himmel droben wohnt

Auch der Mond und Sternenpracht
Jauchzen Gott bei stiller Nacht.

Der Mond

Der Mond ist auf-ge-gan-gen, die gold-nen Stern-lein pran-gen am Him-mel hell und klar; der Wald steht schwarz und schwei-get, und aus den Wie-sen stei-get der wei-ße Ne-bel wun-der-bar.

2. Wie ist die Welt so stille,
Und in der Dämmrung Hülle
So traulich und so hold,
Als eine stille Kammer,
Wo ihr des Tages Jammer
Verschlafen und vergessen sollt!

3. Seht ihr den Mond dort stehen?
Er ist nur halb zu sehen,
Und ist doch rund und schön!
So sind wohl manche Sachen,
Die wir getrost verlachen,
Weil unsre Augen sie nicht sehn.

4. Wir stolze Menschenkinder
Sind eitel arme Sünder
Und wissen gar nicht viel;
Wir spinnen Lustgespinnste
Und suchen viele Künste
Und kommen weiter von dem Ziel.

5. Gott, laß dein Heil uns schauen,
Auf nichts Vergänglichs trauen,
Nicht Eitelkeit uns freun;
Laß uns einfältig werden
Und vor dir hier auf Erden
Wie Kinder fromm und fröhlich sein!

6. So legt euch denn, ihr Brüder,
In Gottes Namen nieder;
Kalt ist der Abendhauch.
Verschon uns, Gott, mit Strafen
Und laß uns ruhig schlafen
Und unsern kranken Nachbar auch!

Text von Matthias Claudius. Melodie von Johann Abraham Peter Schulz (1747–1800).

Guter Mond, du gehst so stille

Gu-ter Mond, du gehst so stil-le in den A-bend-wol-ken hin,
bist so ru-hig, und ich füh-le, daß ich oh-ne Ru-he bin.
Trau-rig fol-gen mei-ne Blik-ke dei-ner stil-len hei-tern Bahn. O wie
hart ist mein Ge-schik-ke, daß ich dir nicht fol-gen kann!

2. Guter Mond, dir darf ich's klagen,
Was mein banges Herze kränkt,
Und an wen mit bittern Klagen
Die betrübte Seele denkt!
Guter Mond, du sollst es wissen,
Weil du so verschwiegen bist,
Warum meine Tränen fließen,
Und mein Herz so traurig ist.

3. Dort in jenem kleinen Tale,
Wo die dunkeln Bäume stehn,
Nah' bei jenem Wasserfalle
Wirst du eine Hütte sehn!
Geh' durch Wälder, Bach und Wiesen.
Blicke sanft durch's Fenster hin,
So erblickest du Elisen,
Aller Mädchen Königin.

4. Nicht in Gold und nicht in Seide
Wirst du dieses Mädchen sehn;
Nur im schlichten netten Kleide
Pflegt mein Mädchen stets zu gehn,
Nicht vom Adel, nicht vom Stande,
Was man sonst so hoch verehrt,
Nicht von einem Ordensbande
Hat mein Mädchen seinen Wert.

5. Nur ihr reizend gutes Herze
Macht sie liebenswert bei mir;
Gut im Ernste, froh im Scherze,
Jeder Zug ist gut an ihr;
Ausdrucksvoll sind die Gebärden,
Froh und heiter ist ihr Blick;
Kurz, von ihr geliebt zu werden,
Scheinet mir das größte Glück.

6. Mond, du Freund der reinen Triebe,
Schleich' dich in ihr Kämmerlein;
Sage ihr, daß ich sie liebe,
Daß sie einzig und allein
Mein Vergnügen, meine Freude,
Meine Lust, mein alles ist,
Daß ich gerne mit ihr leide,
Wenn ihr Aug' in Tränen fließt.

7. Daß ich aber schon gebunden,
Und nur, leider! zu geschwind
Meine süßen Freiheitsstunden
Schon für mich verschwunden sind;
Und daß ich nicht ohne Sünde
Lieben könne in der Welt
Lauf' und sag's dem guten Kinde,
Ob ihr diese Lieb' gefällt.

Aus dem 18. Jahrhundert.

Verstohlen geht der Mond auf

Ver-stoh-len geht der Mond auf, blau, blau, Blü-me-lein, durch Sil-ber-wölk-chen geht sein Lauf. Ro-sen im Tal, Mä-del im Saal, o schön-ste Ro-se!

2. Er steigt die blaue Luft hindurch,
Blau, blau Blümelein,
Bis daß er schaut auf Löwenburg.

3. O schaue, Mond, durchs Fensterlein,
Blau, blau Blümelein,
Schön Trude lock mit deinem Schein!

4. Und siehst du mich, und siehst du sie,
Blau, blau Blümelein,
Zwei treu're Herzen sahst du nie.

Text von Anton Wilhelm Florentin von Zuccalmaglio in Anlehnung an ein rheinisches Flachsarbeiterlied. Die Melodie – eine alte Volksweise – hat Johannes Brahms als Thema für seine Klaviersonate op. 1 verwendet und später auch in seine »Deutschen Volkslieder« (1894) aufgenommen.

Wer hat die schönsten Schäfchen?

2. Er kommt am späten Abend,
Wenn alles schlafen will,
Hervor aus seinem Hause
Zum Himmel leis' und still'.

3. Dann weidet er die Schäfchen
Auf seiner blauen Flur:
Denn all' die weißen Sterne
Sind seine Schäfchen nur.

4. Sie tun sich nichts zu leide,
Hat eins das andre gern,
Und Schwestern sind und Brüder
Da droben Stern an Stern.

5. Wenn ich gen Himmel schaue,
So fällt mir immer ein:
O laßt uns auch so freundlich,
Wie diese Schäfchen sein!

*Text von Hoffmann
von Fallersleben.*

Ach, was wird mein Schätzel denken?

2. Ach, was wird mein Schätzel denken,
Weil ich bin so weit von ihr?

3. Gerne wollt ich zu ihr gehen,
Wenn der Weg so weit nicht wär.

4. Gerne wollt ich ihr was schenken,
Wenn ich wüßt, was recht sollt sein.

5. Gold und Silber, Edelstein,
Schönster Schatz, gelt, du bist mein.

6. Ich bin dein, du bist mein,
Ach, was kann denn schöner sein?

Aus dem Odenwald.

Weißt du, wieviel Sternlein stehen?

Weißt du, wie-viel Sternlein ste-hen an dem blau-en Himmels-zelt?
Weißt du, wie-viel Wol-ken ge-hen weit-hin ü-ber al-le Welt?
Gott der Herr hat sie ge-zäh-let, an der
daß ihm auch nicht ei-nes feh-let
gan-zen gro-ßen Zahl, an der gan-zen gro-ßen Zahl.

2. Weißt du, wieviel Mücklein spielen,
In der heißen Sonnenglut?
Wieviel Fischlein auch sich kühlen
In der hellen Wasserflut?
Gott der Herr rief sie mir Namen,
Daß sie all ins Leben kamen,
Daß sie nun so fröhlich sind.

3. Weißt du, wieviel Kinder frühe
Stehn aus ihrem Bettlein auf?
Daß sie ohne Sorg und Mühe
Fröhlich sind im Tageslauf?
Gott im Himmel hat an allen
Seine Lust, sein Wohlgefallen,
Kennt auch dich und hat dich lieb.

Nach einer alten Volksweise.

Sie gehn da hin und her zerstreut

Ich se-he oft um Mit-ter-nacht, wenn ich mein Werk ge-tan, und
nie-mand mehr im Hau-se wacht, die Stern' am Him-mel an.

2. Sie gehn da hin und her zerstreut,
Als Lämmer auf der Flur.
In Rudeln auch und aufgereiht,
Wie Perlen an der Schnur.

3. Und funkeln alle weit und breit
Und funkeln rein und schön;
Ich seh' die große Herrlichkeit
Und kann nicht satt mich sehn.

4. Dann saget unterm Himmelszelt
Mein Herz mir in der Brust:
Es gibt was Bess'res in der Welt,
Als all' ihr Schmerz und Lust.

5. Ich werf' mich auf mein Lager hin
Und liege sanft und wach
Und suche es in meinem Sinn
Und sehne mich danach.

Text von Matthias Claudius.

Weihnachtslieder

Vom Christkind
und vom Tannenbaum,
von der stillen,
heiligen Nacht

Alle Jahre wieder kommt das Christuskind

Alle Jahre wieder kommt das Christuskind
auf die Erde nieder, — wo wir Menschen sind.

2. Kehrt mit seinem Segen
Ein in jedes Haus,
Geht auf allen Wegen
Mit uns ein und aus.

3. Ist auch mir zur Seite
Still und unerkannt,
Daß es treu mich leite
an der lieben Hand.

*Aus dem Jahre 1837. Text: Wilhelm Hey, Gothaer Hofprediger.
Melodie: Ernst Anschütz.*

Morgen, Kinder, wird's was geben

Mor-gen, Kin-der, wird's was ge-ben, mor-gen wer-den wir uns freun!
Welch ein Ju-bel, welch ein Le-ben wird in un-serm Hau-se sein!
Ein-mal wer-den wir noch wach, hei-ßa, dann ist Weih-nachts-tag!

2. Wie wird dann die Stube glänzen
Von der großen Lichterzahl!
Schöner als bei frohen Tänzen
Ein geputzter Kronensaal.
Wißt ihr noch, wie vor'ges Jahr
Es am heilgen Abend war?

3. Wißt ihr noch die Spiele, Bücher
Und das schöne Hottepferd,
Schönste Kleider, wollne Tücher,
Puppenstube, Puppenherd?
Morgen strahlt der Kerzen Schein,
Morgen werden wir uns freun!

Aus dem Jahre 1850. Text von Hoffmann von Fallersleben zu einer Melodie von Carl Gottlieb Haring.

Morgen kommt der Weihnachtsmann

Mor-gen kommt der Weih-nachts-mann, kommt mit sei-nen Ga-ben.
Trom-mel, Pfei-fen und Ge-wehr, Fahn und Sä-bel und noch mehr,
ja, ein gan-zes Krie-ges-heer möcht ich ger-ne ha-ben.

2. Bring uns, lieber Weihnachtsmann,
Bring auch morgen, bringe
Musketier und Grenadier,
Zottelbär und Panthertier,
Roß und Esel, Schaf und Stier,
Lauter schöne Dinge!

3. Doch du weißt ja unsern Wunsch,
Kennst ja unsre Herzen.
Kinder, Vater und Mama,
Auch sogar der Großpapa,
Alle, alle sind wir da,
Warten dein mit Schmerzen.

Von Hoffmann von Fallersleben zu einer alten Volksweise.

Stille Nacht, heilige Nacht

Langsam und sanft

Stil - le Nacht, hei - li - ge Nacht, Al - les schläft, ein - sam wacht nur das trau - te hoch - hei - li - ge Paar, hol - der Kna - be im lok - ki - gen Haar, schlaf' in himm - li - scher Ruh' ___ schlaf in himm - li - scher Ruh. ___

2. Stille Nacht, heilige Nacht,
Hirten erst kund gemacht!
Durch der Engel Halleluja
Tönt es laut von fern und nah:
Christ, der Retter ist da!
Christ, der Retter ist da!

3. Stille Nacht, heilige Nacht!
Gottes Sohn, o wie lacht
Lieb' aus deinem göttlichen Mund,
Da uns schlägt die rettende Stund',
Christ, in deiner Geburt!
Christ, in deiner Geburt!

Diesem weltberühmten Weihnachtslied liegt folgende Geschichte zugrunde: Der Hilfspriester und spätere Vikar Joseph Mohr (1792–1848) dichtete am Vormittag des 24. Dezember 1818 in Oberndorf bei Salzburg die Verse von der »Stillen Nacht« und zeigte den Text nach dem Mittagessen seinem Freund, dem im benachbarten Arnsdorf bei Laufen lebenden Lehrer Franz Gruber (1787–1863), der unverzüglich die Melodie komponierte. Das Lied wurde wenige Stunden später – während der Mitternachtsmette – mit einigen schnell zusammengetrommelten Mitgliedern einer bäuerlichen Sängergruppe in der Oberndorfer Kirche uraufgeführt, und zwar mit Gitarrenbegleitung, weil die Orgel nicht funktionierte. Die oben abgedruckte Melodie und die gekürzte Textfassung traten einen Siegeszug ohnesgleichen um die ganze Welt an. Original-Notation und Original-Text – beide völlig unbekannt geworden und so gut wie verschollen – lassen wir folgen:

Stille Nacht, heilige Nacht (Original)

2. Stille Nacht! Heilige Nacht!
Gottes Sohn, o wie lacht
Lieb' aus deinem göttlichen Mund,
Da uns schlägt die rettende Stund':
Jesus in deiner Geburt.
Jesus in deiner Geburt.

3. Stille Nacht! Heilige Nacht!
Die der Welt Heil gebracht,
Aus des Himmels goldenen Höh'n
Uns der Gnade Fülle läßt sehn:
Jesum in Menschengestalt.
Jesum in Menschengestalt.

4. Stille Nacht! Heilige Nacht!
Wo sich heut' alle Macht
Väterlicher Liebe ergoß,
Und als Bruder huldvoll umschloß
Jesus die Völker der Welt.
Jesus die Völker der Welt.

5. Stille Nacht! Heilige Nacht!
Lange schon uns bedacht,
Als der Herr, vom Grimme befreit,
In der Väter urgrauer Zeit
Aller Welt Schonung verhieß.
Aller Welt Schonung verhieß.

6. Stille Nacht, heilige Nacht,
Hirten erst kundgemacht!
Durch der Engel Halleluja
Tönt es laut von Ferne und Nah:
»Jesus, der Retter ist da!«
»Jesus, der Retter ist da!«

O Tannenbaum

2. O Mägdelein, o Mägdelein,
Wie falsch ist dein Gemüte!
Du schwurst mir Treu in meinem Glück,
Nun arm ich bin, gehst du zurück.

3. Die Nachtigall, die Nachtigall
Nahmst du dir zum Exempel:
Sie bleibt so lang der Sommer lacht,
Im Herbst sie sich von dannen macht.

4. Der Bach im Tal, der Bach im Tal
Ist deiner Falschheit Spiegel.
Er strömt allein wenn Regen fließt,
Bei Dürr' er bald den Quell verschließt.

*Dieses Lied, das A. Zarnack 1820 in Berlin
zu einer alten Weise dichtete, wurde erst dann
ein berühmtes Weihnachtslied, als Ernst Anschütz
die drei letzten Strophen wegließ und der ersten
Strophe die beiden folgenden Verse hinzufügte:*

2. O Tannenbaum, o Tannenbaum!
Du kannst mir sehr gefallen.
Wie oft hat nicht zur Weihnachtszeit
Ein Baum von dir mich hoch erfreut!
O Tannenbaum, o Tannenbaum,
Du kannst mir sehr gefallen!

3. O Tannenbaum, o Tannenbaum!
Dein Kleid will mich was lehren:
Die Hoffnung und Beständigkeit
Gibt Trost und Kraft zu jeder Zeit.
O Tannenbaum, o Tannenbaum!
Das soll dein Kleid mich lehren.

Ihr Kinderlein kommet

Ihr Kin-der-lein kom-met, o kom-met doch all, und seht, was in die-ser hoch-
zur Krip-pe her kom-met in Beth-le-hems Stall,

hei - li - gen Nacht der Va - ter im Him - mel für Freu - de uns macht.

2. Da liegt es ihr Kinder, auf Heu und auf Stroh:
Maria und Joseph betrachten es froh;
Die redlichen Hirten knien betend davor,
Hoch oben schwebt jubelnd der Engelein Chor.

3. O beugt wie die Hirten anbetend die Knie;
Erhebet die Hände und danket wie sie!
Stimmt freudig, ihr Kinder, wer soll sich nicht freu'n?
Stimmt freudig zum Jubel der Engel mit ein.

4. Was geben wir Kinder, was schenken wir dir,
Du bestes und liebstes der Kinder dafür?
Nichts willst du von Schätzen und Freuden der Welt,
Ein Herz nur voll Unschuld allein dir gefällt.

5. So nimm unsre Herzen zum Opfer denn hin,
Wir geben sie gerne mit fröhlichem Sinn,
Und mache sie heilig und selig wie deins,
Und mach sie auf ewig mit deinem vereint!

Melodie von Johann Abraham Peter Schulz

Vom Himmel hoch, da komm ich her

„Vom Him-mel hoch, da komm ich her, ich bring euch gu-te, neu-e Mär', der gu-ten Mär' bring ich so viel, da-von ich sin-gen und sa-gen will.

2. Euch ist ein Kindlein heut' gebor'n,
Von einer Jungfrau auserkor'n,
Ein Kindelein so zart und fein,
Das soll Eur' Freud' und Wonne sein.

3. Es ist der Herr Christ, unser Gott,
Der will euch führ'n aus aller Not.
Er will eur' Heiland selber sein,
Von allen Sünden machen rein.

4. Er bringt Euch alle Seligkeit,
Die Gott, der Vater, hat bereit,
Daß ihr mit uns im Himmelreich
Sollt leben nun und ewiglich.

5. Des laßt uns alle fröhlich sein
Und mit den Hirten gehn hinein,
Zu sehn, was Gott uns hat beschert,
Mit seinem lieben Sohn verehrt.

6. Lob, Ehr' sei Gott im höchsten Tron,
Der uns schenkt seinen ein'gen Sohn!
Des freuet sich der Engel Schar
Und singet uns solch neues Jahr.

Text: Martin Luther

Es ist ein Ros' entsprungen

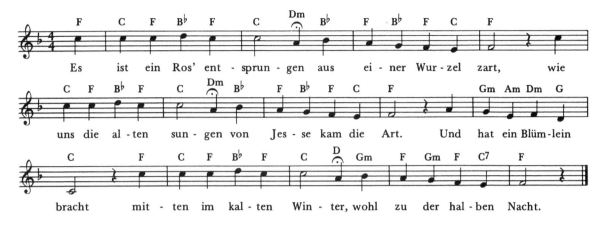

Es ist ein Ros' ent-sprun-gen aus ei-ner Wur-zel zart, wie uns die al-ten sun-gen von Jes-se kam die Art. Und hat ein Blüm-lein bracht mit-ten im kal-ten Win-ter, wohl zu der hal-ben Nacht.

2. Das Röslein, das ich meine,
Davon Jesaias sagt,
Hat uns gebracht alleine
Marie, die reine Magd.
Aus Gottes ew'gem Rat
Hat sie ein Kind geboren,
Wohl zu der halben Nacht.

Aus dem 16. Jahrhundert.

Fürchtet euch nicht

Kom-met, ihr Hir-ten, ihr Män-ner und Fraun! Kom-met, das
lieb-li-che Kind-lein zu schaun! Chri-stus, der Herr ist heu-te ge-bo-ren, Fürch-tet euch nicht!
den Gott zum Heiland euch hat er-ko-ren.

2. Lasset uns sehen in Bethlehems Stall,
Was uns verheißen der himmlische Schall!
Was wir dort finden, lasset uns künden,
Lasset uns preisen in frommen Weisen!
Halleluja!

3. Wahrlich, die Engel verkündigen heut
Bethlehems Hirtenvolk gar große Freud',
Nun soll es werden Friede auf Erden,
Den Menschen allen ein Wohlgefallen.
Ehre sei Gott!

Aus Böhmen, etwa um 1700.

Komm, wir gehn nach Bethlehem

Komm, wir gehn nach Beth-le-hem, di-del du-del di-del du-del di-del du-del-dei!
Je-su-lein, Her-re mein, wie-gen woll'n wir dich gar fein.

2. Hansl, blas die Flöte du,

3. Seppl, spiel den Dudelsack,

4. Und du, Görgel, streich die Fiedel,

5. Christoph, laß den Baß erklingen.

Aus Böhmen.

Freut euch von Herzen

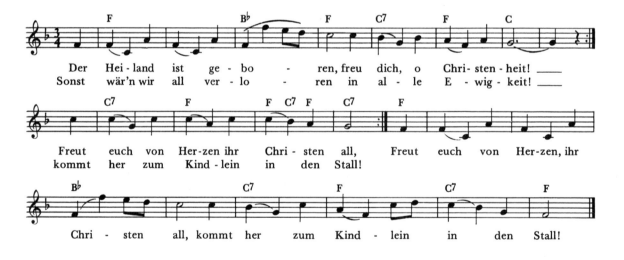

Der Hei-land ist ge-bo-ren, freu dich, o Chri-sten-heit!
Sonst wär'n wir all ver-lo-ren in al-le E-wig-keit!

Freut euch von Her-zen ihr Chri-sten all, Freut euch von Her-zen, ihr
kommt her zum Kind-lein in den Stall!

Chri-sten all, kommt her zum Kind-lein in den Stall!

2. Ein Kindlein auserkoren
Freu dich, du Christenheit!
Sonst wär'n wir all verloren
In alle Ewigkeit!

3. Der Stall ist allen offen,
Freu dich, du Christenheit!
Wer will, der kann jetzt hoffen
Gnad und Barmherzigkeit!

4. Der Gnadenbrunn tut fließen,
Freu dich, du Christenheit!
Tut all das Kindlein grüßen!
Kommt her zu ihm mit Freud!

Aus Oberösterreich.

Eurem Hirten bringet Lieder

Seht das klei-ne, seht das rei-ne Kind-lein in der Krip-pe nun. Auf, ihr
Wer möcht wei-len und nicht ei-len, Je-sum Chri-stum Dienst zu tun.

Hir-ten, steigt her-nie-der, eu-rem Hir-ten brin-get Lie-der, eu-ren Herrn seht ihr hier ruhn.

2. Und wir alle mit Jubelschalle
Folget euch, ihr Hirten, nach.
Denn das Kindlein in den Windlein
Zieht uns an sich tausendfach.
O wie arm ist er geboren,
Der den Stall hier sich erkoren:
Gottes Sohn ein Kindlein schwach.

3. Drum erklinge, froh durchdringe
Alle Welt des Kindleins Preis,
Das gegeben uns zum Leben,
Uns allein zu retten weiß.
Darum laßt es uns begrüßen,
Betend fallen ihm zu Füßen,
Dienen ihm mit allem Fleiß.

Aus Ostpreußen.

Alleluja

Freu dich Erd und Ster-nen-zelt, Al-le-lu-ja! Got-tes Sohn kam in die Welt. Al-le-lu-ja! Uns zum Heil er-ko-ren, ward er heut ge-bo-ren, heu-te uns ge-bo-ren.

Aus dem Diözesan-Gesangbuch (1844) von Leitmeritz (Nord-Böhmen).

Du lieber, heil'ger, frommer Christ

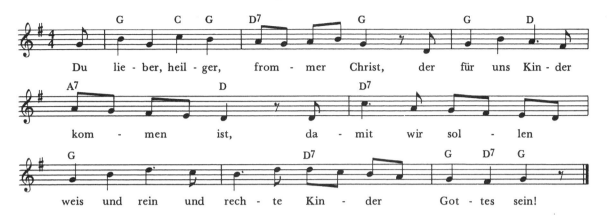

Du lieber, heil'ger, frommer Christ, der für uns Kinder kommen ist, damit wir sollen weis und rein und rechte Kinder Gottes sein!

2. Du Licht, vom lieben Gott gesandt
In unser dunkles Erdenland,
Du Himmelskind und Himmelsschein,
Damit wir sollen himmlisch sein.

3. Du lieber, heil'ger, frommer Christ,
Weil heute dein Geburtstag ist,
Drum ist auf Erden weit und breit
Bei allen Kindern fromme Zeit.

*Text von Ernst Moritz Arndt. Melodie von
Gottlob Siegert, Kantor von Breslau.*

Gnaden bringende Weihnachtszeit

2. O du fröhliche, o du selige,
Gnadenbringende Weihnachtszeit!
Christ ist erschienen,
Uns zu versöhnen,
Freue, freue dich, o Christenheit!

3. O du fröhliche, o du selige,
Gnadenbringende Weihnachtszeit!
Himmlische Heere
Jauchzen dir Ehre:
Freue, freue dich, o Christenheit!

Es handelt sich hier ursprünglich um ein sizilianisches Fischerlied, dessen Melodie Johann Gottfried Herder 1788 von einer Italienreise nach Deutschland brachte. Mit dem Text des Weimarer Privatgelehrten Johannes Daniel Falk wurde es eines der beliebtesten deutschen Weihnachtslieder.

Als ich das Kindlein hab gesehen

2. Er sagt, es soll geboren sein
Zu Bethlehem ein Kindelein.
Des bin ich froh ...

3. Er sagt, das Kindlein läg im Stall
Und soll die Welt erlösen all.
Des bin ich froh ...

4. Als ich das Kindlein hab gesehen,
Nicht wohl konnt ich von dannen gehn.
Des bin ich froh ...

5. Den Schatz muß ich bewahren wohl,
So bleibt mein Herz der Freuden voll.
Des bin ich froh ...

Aus dem Kölner Gesangbuch 1625

Es lag auf hartem Stroh

O Freu-de ü-ber Freu-de, ihr Nach-barn kommt und hört, was mir dort auf der Hei-de für Wun-der-ding pas-siert! Es kam ein wei-ßer En-gel bei ho-her Mit-ter-nacht, der sang mir ein Ge-sän-gel, daß mir das Her-ze lacht.

2. Er sagte: »Freut euch alle!
Der Heiland ist gebor'n
Zu Bethlehem im Stalle,
Das hat er sich erkor'n.
Die Krippe ist sein Bette;
Geht hin nach Bethlehem!«
Und wie er also red'te,
Da flog er wieder heim.

3. Ich dacht', du mußt nicht säumen,
Ich ließ die Schäflein stehn;
Ich lief dort hinter den Zäunen
Bis zu dem Stalle hin.
Da ward ich schier geblendet
Von einem lichten Strahl,
Der hatte gar kein Ende
Und wies mich in den Stall.

4. Ich schlich mich auf die Seite,
Ich guckt' ein wenig 'nein,
Da sah ich ein paar Leute
Und auch ein Kindelein.
Es hatt' kein warmes Bette
Und lag auf hartem Stroh
Und war doch also nette,
Kein Maler träf' es so.

Aus Schlesien, etwa um 1680.

Leise rieselt der Schnee

Lei - se rie - selt der Schnee, ___ still und starr ruht der See. ___
weih - nachtlich glän - zet der Wald: ___ Freu - e dich, Christkind kommt bald! ___

2. In den Herzen wird's warm,
Still schweigt Kummer und Harm,
Sorge des Lebens verhallt:
Freue dich, Christkind kommt bald!

3. Bald ist Heilige Nacht,
Chor der Engel erwacht,
Hört nur wie lieblich es schallt:
Freue dich, Christkind kommt bald!

Text von Eduard Ebel zu einer alten Volksweise.

Still, still, still

Still, still, still, weils Kindlein schlafen will! Maria tut es niedersingen, ihre keusche Brust darbringen, still, still, still, weils Kindlein schlafen will.

2. Schlaf, schlaf, schlaf,
Mein liebes Kindlein schlaf!
Die Engel tun schön musizieren,
Bei dem Kindlein jubilieren.
Schlaf, schlaf, schlaf,
Mein liebes Kindlein schlaf.

3. Groß, groß, groß,
Die Lieb ist übergroß!
Gott hat den Himmelsthron verlassen
Und muß reisen auf der Straßen.
Groß, groß, groß,
Die Lieb ist übergroß.

4. Wir, wir, wir,
Tun rufen all zu dir:
Tu uns des Himmels Reich aufschließen,
Wenn wir einmal sterben müssen.
Wir, wir, wir,
Wir rufen all zu dir.

Aus Salzburg, 1819.

Es wird scho glei dumper

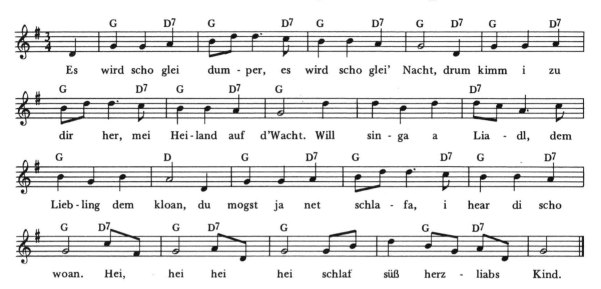

Es wird scho glei dum-per, es wird scho glei' Nacht, drum kimm i zu dir her, mei Hei-land auf d'Wacht. Will sin-ga a Lia-dl, dem Lieb-ling dem kloan, du mogst ja net schla-fa, i hear di scho woan. Hei, hei hei hei schlaf süß herz-liabs Kind.

2. Vergiß jetzt, o Kinderl,
Dein Kumma, dei Load,
Daß du da mußt leidn
Im Stall auf da Hoad.
Es ziern ja die Engerl
Dei Liagerstatt aus,
Möcht schöner nit sei drin
An König sei Haus.

3. Schließ zua deine Äugerl
In Ruh und in Fried,
Und gib ma zum Abschied
Dein Seg'n no grad mit!
Dann wird a mein Schlaferl
So sorgenlos sein,
Dann kann i mi ruhig
Aufs Niedalegn freun.

*Weihnachtslied aus
Tirol. Im süddeutschen
Sprachraum weit verbreitet.
Dumper = dunkel.
Load = Leid.
Hoad = Heide.*

Lieder vom Tod

Vom Waisenkind an Mutters Grab, vom Schnitter Tod und Jüngsten Tag

Es ist ein Schnitter, heißt der Tod

Es ist ein Schnit-ter, der heißt Tod, hat G'walt vom gro-ßen Gott. Heut wetzt er das Mes-ser, es schneid't schon viel bes-ser, bald wird er drein-schneiden, wir müs-sens nur lei-den. Hüt dich, schön's Blü-me-lein!

2. Was heut' noch grün und frisch dasteht,
Wird morgen schon hinweg gemäht:
Die edlen Narzissen,
Die Zierden der Wiesen,
Die schön' Hyazinthen,
Und türkischen Winden.
Hüt dich, schön's Blümelein!

3. Viel hunderttausend ungezählt,
Was nur unter die Sichel fällt:
Ihr Rosen, ihr Lilien,
Euch wird er austilgen,
Auch die Kaiserkronen,
Wird er nicht verschonen.
Hüt dich, schön's Blümelein!

4. Das himmelfarbe Ehrenpreis,
Die Tulipanen gelb und weiß,
Die silbernen Glocken,
Die goldenen Flocken,
Sinkt alles zu Erden:
Was wird draus werden?
Hüt dich, schön's Blümelein.

5. Ihr hübsch Lavendel, Rasmareien,
Ihr vielfarbigen Röselein,
Ihr stolzen Schwertlilien,
Ihr krausen Basilien,
Ihr zarten Violen,
Man wird euch bald holen.
Hüt dich, schön's Blümelein!

6. Trotz' Tod! Komm' her! Ich fürcht' dich nit!
Trotz'! Eil daher in einem Schritt!
Wer' ich nur verletzet,
So werd' ich versetzet
In den himmlischen Garten,
Auf den wir alle warten.
Hüt dich, schön's Blümelein!

Text von einem fliegenden Blatt des Jahres 1638. Die Melodie dazu komponierte im selben Jahr der Augsburger Hofprediger und Professor Jacob Balde. Spätere Melodien auch von Felix Mendeldssohn-Bartholdy (1809–1847) und Robert Schumann (1810–1856).

An der Mutter Grabe

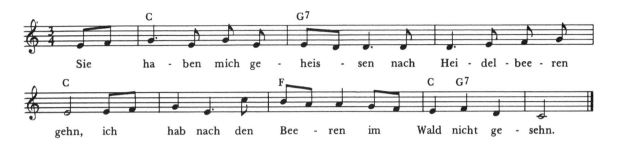

Sie haben mich geheissen nach Heidelbeeren gehn, ich hab nach den Beeren im Wald nicht gesehn.

2. Ich bin hinausgegangen
Auf meiner Mutter Grab,
Worauf ich mich gesetzt
Und viel geweinet hab.

3. »Wer sitzt auf meinem Hügel,
Von dem die Tränen sind?«
»Ich bins, o liebe Mutter,
Ich, dein verwaistes Kind!

4. Wer wird hinfort mich kleiden
Und flechten mir das Haar,
Mit liebem Wort' mir schmeicheln
Wie's deine Weise war?«

5. Geh hin, o liebe Tochter
Und finde dich darein:
Es wird dir eine zweite
Wie deine Mutter sein!

6. Die wird das Haar dir flechten,
Und kleiden dich hinfort:
Ein Jüngling wird dir schmeicheln
Mit zartem Liebeswort!«

*Von dem Volksliedersammler
K. Mundel 1883 in
dem Liederbuch eines
Elsässischen Bauernmädchens
entdeckt.*

Der Tod mit seinen Pfeilen

Alles ist vergänglich, währt nur kurze Zeit: die Armen und die Reichen müssen alle weichen hin zur Ewigkeit.

2. Keiner wird verschonet,
Keiner kommt davon:
Fürsten, Potentaten
Finden keine Gnaden,
Müssen alle dran.

3. Ich und du und alle
Müssen vor Gericht,
Müssen hören und sehen
Mit Seufzen und mit Flehen,
Was der Richter spricht.

4. Heut gehst du spazieren
In dem grünen Wald:
Morgen mußt du scheiden,
Alle Wollust meiden
In der Todsgestalt.

5. Heut lebst du in Freuden
Und in Lustbarkeit:
Morgen mußt du fahren
Aus den jungen Jahren
Hin zur Ewigkeit.

6. Ei, so nimm dich wohl in acht,
Wenn der Tod kömmt an;
Der Tod mit seinen Pfeilen
Wird dich übereilen:
Du mußt mit ihm gahn.

7. Ach liebster Gott, erbarme dich
An unserm letzten End!
Wenn unsre Seel soll scheiden,
So tu sie neu bekleiden:
Nimm sie in deine Hand!

*Text und Melodie aus
der Gegend um Magdeburg.*

Da kommt ein rauher Wind gezogen

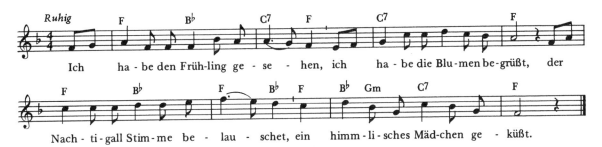

Ich habe den Frühling gesehen, ich habe die Blumen begrüßt, der Nachtigall Stimme belauschet, ein himmlisches Mädchen geküßt.

2. Der liebliche Lenz ist verschwunden,
Die Blumen sind alle verblüht,
In das Grab ist mein Liebchen gesunken,
Und verstummet der Nachtigall ihr Lied.

3. Dort liegt sie mit Erde bedecket,
Rosen blühen auf ihrem Grab.
Ach könnt ich sie doch wieder erwecken,
Die einstens die Rose mir gab!

4. Dort liegt sie bei vielen Millionen,
Sie ist ja so weit von mir entfernt,
Geschmücket vielen Kronen
Ewig, ewig im himmlischen Zelt.

5. Der liebliche Lenz kehret wieder,
Die Blumen blühn all wieder auf.
Die Nachtigall stimmt frohe Lieder
Und mein Liebchen das wacht nimmer auf.

6. Was ist doch der Mensch hier auf Erden,
Wie eine Blume so fällt er ab:
Da kommt ein rauher Wind gezogen,
Und stürzt uns alle in das Grab.

In ganz Deutschland verbreitet.

Das Grab

Das Grab ist tief und stille und schauderhaft sein Rand; es deckt mit schwarzer Hülle ein unbekanntes Land.

2. Das Lied der Nachtigallen
Tönt nicht in seinem Schoß;
Der Freundschaft Rosen fallen
Nur auf des Hügels Moos.

3. Verlaßne Bräute ringen
Umsonst die Hände wund;
Der Waise Klagen dringen
Nicht in der Tiefe Grund.

4. Doch sonst an keinem Orte
Wohnt die ersehnte Ruh´:
Nur durch die dunkle Pforte
Geht man der Heimat zu.

5. Das arme Herz, hinieden
Von manchem Sturm bewegt,
Erlangt den wahren Frieden
Nur wo es nicht mehr schlägt.

Gedicht von Johann Gaudenz von Salis-Seewis, 1783. Melodie später von Hans Gert Nägeli, 1822.

Hoffnungsstrahl

2. Wiedersehn!
Hoffnungsstrahl aus fernen Höhn',
Der den Trauerpfad erhellt!
Den beklemmten Busen schwellet
Dein melodisches Getön':
Wiedersehn!

3. Wiedersehn!
Selig, wenn nach Trennungswehn
Dich verkläret deine Sonne,
Wenn in der Umarmung Wonne
Erd' und Himmel rings vergehn:
Wiedersehn!

Aus dem Anfang des 19. Jahrhunderts – Text unbekannter Herkunft.
Der Name des Komponisten: F. H. Himmel.

Ein Zeichen vor dem Jüngsten Tag

Lieder des Besinnens

Vom Wert des Glücks,
von Treu und Redlichkeit,
von Lebensfreude
und Zufriedenheit

Freut euch des Lebens

Freut euch des Lebens, weil noch das Lämpchen glüht;
pflücket die Rose, eh' sie verblüht!
Man schafft so gern sich Sorg' und Müh', sucht Dornen auf und findet sie, und
läßt das Veilchen unbemerkt, das dort am Wege blüht.

2. Wenn scheu die Schöpfung sich verhüllt,
Und laut der Donner ob uns brüllt,
Dann lacht am Abend nach dem Sturm
Die Sonne, ach, so schön!

3. Wer Neid und Mißgunst sorgsam flieht
Und Gnügsamkeit im Gärtchen zieht,
Dem schießt sie schnell zum Bäumchen auf,
Das goldne Früchte trägt.

4. Wer Redlichkeit und Treue liebt
Und gern dem ärmern Bruder gibt,
Bei dem baut sich Zufriedenheit
So gern ihr Hüttchen auf.

5. Und wenn der Pfad sich furchtbar engt
Und Mißgeschick uns plagt und drängt,
So reicht die Freundschaft schwesterlich
Dem Redlichen die Hand.

6. Sie trocknet ihm die Tränen ab,
Und streut ihm Blumen in das Grab,
Sie wandelt Nacht in Dämmerung
Und Dämmerung in Licht.

7. Sie ist des Lebens schönstes Band,
Gibt Brüdern traulich Hand um Hand.
So wallt man froh, so wallt man leicht
Ins bess're Vaterland.

Aus dem Ende des 18. Jahrhundert. Text vermutlich von Martin Usteri. Melodie von Hans Georg Nägeli 1793.

Was frag ich viel nach Geld und Gut

Was frag' ich viel nach Geld und Gut, wenn ich zu-frie-den bin!
Gibt Gott mir nur ge-sun-des Blut, so hab' ich fro-hen Sinn
und sing' auf dank-ba-rem Ge-müt mein Mor-gen- und mein A-bend-lied.

2. So mancher schwimmt in Überfluß,
Hat Haus und Hof und Geld
Und ist doch immer voll Verdruß
Und freut sich nicht der Welt:
Je mehr er hat, je mehr er will,
Nie schweigen seine Klagen still.

3. Da heißt die Welt ein Jammertal
Und däucht mir doch so schön.
Hat Freuden ohne Maß und Zahl,
Läßt Keinen leer ausgehn.
Das Käferlein, das Vögelein
Darf sich ja auch des Lebens freun.

4. Und uns zu Liebe schmücken ja
Sich Wiese, Berg und Wald;
Und Vöglein singen fern und nah',
Daß Alles widerhallt.
Bei Arbeit singt die Lerch' uns zu,
Die Nachtigall bei süßer Ruh'.

5. Und wenn die goldne Sonn' aufgeht,
Und golden wird die Welt:
Wenn Alles in der Blühte steht,
Und Ähren trägt das Feld,
Dann denk' ich: alle diese Pracht
Hat Gott zu meiner Lust gemacht.

6. Dann preis' ich laut und lobe Gott
Und schweb' in hohem Mut
Und denk': »Es ist ein lieber Gott
Und meints mit Menschen gut.
Drum will ich immer dankbar sein
Und mich der Güte Gottes freun!«

*Aus dem Jahre 1776. Text von Martin Miller,
Melodie von Gottlob Neefe.*

Arm aber froh und frei

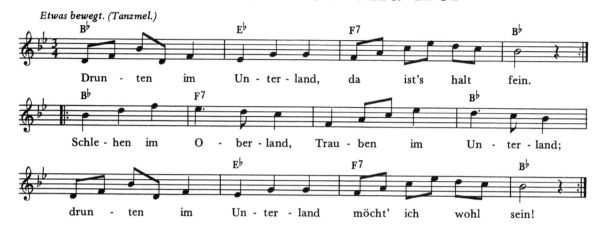

Drun-ten im Un-ter-land, da ist's halt fein.
Schle-hen im O-ber-land, Trau-ben im Un-ter-land;
drun-ten im Un-ter-land möcht' ich wohl sein!

2. Drunten im Neckartal, da ist's halt gut.
Ist mer's da oben 'rum manchmal au no so dumm,
Han i doch alleweil drunten gut's Blut.

3. Kalt ist's im Oberland, drunten ist's warm;
Oben sind d' Leut so reich, d'Herzen sind gar net weit
B'sehnt mi net freundlich an, werdet net warm.

4. Aber da unten 'rum, da sind d' Leut arm,
Aber so froh und frei, und in der Liebe treu;
Drum sind im Unterland d' Herzen so warm.

*Von Theodor Gottlieb Weigle 1835 in Anlehnung an
ein altes schwäbisches Volkslied neu gedichtet.*

Der Wert des Glücks

Da strei-ten sich die Leut' her-um oft um den Wert des Glücks,
der ei-ne nennt den an-dern dumm, am End' weiß kei-ner nix.
Da ist der al-ler-ärm-ste Mann dem an-dern viel zu reich:
das Schick-sal setzt den Ho-bel an und ho-belt bei-de gleich.

2. Die Jugend will halt mit Gewalt
In allem klüger sein;
Doch wird man erst ein bissel alt,
Dann find't man sich schon drein.
Oft zankt mein Weib mit mir, o Graus!
Das bringt mich nicht in Wut:
Ich klopfe meinen Hobel aus
Und denk: »Du brummst halt gut.«

3. Zeigt sich der Tod einst, mit Verlaub,
Und zupft mich: »Brüderl, kumm!«
Da stell' ich mich im Anfang taub
Und schau mich gar nicht um.
Doch sagt er: »Lieber Valentin,
Mach' keine Umständ', geh!«
Da leg' ich meinen Hobel hin
Und sag' der Welt adje!

Aus dem Zaubermärchen »Der Verschwender«.
Text: Ferdinand Raimund (1790–1836), Melodie:
Konradin Kreutzer (1780–1849), dem Beethoven
die Kreutzersonate widmete.

Üb' immer Treu und Redlichkeit

2. Dann wirst du wie auf grünen Au'n
Durch's Pilgerleben gehn;
Dann kannst du sonder Furcht und Graun
Dem Tod in's Antlitz sehn.

3. Dann wird die Sichel und der Pflug
In deiner Hand so leicht,
Dann singst du bei dem Wasserkrug,
Als wär' dir Wein gereicht.

4. Dem Bösewicht wird alles schwer,
Er tue was er tu';
Das Laster treibt ihn hin und her
Und läßt ihm keine Ruh.

5. Der schöne Frühling lacht ihm nicht,
Ihm lacht kein Ährenfeld;
Er ist auf List und Trug erpicht
Und wünscht sich nichts als Geld.

6. Der Wind im Hain, das Laub am Baum
Saust ihm Entsetzen zu,
Er findet nach des Lebens Traum
Im Grabe keine Ruh'.

7. Drum übe Treu' und Redlichkeit
Bis an dein kühles Grab
Und weiche keinen Finger breit
Von Gottes Wegen ab!

8. Dann suchen Enkel deine Gruft
Und weinen Tränen drauf,
Und Sommerblumen, voller Duft,
Blühn aus den Tränen auf.

Text von Ludwig Heinrich Hölty (1748–1776)
zur Melodie: »Ein Mädchen oder Weibchen
wünscht Papageno sich« aus der Oper »Die
Zauberflöte« von Wolfgang Amadeus Mozart
(1756–1791).

Das Heimatland

Kein schö-ner Land in die-ser Zeit als hier das uns-re weit und breit, wo wir uns fin-den wohl un-ter Lin-den zur A-bend-zeit, wo wir uns fin-den wohl un-ter Lin-den zur A-bend-zeit.

2. Da haben wir so manche Stund
Gesessen da in froher Rund
Und taten singen;
Die Lieder klingen im Eichengrund.

3. Daß wir uns hier in diesem Tal
Noch treffen so vielhundertmal,
Gott mag es schenken,
Gott mag es lenken, er hat die Gnad.

4. Nun, Brüder, eine gute Nacht!
Der Herr im hohen Himmel wacht;
In seiner Güten
Uns zu behüten, ist er bedacht.

Text von Anton Wilhelm Florentin von Zuccalmaglio zu einer alten Volksweise.

Wahre Freundschaft

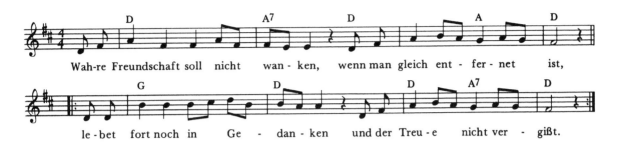

Wah-re Freundschaft soll nicht wan-ken, wenn man gleich ent-fer-net ist,
le-bet fort noch in Ge-dan-ken und der Treu-e nicht ver-gißt.

2. Keine Ader soll mir schlagen
Wo ich nicht an dich gedacht;
Für dich werd ich Liebe tragen
Bis in tiefe Todesnacht.

3. Wenn der Mühlstein träget Reben,
Und daraus fließt süßer Wein,
Wenn der Tod mir nimmt das Leben,
Hör ich auf dein Freund zu sein.

4. Jetzo schlägt die Trennungsstunde,
Reißt gewaltsam mich von dir;
Es schlägt zu früh die Scheidestunde,
Ach, ich fand mein Glück in dir!

5. So nimm denn hin vom blassen Munde
Den Abschiedskuß, der weinend spricht,
Und denk an diese Trennungsstunde,
O einz'ger Freund, vergiß mein nicht!

6. Im Stillen werd ich Tränen weinen
Und träumend dir zur Seite stehn,
Und seh ich Gottes Sonne scheinen
Werd ich für dich um Segen flehn.

Vermutlich aus dem 18. Jahrhundert. Zuerst in Brandenburg, Franken, Hessen und Schlesien verbreitet, heute im ganzen deutschen Sprachraum populär.

Freundschaftsstunde

Brü-der, reicht die Hand zum Bun-de! Die-se schö-ne Freund-schafts-stun-de führ' uns hin zu lich-ten Höhn! Laßt, was ir-disch ist, ent-flie-hen, uns-rer Freundschaft Har-mo-ni-en dau-ern e-wig fest und schön, dau-ern e-wig fest und schön.

2. Preis und Dank dem Weltenmeister,
Der die Herzen, der die Geister
Für ein ewig Wirken schuf!
Licht und Recht und Tugend schaffen
Durch der Wahrheit heilge Waffen,
Sei uns heiliger Beruf!

3. Ihr, die auf diesem Stern die Besten,
Menschen all' in Ost und Westen,
Wie im Süden und im Nord:
»Wahrheit suchen, Tugend üben,
Gott und Menschen herzlich lieben!«
Das sei unser Losungswort.

Ursprünglich ein von Wolfgang Amadeus Mozart am 15. November 1791 – drei Wochen vor seinem Tode – komponiertes Freimaurerlied, dessen Text in Vergessenheit geriet. Mit dem 1824 entstandenen neuen Text eines unbekannten Dichters wurde es ein allgemein bekanntes Lied, das auch heute noch bei festlichen Gelegenheiten gesungen wird.

Freiheit

Der Gott, der Eisen wachsen ließ, der wollte keine Knechte, drum gab er Säbel, Schwert und Spieß dem Mann in seine Rechte; drum gab er ihm den kühnen Mut, den Zorn der freien Rede, daß er beständе bis aufs Blut, bis in den Tod die Fehde.

2. So wollen wir, was Gott gewollt, mit rechten Treuen halten
Und nimmer im Tyrannensold die Menschenschädel spalten.
Doch wer für Tand und Schande ficht, den hauen wir zu Scherben.
Der soll im deutschen Lande nicht mit deutschen Männern erben.

3. O Deutschland, heilges Vaterland. O deutsche Lieb und Treue!
Du hohes Land, du schönes Land: dir schwören wir aufs neue:
Dem Buben und dem Knecht die Acht! Der speise Krähn und Raben!
So ziehn wir aus zur Hermannsschlacht und wollen Rache haben.

4. Laßt brausen, was nur brausen kann, in hellen, lichten Flammen!
Ihr Deutsche alle, Mann für Mann, zum heil'gen Krieg zusammen!
Und hebt die Herzen himmelan, und himmelan die Hände,
Und rufet alle, Mann für Mann: »Die Knechtschaft hat ein Ende!«

6. Laßt wehen, was nur wehen kann, Standarten wehn und Fahnen!
Wir wollen heut uns, Mann für Mann, zum Heldentode mahnen.
Auf, fliege, stolzes Siegspanier, voran dem kühnen Reihen!
Wir siegen oder sterben hier den süßen Tod der Freien.

Den Text dichtete Ernst Moritz Arndt im Jahre 1813. Melodie: A. Methfessel. Mit der Hermannsschlacht soll an die entscheidende Bedeutung des Sieges erinnert werden, den der Cheruskerfürst Arminius über die Römer im Teutoburger Wald (9 nach Christus) erfocht.

Die Gedanken sind frei

Die Ge-dan-ken sind frei, wer kann sie er-ra-ten? Kein Mensch kann sie
Sie rau-schen vor-bei wie nächt-li-che Schat-ten;
wis-sen, kein Jä-ger er-schießen. Es blei-bet da-bei: die Ge-dan-ken sind frei.

2. Ich denke was ich will
Und was mich beglücket,
Doch Alles in der Still
Und wie es sich schicket.
Mein Wunsch, mein Begehren
Kann Niemand mir wehren.
Es bleibt dabei:
Die Gedanken sind frei.

3. Und sperrt man mich ein
Im finsteren Kerker,
Das alles sind rein
Vergebliche Werke;
Denn meine Gedanken
Zerreißen die Schranken
Und Mauern entzwei:
Die Gedanken sind frei.

4. Drum will ich auf immer
Den Sorgen absagen
Und will mich auch nimmer
Mit Grillen mehr plagen.
Man kann ja im Herzen
Stets lachen und scherzen
Und denken dabei:
Die Gedanken sind frei.

5. Ich liebe den Wein,
Mein Mädchen vor allen,
Sie tut mir allein
Am besten gefallen.
Ich sitz nicht alleine
Bei meinem Glas Weine,
Mein Mädchen dabei:
Die Gedanken sind frei.

Text aus Süddeutschland oder Schweiz, vermutlich um 1790. Der unbekannte Dichter hat sich möglicherweise anregen lassen von Johann Agricolas Sprichwortsammlung 1534 (»Gedanken sind frei«) oder von dem Lied »Sind doch Gedanken frei« des Minnesängers Walther von der Vogelweide, der ungefähr zwischen 1170 und 1230 lebte.

Laß dein Stimmlein laut erschallen

Komm, Trost der Nacht, o Nachtigall! Laß deine Stimm' mit Freudenschall auf's lieblichste erklingen!
Komm, komm und lob den Schöpfer dein, weil andre Vögel schlafen fein und nicht mehr mögen singen.
Laß dein Stimmlein laut erschallen, denn vor allen kannst du loben Gott im Himmel, hoch da droben.

2. Obschon ist hin der Sonnenschein
Und wir im Finstern müssen sein,
So können wir doch singen
Von Gottes Güt und seiner Macht,
Weil uns kann hindern keine Macht,
Sein Loben zu vollbringen.
Drum dein Stimmlein laß erschallen,
Denn vor allen kannst du loben
Gott im Himmel, hoch dort oben.

3. Echo, der wilde Widerhall,
Will sein bei dir Freudenschall.
Und läßt sich auch hören;
Verweist uns alle Müdigkeit,
Der wir ergeben allezeit,
Lehret uns den Schlaf betören.
Drum dein Stimmlein laß erschallen,
Denn vor allen kannst du loben
Gott im Himmel, hoch dort oben.

4. Die Sterne, so am Himmel stehn,
Sich lassen Gott zum Lobe sehn.
Und Ehre ihm beweisen:
Die Eul' auch, die nicht singen kann,
Zeigt doch mit ihrem Heulen an,
Daß sie auch Gott tut preisen.
Drum dein Stimmlein laß erschallen,
Denn vor allen kannst du loben
Gott im Himmel, hoch dort oben.

5. Nur her, mein liebes Vögelein,
Wir wollen nicht die faulsten sein
Und schlafen liegen bleiben,
Vielmehr bis daß die Morgenröt
Erfreuet diese Wälderöd,
In Gottes Lob vertreiben:
Laß dein Stimmlein laut erschallen,
Denn vor allen kannst du loben
Gott im Himmel, hoch dort oben.

Das Lied des Einsiedlers aus »Der abenteuerliche Simplicissimus« von Hans Jakob Christoph von Grimmelshausen (1621–1676). Originalmelodie unbekannt. Das Volk sang es jedoch zu einer bereits früher bekannten Chormelodie, die Philip Nicolai 1599 komponiert hatte.

Singe, wem Gesang gegeben

Singe, wem Gesang gegeben, in dem deutschen Dichterwald!
Das ist Freude, das ist Leben, wenn's von allen Zweigen schallt.
Nicht an wenig stolze Namen ist die Liederkunst gebannt:
ausgestreuet ist der Samen über alles deutsche Land.

2. Deines vollen Herzens Triebe,
Gib sie keck im Klange frei!
Säuselnd wandle deine Liebe,
Donnernd uns dein Zorn vorbei!
Singst du nicht dein ganzes Leben,
Sing' doch in der Jugend Drang!
Nur im Blütenmond erheben
Nachtigallen ihren Sang.

3. Heilig achten wir die Geister,
Aber Namen sind uns Dunst,
Würdig ehren wir die Meister,
Aber frei ist uns die Kunst.
Nicht in kalten Marmorsteinen,
Nicht in Tempeln dumpf und tot:
In den frischen Eichenhainen
Webt und rauscht der deutsche Gott.

Um 1813 entstanden. Text: Ludwig Uhland.
Melodie: Christian Schulz.

Ein Lied in Ehren

Ein Lied in Eh-ren, wer will's ver-weh-ren? Singt's Vög-lein nicht im Blü-ten-kranz und En-gel nicht im Sternenglanz? Ein gu-ter fro-her Mut, ein fri-sches leich-tes Blut, geht ü-ber Geld und Gut.

2. Ein Trunk in Ehren:
Wer will's verwehren?
Trinkt's Blümlein nicht den Morgentau?
Und wächst die Traube denn zur Schau?
Nein, wer am Werktag schafft,
Dem bringt der Rebensaft
Am Sonntag neue Kraft.

3. Ein Kuß in Ehren:
Wer will's verwehren?
Küßt's Blümlein nicht sein Schwesterlein,
Und's Sternlein küßt sein Nachbarlein?
Ich sag', in Ehrbarkeit,
Mit Unschuld zum Geleit,
Und Zucht und Sittsamkeit.

4. Ein frohes Stündchen,
Ist's nicht ein Fündchen?
Jetzt haben wir's, jetzt sind wir da;
Doch kommt's vielleicht bald anders ja!
'S währt Alles kurze Zeit,
Der Kirchhof ist nicht weit,
Und's Grab gar bald bereit!

5. Das Leben endet,
Bald ist's vollendet!
O geb' uns Gott 'nen sanften Tod!
Ein gut Gewissen geb' uns Gott,
Wenn's Leben heiter lacht,
Wenn alles blitzt und kracht
Und in der letzten Nacht.

Text von Johann Peter Hebel. Melodie von Ludwig Erk (1831).

Wo man singet ...

Wo man singet, laß dich ruhig nieder, ohne Furcht was man im Lande glaubt; wo man singet, wird kein Mensch beraubt, böse Menschen haben keine Lieder.

2. Mit Gesange weiht dem schönen Leben
Jede Mutter ihren Liebling ein,
Trägt ihn lächelnd in den Maienhain,
Ihm das erste Wiegenlied zu geben.

3. Mit Gesange eilet in dem Lenze
Rasch der Knabe von des Meisters Hand,
Und die Schwester flicht am Wiesenrand
Mit Gesang dem Gaukler Blumenkränze.

4. Mit Gesange spricht des Jünglings Lieb',
Was in Worten unaussprechlich war,
Und der Freundin Herz wird offenbar
Im Gesange, den kein Dichter schrieb.

5. Männer hangen an der Jungfrau Blicken;
Aber wenn ein himmlischer Gesang
Seelenvoll der Zauberin gelang.
Strömt aus ihrem Strahlenkreis Entzücken.

6. Mit dem Liede, das die Weisen sangen,
Sitzen Greise froh vor ihrer Tür,
Fürchten weder Lanzen noch Vezier;
Vor dem Liede beben die Tyrannen.

7. Mit dem Liede greift der Mann zum Schwerte,
Wenn es Freiheit gilt und Fug und Recht,
Steht und trotzt dem eisernen Geschlecht,
Und begräbt sich dann im eignen Werte.

8. Wenn der Becher mit dem Traubenblute
Unter Rosen unsre Stunden kürzt,
Und die Weisheit unsre Freude würzt,
Macht ein Lied den Wein zum Göttergute.

9. Des Gesanges Seelenleitung bringet
Jede Last der Arbeit schneller heim,
Mächtig vorwärts geht der Tugend Keim;
Weh dem Lande, wo man nicht mehr singet!

Von Johann Gottfried Seume (1763 – 1810) zu einer alten Volksweise gedichtet.

Alphabetisches Verzeichnis der Liedtitel und Liedanfänge

Alle Liedanfänge sind normal gesetzt.
Wenn Liedanfang und Liedtitel nicht übereinstimmen,
wurde der *Liedtitel* kursiv gesetzt.

A B C D, wenn ich dich seh' 238
Aber's Heiraten fällt mir nicht ein 104
Abschied muß ich nehmen hier 141
Ach Elslein, liebes Elselein 95
Ach Elslein, liebes Elslein 95
Ach Schiffmann, du fein gütiger Mann 203
Ach, schönster Schatz, verzeih es mir 79
Ach, was wird mein Schätzel denken 307
Ach wie bald, ach wie bald 100
Ach, wie ist's möglich dann 91
Ade, zur guten Nacht 138
Adlig' Fräulein Kunigund 68
Alle Jahre wieder kommt das Christuskind 310
Alle meine Entchen 120
Alle Vögel sind schon da 270
Alleluja 320
Alles ist vergänglich 330
Alles neu macht der Mai 296
Alleweil kann mer net lustig sein 235
Als die Römer frech geworden 212
Als der liebe Gott die Welt geschaffen 243
Als der Wächter auf dem Turme saß 67
Als ich an einem Sommertag 77
Als ich bei meinen Schafen wacht' 322
Als ich das Kindlein hab' gesehen 322
Als ich ein jung Geselle war 108
Als ich ein kleiner Knabe war 74
Als ich nun nach Hause kam 109
Als ich schlummernd lag heut nacht 221
Als Noah aus dem Kasten war 209
Als Schondilg noch ein klein Kind war 45
Als wir jüngst in Regensburg waren 68
Alt Heidelberg, du feine 211
Am Brunnen vor dem Tore 289
Am Sonntag, am Sonntag, da ißt der Meister Bohne 254
An der Mutter Grabe 329
An einem Bach, in einem tiefen Tale 36
Annamirl, Zuckerschnürl 117
Ännchen von Tharau 84
Arm, aber froh und frei 336
Armes Häslein 188
Auf, auf zum fröhlichen Jagen 192
Auf den grünen Rasen 278
Auf der Lahmguab'n und auf der Wieden 99
Auf der Lüneburger Heide 239
Auf der schwäb'sche Eisebahne 234
Auf der Walz 37
Aufs Pferd! Aufs Pferd 174
Augen feucht von Tränen 137

Backe, backe Kuchen 114
Bald gras' ich am Necker 78

Bei einem Wirte wundermild 152
Beide Hände reich' ich dir 113
Bemooster Bursche zieh' ich aus 210
Besenbinders Tochter und Kachelmachers Sohn 106
Bettelmanns Hochzeit 107
Bier her! Bier her! 222
Bin ein lust'ger Grenadier 173
Blaublümlein 282
Bringt mir Blut der edlen Reben 226
Brüder, laßt uns lustig sein 220
Brüder, reicht die Hand zum Bunde! 340
Brüderchen, komm, tanz mit mir 113

Christinchen ging' in Garten 12

Da droben auf jenem Berge 263
Da fing ich an zu weinen 64
Da kommt ein rauher Wind gezogen 331
Da streiten sich die Leut' herum 336
Danhauser 23
Das A B C 238
Das Almosen 72
Das Andreas-Hofer-Lied 177
Das Buchdruckerlied 259
Das bucklige Männlein 20
Das Grab 331
Das Grindelfest 251
Das Heimatland 338
Das Jagen, das ist ja mein Leben 42
Das kranke Zeiserl 120
Das Lieben bringt groß' Freud' 82
Das Nachtwächterlied 256
Das neue Lied, das neue Lied 224
Das Prinz-Eugen-Lied 176
Das Ringlein sprang entzwei 102
Das Schäfchen 278
Das Scherenschleiferlied 260
Das Schiff kost' mich zu viel 95
Das Schlaraffenland 28
Das steinerne Brot 27
Das stille Tal 147
Das Störtebecker-Lied 200
Das Totenglöcklein 58
Das Vaterhaus 146
Das Veilchen 284
Das verführte Hirtenmädchen 80
Das verschlossene Herz 83
Das verschweigt des Sängers Höflichkeit 243
Das Wandern ist des Müllers Lust 150
Das Wasser rauscht, das Wasser schwoll 16
Das Wirtshaus an der Lahn 208
Deine Hand zum Unterpfand 140
Denk' ich alleweil 92
Der arme Schwartenhals 164
Der Bauer hatt' drei Töchter 266
Der Bauer schickt den Jockel aus 240
Der bestrafte Fähnrich 167

Der Bi-Ba-Butzemann 113
Der ermordete Ritter 45
Der Erzherzog-Johann-Jodler 185
Der falsche Baron 65
Der Fischer 16
Der Fuhrknecht 258
Der gefangene Husar 172
Der geräderte Verführer 63
Der Gespensterreiter 30
Der Gott, der Eisen wachsen ließ 341
Der gute Kamerad 182
Der Heiland ist geboren 318
Der Jäger aus Kurpfalz 184
Der Jäger in dem grünen Wald 194
Der Jäger längs am Weiher ging 20
Der Knecht und die adelige Maid 265
Der Kuckuck ist ein kluger Mann 274
Der Kuckuck und der Esel 119
Der Kuckuck wird naß 118
Der Landknechtsorden 163
Der Leutnant von der Garde 66
Der liebe Augustin 235
Der Mai ist gekommen 296
Der Mond 304
Der Mond ist aufgegangen 304
Der Rattenfänger 22
Der Ritter auf dem Schwan 13
Der Satan und die Prinzessin 32
Der Schäfer und die schönen Kleider 264
Der schlaue Reiter 73
Der schlechte Vater 49
Der Sommer, der ist da! 299
Der Star verriet da ihre Schand' 275
Der Steiger kommt 254
Der Tambour 106
Der Teufel beim Hochzeitstanz 33
Der Tod mit seinen Pfeilen 330
Der Traum vom Blumenhaus 285
Der treue Husar 166
Der unschuldig verurteilte Knabe 60
Der verkleidete Graf 71
Der verliebte Rächer 90
Der verlorene Sohn 156
Der versoffene Fahnenschmied 224
Der Weg ist verschneit 301
Der Wert des Glücks 336
Der wilde Wassermann 16
Der Wildschütz 42
Der Wildschütz Jennerwein 41
Der Winter ist ein rechter Mann 300
Des Ritters Tod 59
Des Schneiders Höllenfahrt 250
Die Donau ist ins Wasser g'falln 245
Die Erde braucht Regen, die Sonne braucht Licht 88
Die Gartenlaube 87
Die Gärtnerin 159
Die Gassen sein so enge 57
Die Gedanken sind frei 342
Die Hasel am Wege 290

Die heiligen drei König mit ihrigem Stern 124
Die heiligen drei Könige mit ihrem Stern 236
Die Hussiten zogen vor Haumburg 212
Die kohlschwarze Seele 34
Die Kronschlange 20
Die Leineweber haben eine saubere Zunft 257
Die Liebe tut selten gut 292
Die Linde im Tal 288
Die Lore am Tore 214
Die Lorelei 14
Die losgekaufte Geliebte 203
Die Macht der Tränen 21
Die Medikamente 244
Die mutige Geliebte 74
Die Mutter spricht 70
Die Rache des Bruders 65
Die Räuberbraut 36
Die Rheinbraut 12
Die Schäferin und der Kuckuck 273
Die Schneider hielten's Grindelfest am Tag Sankt Bartholmä 251
Die schöne Bernauerin 96
Die schöne Lilofee 17
Die schwarzbraunen Äugeli 79
Die Stürme, die brausenden Wogen 205
Die Tiroler sind lustig 131
Die unschuldig ermordete Allerliebste 62
Die unschuldig gehängte Magd 62
Die verlorene Tochter 156
Die verschwundene Hannelore 18
Die versoffenen Kleider 228
Die Vögel wollten Hochzeit machen 277
Die wiedergefundene Schwester 157
Die Wochentage 254
Doctor Faust 24
Doktor Eisenbart 218
Dort oben auf dem Berge 239
Dort ob'n auf jenem Berge 105
Dort unten im Teiche 239
Drei Lilien 287
Drei Ochsen, vier Kühe 239
Drei Räuber und drei Mörder 42
Drei Röselein 281
Drei Rosen im Garten 110
Drei schwarze Raben 48
Droben im Oberland 184
Drohend sprach das Furchtgerippe 230
Drunten im Unterland 336
Du bis min, ih bin din 83
Du, du liegst mir im Herzen 82
Du lieber, heil'ger, frommer Christ 321
Du liebst einen schönen Schatz 56
Du lüderlich Bürschchen 239
Du mußt wandern 132
Du Schwert an meiner Linken 180

E**ia popeia** 121
Ein altes paar Ochsen 239
Ein halb Glas Gift 46
Ein Heller und ein Batzen 155

Ein Jäger aus Kurpfalz 184
Ein Lied in Ehren 345
Ein Mädchen so schön wie ein Engel 55
Ein Mann, der sich Kolumbus nannt 247
Ein Männlein steht im Walde 127
Ein Messer, und das war gespitzt 47
Ein Musikant aus Schwabenland 130
Ein preußischer Husar fiel in Franzosen Hände 172
Ein rechter Mann 300
Ein Schäfermädchen weidete zwei Lämmer an der Hand 273
Ein Schifflein sah ich fahren 168
Ein' Schlüssel und ein Häfelein 107
Ein Seemann leidet große Not 204
Ein stolzer Schütz in seinen schönsten Jahren 41
Ein Tiroler wollte jagen 186
Ein Veilchen auf der Wiese stand 284
Ein Zeichen vor dem Jüngsten Tag 332
Eine bleiche Totenhand 30
Einst hat mir mein Leibarzt geboten 231
Er wird dich gewiß verführen 202
Erlkönigs Tochter 25
Es blies ein Jäger wohl in sein Horn 190
Es blüh die Blumen auf dem Feld 295
Es dunkelt schon in der Heide 98
Es fiel ein Reif in Frühlingsnacht 282
Es freit ein wilder Wassermann in der Burg wohl über dem See 17
Es freit ein wilder Wassermann, von dem Berg bis über die See 16
Es fuhr ein Fuhrknecht übern Rhein 258
Es geht eine Zipfelmütz' 115
Es gibt doch kein schöner Leben in der ganzen weiten Welt 36
Es ging ein Jäger jagen 193
Es ging ein Knab' spazieren 63
Es ging ein wohlgezogner Knecht 265
Es ging einst ein verliebtes Paar im grünen Wald spazieren 44
Es hatt' ein Bauer ein schönes Weib 70
Es hatt' ein Bauer ein Töchterlein 58
Es hatt' ein Gastwirt einen Sohn 50
Es hütet ein Schäfer an jenem Holz 32
Es ist ein' Ros' entsprungen 317
Es ist ein Schnee gefallen 301
Es ist ein Schnitter, heißt der Tod 328
Es kam ein Abenteurer 157
Es kam ein fremder Schleifer daher 260
Es kam von einer Neustadt her ein Wittfrau sehr betrübet 21
Es kamen drei schwarze Raben 48
Es lag auf hartem Stroh 323
Es leben die Soldaten so recht von Gottes Gnaden 170
Es liegen zwei Verliebte im Blut 57
Es liegt ein Schloß in Österreich 60
Es marschierten drei Regimenter 167

Es regnet, es regnet, der Kuckuck wird naß 118
Es reit der Herr von Falkenstein 76
Es reiten drei Herren zu München hinaus 96
Es ritt ein Herr zum kühlen Wein 49
Es ritten drei Reiter zum Tore hinaus 135
Es ritten zwei Herzliebchen durch den grünen Wald 55
Es sagt die Mutter zu der Tochter 99
Es sah ein Knab' ein Röslein stehn 280
Es spielt' ein Graf mit einer Magd 64
Es stand auf hohen Bergen eine alte Burg am Rhein 90
Es stand eine Lind' im tiefen Tal 288
Es steht ein Baum im Odenwald 92
Es steht ein Baum in Österreich 73
Es steht ein Wirtshaus an der Lahn 208
Es tanzt ein Bi-Ba-Butzemann 113
Es trieb ein Schäfer den Berg hinan 264
Es war ein' arme Mutter, die litt sehr große Not 27
Es war ein reicher Kaufmannssohn 46
Es war einmal ein Bauer 266
Es war einmal ein Mädchen, die hüt't am Kamm die Küh' 18
Es war einmal ein Pfeifer 47
Es war einmal ein treuer Husar 166
Es waren drei Schelmen und Spitzbuben 47
Es waren drei Tambor'n 106
Es waren zwei Königskinder 94
Es werbt ein junger Grafensohn 71
Es wird scho glei dumper 326
Es wohnet ein Fiedler zu Frankfurt am Main 19
Es wohnt ein König an dem Rhein 158
Es wollt' ein Mädl zum Tanze gehn 290
Es wollt' ein Mägdlein früh aufstehn 195
Es wollt' ein Maidlein Wasser holn 268
Es wollt' ein Mann in seine Heimat reisen 44
Es wollt' ein Müller früh aufstehn 42
Es wollt' ein Schneider wandern 250
Es wollt' einmal ein edler Herr ausreiten 59
Es wollte ein Mädchen die Lämmlein hüten 80
Es zog ein Herr wohl in den Krieg 62
Euren Hirten bringt Lieder 319

F**alsche Liebe** 56
Falsche Todes-Botschaft 160
Feinslieb aus Flandern 100
Frau, du sollst nach Hause komm'n 110
Frau Wirtin hatt' ein Töchterlein 47
Freiheit 341
Freu dich, Erd und Sternenzelt 320
Freundschaftsstunde 340

Freut euch des Lebens 334
Freut euch von Herzen 318
Fridericus Rex 178
Frisch auf, ihr Matrosen 198
Frisch auf! Kameraden aufs Pferd! Aufs Pferd! 174
Frisch, lustig und fröhlich, ihr Handwerksgesellen! 258
Frißt der Haifisch sein Gebein 206
Fruh, fruh, des Morgens fruh 194
Fuchs, du hast die Gans gestohlen 121
Fürchtet euch nicht 317

Gaudeamus igitur 219
Gebt mir den Sohn heraus 174
Geh, schäme dich 107
Gestern abend ging ich aus 188
Gestern, Brüder, könnt ihr's glauben 230
Gib, blanker Bruder, gib uns Wein 241
Gibt er sie mir nicht 239
Glaubt mir's doch, ihr lieben Herzen 244
Glückauf, glückauf! 254
Gnaden bringende Weihnachtszeit 322
Goldene Burschenzeit entflog 221
Gott gnad' dem großmächtigstem Kaiser fromme 163
Gott hat das Evangelium gegeben 332
Grün, grün, grün 237
Grüß Gott 295
Grüß Gott, du schöner Maien 295
Gute Nacht! Jetzt muß ich scheiden und verlassen diese Welt 40
Guten Abend, gut' Nacht 128
Guten morgen, verborgen 67
Guter Mond, du gehst so stille 305

Ha, ich wittre Gräberduft 31
Hab' dich von Herzen lieb 91
Hamborger Veermaster 200
Hänschen klein 132
Hänsel und Gretel 124
He, Ritter, warum sprengt ihr denn alle Tag' 30
Heile, heile, Segen 116
Heimkehr des Königskindes 158
Heinrich schlief bei seiner Neuvermählten 30
Herr Konrad war ein müder Mann 275
Herr Oloff reitet so spät und weit 25
Heute an Bord 199
Heute wollen wir marschier'n 170
Hinaus in die Ferne 165
Hoffnungsstrahl 332
Hopp, hopp, hopp, Pferdchen, lauf Galopp 122
Hoppa, hoppa Reiter 123
Horch, was kommt von draußen rein? 102
Hört ihr Christen mit Verlangen etwas Neues ohne Graus 24
Hört ihr Herrn und laßt euch sagen 256
Hört ihr nicht den Jäger blasen 189

I bin da boarisch Hiasl 40
I bin der Fürst der Wälder 40
I hab e kleins Herzel 83
Ich armes Meidlein klag mich sehr 89
Ich bin der Doktor Eisenbart 218
Ich bin der wohlbekannte Sänger der vielgereiste Rattenfänger 22
Ich bin ein Musikante und komm' aus Schwabenland 130
Ich bin ein Schneider, hoble glatt 253
Ich bin vom Berg der Hirtenknab' 262
Ich fahr dahin, wann es muß sein 139
Ich ging durch einen grasgrünen Wald 271
Ich ging im Walde so für mich hin 286
Ich ging zum kühlen Wein 281
Ich hab' die Nacht geträumet wohl einen schweren Traum 287
Ich habe den Frühling gesehen 331
Ich hatt' einen Kameraden 182
Ich hoble hin und her 253
Ich hört' ein Bächlein rauschen 151
Ich hört' ein Sichelein rauschen 98
Ich kam für ein'r Frau Wirtin Haus 164
Ich komm' nicht nach Haus 110
Ich sehe oft um Mitternacht 308
Ich stand auf hohem Berge und schaut' ins tiefe Tal 228
Ich weiß mir etwas Liebes 146
Ich weiß nicht, was soll es bedeuten 14
Ich wollt' ein Bäumlein steigen 292
Ick heff mol en Hamborger Veermaster sehn 200
Ihr Brüder, wenn ich nicht mehr trinke 232
Ihr Jungfern machet die Fenster auf 144
Ihr Kinderlein kommet 315
Ihr lustigen Soldaten 172
Ihr sollt nicht länger leben 51
Im grünen Wald im Schatten 77
Im Krug zum grünen Kranze 227
Im Märzen der Bauer die Rößlein einspannt 267
Im schönsten Wiesengrunde 147
Im tiefen Keller sitz' ich hier 228
Im Wald und auf der Heide 187
In der Stadt Hagenau genannt 34
In des Gartens düstrer Laube 57
In des Waldes tiefsten Gründen 39
In einem kühlen Grunde 102
In meines Vaters Garten, da lag ich und ich schlief 285
Innsbruck, ich muß dich lassen 142
Ist die schwarze Köchin da? 114
Ist ein Mann in'n Brunnen g'falln 117
Ist wieder eins aus, wird noch nichts draus 104

Jakob hat kein Brot im Haus 115
Jetzt fängt das schöne Frühjahr an 295
Jetzt gang i ans Brünnele 97
Jetzt geht der Marsch ins Feld 169
Jetzt kommen die lustigen Tage 135

Kathrinchen, trau nur nicht 202
Kein besser Leben ist auf dieser Welt zu denken 171
Kein schöner Land in dieser Zeit 338
Kehr dich rumb 77
Kennst du das Land, wo die Zitronen blühn 145
Kimmt a Vogerl geflogen 270
Komm, lieber Mai 297
Komm, Trost der Nacht, o Nachtigall! 343
Komm, wir gehn nach Bethlehem 318
Kommen mir die Heiratsgrillen 105
Kommet, ihr Hirten, ihr Männer und Fraun! 317
Kommt gleich ein Has daher 194
Kommt, wir wollen uns begeben jetzo in Schlaraffenland 28
Krambambuli 217
Kuckuck, Kuckuck 274
»Kuckuck, Kuckuck«, ruft's aus dem Wald 119
Kunde, willst du talfen gehn 37
Kurzebein heißt mein Schwein 117

Lang, lang ist's her 85
Laß dein Stimmlein laut erschallen 343
Laßt den Leib am Galgen hangen 36
Laß doch der Jugend ihren Lauf 248
Lasset uns singen, tanz' und springen 119
Leb denn wohl, du stilles Haus 141
Lebe wohl 143
Lebe wohl, vergiß mein nicht 143
Leise rieselt der Schnee 324
Liebe macht die Menschen dumm 101
Linchen ging einmal spazieren 59
Linchen war ein gutes Mädchen 59
Lirum, Larum, Löffelstiel 116
Lore Lay, die Zauberin 15
Lustig ist das Zigeunerleben 242
Lustig ist es im grünen Wald 242
Lustig ists Matrosenleb'n 206
Lützow's wilde, verwegene Jagd 179

Mädele, ruck, ruck, ruck an meine grüne Seite 86
Maikäfer, flieg! 118
Mariechen saß auf einem Stein 126
Mariechen saß weinend im Garten 54
Marschlied der Grenadiere 173
Mei' Herz ist verschloss'n 83
Mei' Herz und dei' Herz 83
Mei Herzerl ist treu 83
Mei Herzli ist zue 83
Mein Feinslieb ist von Flandern 100
Mein Herz es mir zerreißt 92
Mein Lebenslauf ist Lieb' und Lust 224
Mein Mädel hat ein Rosenmund 79
Mein Schatz der ging zum Berg hinauf 56
Mein Vater hat gar nichts 239
Mein Vater war ein Wandersmann 152
Meine kleine Gartenlaube ist mein größtes Heiligtum 87

Meuchelmord am eigenen Sohn 50
Mignons Lied 145
Milchmädchen mit Schnurrbärten 109
Mit dem Pfeil, dem Bogen 191
Mit frohem Mut und heiterm Sinn 144
Mord an der Geliebten 44
Morgen, Kinder, wird's was geben 311
Morgen kommt der Weihnachtsmann 311
Morgen müssen wir verreisen 137
Morgenrot! Morgenrot! 181
Müde bin ich' geh' zur Ruh 128
Müde kehrt ein Wanderer zurück 159
Muß i denn, muß i denn zum Städtele 'naus 134

N oah 209
Nun ade, du mein lieb' Heimatland 136
Nun leb wohl, du kleine Gasse 148
Nun will ich aber heben an von dem Danhauser singen 23

O alte Burschenherrlichkeit 215
O Baron, du falsches Kind 65
O du fröhliche, o du selige 322
O du lieber Augustin 235
O du schöner Westerwald 170
O Freude über Freude 323
O Heimatland, o Vaterhaus 146
O könnt' ich in mein Heimatland 146
O sagt mir an, Frau Mutterlieb 13
O Straßburg, o Straßburg 174
O Tannenbaum 314
O wie gerne kehrt' ich um 148
Ob ich gleich kein' Schatz mehr hab' 91
Oh, wie ist es kalt geworden 299

P rinz Eugen, der edle Ritter 176

R echt vergnüget kann man leben 105
Rettung vor dem Galgen 74
Rinaldini 39
Ringa, ringa, reia 114
Ri-ra-rutsch 112
Ritter Ewald und die Minna 57
Ritters Abschied 139
Rosestock, Holderblüt 282

S abinchen war ein Frauenzimmer 38
Sag' mir das Wort, das dereinst mich hat betört 85
Sah ein Knab' ein Röslein stehen 280
Schätzchen, ade! 140
Schätzchen, reich mir deine Hand 140
Schinderhannes 40
Schlaf', Kindlein, schlaf' 127
Schlafe, mein Prinzchen 129
Schlaget auf euer Zelt 169
Schlüssel zum Herzen 136
Schnaderhüpferl 239
Schön ist ein Zylinderhut 236

Schwarzbraun ist die Haselnuß 291
Schwertlied 180
Seht das kleine, seht das reine Kindlein in der Krippe nun 319
Sie bezahlen nicht gern 236
Sie gehn da hin und her zerstreut 308
Sie ging zum Sonntagstanze 101
Sie haben mich geheißen, nach Heidelbeeren gehn 329
Sie war ein Mädchen voller Güte 66
Silber, Gold und Erzelein 255
Singe, wem Gesang gegeben 344
So alleine wandelst du? 31
So leb' denn wohl, du stilles Haus 141
So schön wie eine Rose 56
So sei gegrüßt vieltausendmal 294
So treiben wir den Winter aus 301
So wöll wir's aber heben an von einem reichen kargen Mann 72
Stehn zwei Stern am hohen Himmel 307
Stieglitz, Stieglitz, Zeiserl ist krank 120
Still, still, still, weils Kindlein schlafen will 325
Stille Nacht, heilige Nacht 312
Stille Nacht, heilige Nacht (Original) 313
Stirb, oder entsage dem Wein 231
Störtebecker und Gödeke Michael 200
Studentenlob 213
Studio auf einer Reis' 216
Summ, summ, summ! Bienchen, summ herum 118
Susannchen sprang zum Tor hinaus 65

T aler, Taler, du mußt wandern 132
Tapfre Bayern sind wir 172
Tief in dem Böhmerwald 148
Tiroler sind lustig, Tiroler sind froh 196
Tränen zur Taufe 55
Trara! Die Post ist da! 112
Trarira, der Sommer, der ist da! 299
Traut keinem Junggesellen 271
Treu hab' ich geliebet 239
Trink, Bruder, trink 229
Trinkers Testament 232

Ü b' immer Treu und Redlichkeit 337
Über Stock und über Steine 122
... und blüht so fort 286
Unser liebe Fraue 165
Unter allen Wipfeln ist Ruh 153

V alet, valet zum Tor hinaus 156
Verführt wird sie bald 195
Vergiß deine Eltern nicht 144
Vergiß mein nit 89
Verstohlen geht der Mond auf 306
Vertrauen 88
Verzeih, daß ich dein Bruder bin 44
Victoria, mein' Tochter ist 'ne Braut 106
Vo Luzern auf Wäggis zue 238
Vom Himmel hoch, da komm' ich her 316

Von allen Mädchen so blink und blank 214

W ahre Freundschaft soll nicht wanken 339
Walpurgisnacht 19
Wanderers Nachtlied 153
War einst ein jung, jung Zimmergesell 74
Wär' ich ein Vögelein 272
Wär' ich ein wilder Falke 77
Warte noch ein Jahr 105
Warum seind die Studenten 213
Was braucht denn ein Jäger 239
Was frag' ich viel nach Geld und Gut 335
Was glänzt dort vom Walde im Sonnenschein 179
Was hab' ich davon? 110
Was ist denn wohl eins Seemanns Leben 204
Was klinget und singet die Straß' herauf 144
Was mag der Traum bedeuten? 287
Was soll ich denn nun singen? 33
Was wolln wir aber singen 51
Weine, weine, weine nur nicht 104
Weint mit mir, ihr nächtlich stillen Haine 32
Weiß mir ein Blümlein blaue 283
Weißt du, wieviel Sternlein stehen? 308
Wem Gott will rechte Gunst erweisen 151
Wenn alle Brünnlein fließen 88
Wenn er doch käme und mich nähme 104
Wenn grün die Eichen stehen 160
Wenn i zum Brünnle geh' 60
Wenn ich ein Vöglein wär' 272
Wenn jemand eine Reise tut 246
Wenn Zwei von'ander scheiden 136
Wer entflieht, ist schlecht 170
Wer Glück hat' kommt davon 171
Wer hat die schönsten Schäfchen? 307
Wer lieben will muß leiden 93
Wer niemals einen Rausch gehabt 225
Wer recht in Freuden wandern will 154
Wer weint um mi? 60
Wer will unter die Soldaten 162
Werden wir so traurig sein 226
Werft den Wirt zum Fenster raus 226
Wide-wide-wenne heißt meine Puthenne 117
Widele, wedele, hinterm Städtele hält der Bettelmann Hochzeit 107
Wie die Gems' auf den Höhn 196
Wie hoch ist der Himmel 239
Wie schön blüht uns der Maien 298
Wiedersehn! 332
Will ich in mein Gärtchen gehn 20
Winter ade! 302
Wir alle sind Brüder 258

Wir Bergleute hauen fein 255
Wir lieben die Stürme 205
Wo bist du gewesen! 91
Wo ich geh', wo ich steh' 92
Wo man singt . . . 346
Wohlan, die Zeit ist kommen 138
Wohlauf mit reichem Schalle! 259
Wollt Ihr mein Buhle sein? 268

Woni geh und steh 185
Wundersame Rettung 76

Zeigt her eure Füße 123
Zieh, Schimmel, zieh 278
Zu Bacharach am Rheine 15
Zu Frankfurt an der Brücken 62

Zigeunerweisheit 241

Zu Haus gedenkt man meiner nicht 156
Zu Mantua in Banden 177
Zwei Königskinder 94
Zwei tiefe Wasser 95
Zwischen Berg und tiefem Tal 189
Zwölf Uhr ist's 32